樵隱詩集

樵隱詩集

신관열 지음 | 홍순석 옮김

한국문화사

樵隱詩集

1판 1쇄 발행 2025년 6월 10일

지 은 이 | 신관열
옮 긴 이 | 홍순석
펴 낸 이 | 김진수
펴 낸 곳 | 한국문화사
등 록 | 제1994-9호
주 소 | 서울시 성동구 아차산로49, 404호(성수동1가, 서울숲코오롱디지털타워3차)
전 화 | 02-464-7708
팩 스 | 02-499-0846
이 메 일 | hkm7708@daum.net
홈페이지 | http://hph.co.kr

ISBN 979-11-6919-319-1 03810

해동노초 신관열 묘

신관열 묘비(전면)

신관열 묘비(후면)

신관열 묘비(측면)

초은집(3책 6권)

서림정속첩 표지

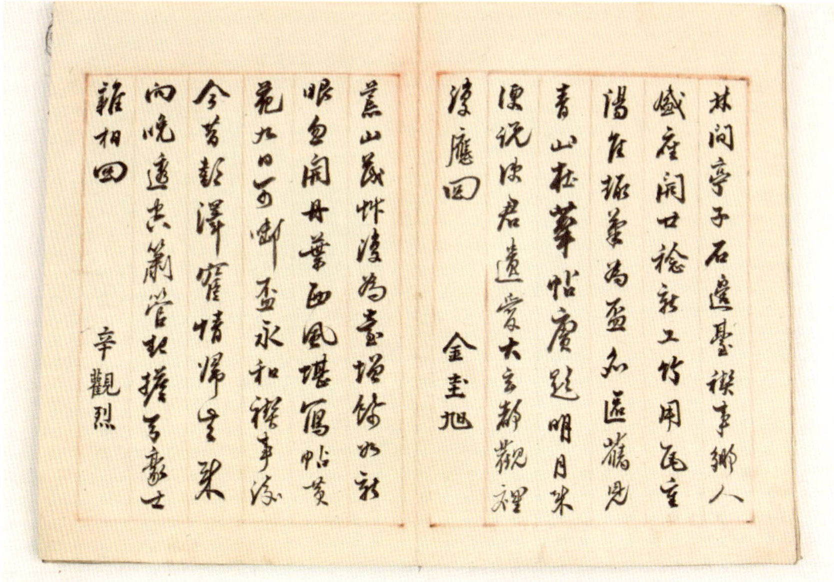

서림정속첩/ 신관열 시

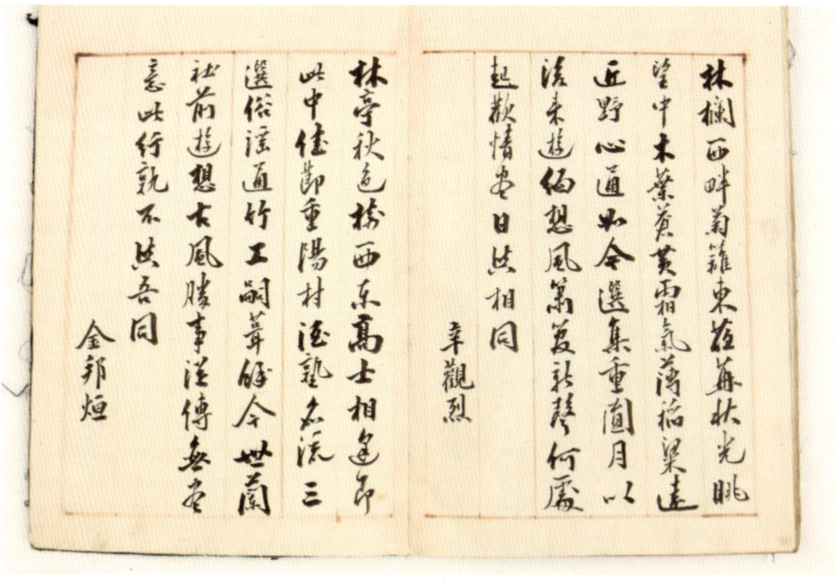

서림정속첩/ 신관열 시

『국역 초은시집』 간행을 축하합니다

우리 영월신씨 일옹공파一翁公派 가문은 충효忠孝와 예禮를 살아가는 데 으뜸으로 여겼습니다. 우리 가문에 충신과 효자가 많고, 후손들이 예의범절이 훌륭하다는 칭송을 듣는 것도 이 때문입니다.

초은樵隱 신관열공辛觀烈公은 평생 공직에 나가지 않고, 청림마을 초야에서 경사經史를 연구하며, 독서와 시문을 저술하는 것을 낙으로 삼으셨습니다.

초은공은 영월신씨 일옹공파 후손들의 귀감이십니다. 특히 선영先塋의 보존과 종인들의 화목을 위해 각고의 노력을 기울이신 분입니다.

이제 공의 『초은유고文溪遺稿』 가운데 시편만을 엮어 『국역 초은시집』을 간행하게 되어 자손 된 사람으로서 진심으로 기쁘게 생각합니다.

이 책을 만드는 데 수고하신 강남대 홍순석 교수님과 김광명 박사, 그리고 영월신씨 일옹공파 종인 여러분들에게 진심으로 감사드립니다.

2025년 6월 일

영월신씨 일옹공파 회장 신이영 拜

책머리에

『국역 초은시집』은 근대시기 부안扶安의 유학자 신관열辛觀烈의 『초은유고樵隱遺稿』 가운데 권1~3에 수록된 한시 작품만 엮어 국역한 것이다. 『초은유고』는 신관열이 1906년에 직접 산정한 필사본을 1909년에 동생 신제열辛濟烈과 아들 신기량辛基良이 목활자본 6권 3책으로 간행한 바 있다. 120년이 지난 지금, 여러 가지 제약적인 정황으로 『초은유고』 3권 6책 전부를 국역해서 함께 간행하지 못한 점은 아쉽지만, 시편만을 엮어 국역해서 출간하게 된 것도 여간 다행한 일이 아니다.

이제는 원본 『초은유고』도 전하는 바가 거의 없고, 한자로 편찬된 것이어서 대부분 한글세대의 후손들이 이해하기 어렵다는 종인들의 우려를 감안하여 『국역 초은시집』을 간행하기에 이른 것이다. 머지않아 권4~6의 글도 국역해서 하권으로 간행될 것을 기대한다.

지금 간행하는 책자를 통해 초은 신관열 선생의 시재詩才를 학계에 알리고, 근대시기 지역 유림의 문학활동을 가늠하는 자료로 쓰이기를 바라는 마음이 동학도와 공유되기를 바란다. 또한, 종중의 제반사를 위해 헌신하신 초은공의 추원보본追遠報本 정신을 본받기를 권장한다.

이 책을 간행하는 데 솔선해주신 후손 신이영 선생의 노고와 도움을 주신 여러분들에게 감사의 인사를 드린다.

2025년 6월 일

홍 순 석

차례

樵隱詩集 卷一

오언절구五言絶句

오언율시五言律詩

오언고시五言古詩

칠언절구七言絶句

樵隱詩集 卷二

칠언절구七言絶句

칠언율시七言律詩

樵隱詩集 卷三

칠언율시七言律詩

칠언고시七言古詩

해설

『초은시집樵隱詩集』은 신관열辛觀烈의 『초은유고樵隱遺稿』 가운데 권1~3에 수록된 한시 작품만 엮은 것이다. 『초은유고樵隱遺稿』는 신관열이 1906년에 직접 산정한 필사본을 1909년에 동생 신제열辛濟烈과 아들 신기량辛基良이 목활자본 6권 3책으로 간행한 것이다.

권수에 저자의 자서(自序)인 <초은고서樵隱稿序>와 신제열의 <초은유고서樵隱遺稿序>, <목록目錄>이 있다. 『초은유고』의 체제를 보이면 다음과 같다.

『樵隱遺稿』 體制

<table>
<tr><th>冊</th><th>卷</th><th>文體</th><th>作品數</th><th>備考</th></tr>
<tr><td rowspan="9">1冊</td><td rowspan="3">卷首</td><td>樵隱稿序</td><td>1</td><td>辛觀烈</td></tr>
<tr><td>樵隱遺稿序</td><td>1</td><td>辛濟烈</td></tr>
<tr><td>目錄</td><td></td><td></td></tr>
<tr><td rowspan="4">卷1</td><td>五言絶句</td><td>24(27수)</td><td></td></tr>
<tr><td>五言律詩</td><td>18</td><td></td></tr>
<tr><td>五言古詩</td><td>13</td><td></td></tr>
<tr><td>七言絶句</td><td>94(126수)</td><td rowspan="2">108(126수)</td></tr>
<tr><td rowspan="2">卷2</td><td>七言絶句</td><td>14</td></tr>
<tr><td>七言律詩</td><td>128(137수)</td><td></td></tr>
<tr><td rowspan="4">2冊</td><td>卷3</td><td>七言古詩</td><td>45</td><td></td></tr>
<tr><td rowspan="3">卷4</td><td>記</td><td>25</td><td></td></tr>
<tr><td>序</td><td>16</td><td></td></tr>
<tr><td>跋</td><td>10</td><td></td></tr>
<tr><td rowspan="9">3冊</td><td rowspan="5">卷5</td><td>文</td><td>12</td><td></td></tr>
<tr><td>狀</td><td>6</td><td></td></tr>
<tr><td>銘</td><td>2</td><td></td></tr>
<tr><td>論</td><td>6</td><td></td></tr>
<tr><td>書</td><td>16</td><td></td></tr>
<tr><td rowspan="4">卷6</td><td>傳</td><td>1</td><td></td></tr>
<tr><td>箴</td><td>1</td><td></td></tr>
<tr><td>表</td><td>1</td><td></td></tr>
<tr><td>雜著</td><td>20</td><td></td></tr>
</table>

『초은유고』 권1~권3에 수록된 한시 작품만 대략 살피면 다음과 같다. 권1에는 부안의 명승을 탐방하며 지은 기행시가 가장 많다. 부안의 명소인 검모포, 내소사, 영은사, 용각대, 용추, 만하루, 가마소, 사자암, 서림정, 실상사,쌍선봉, 와룡소, 우금암, 운정, 웅연, 원효암, 월명암, 월정대, 청련암, 토끼섬, 호안 등을 직접 탐방하며 지은 작품들이다.

다음으로 많은 작품은 차운시次韻詩인데 <차강수은항원효암次姜睡隱沆元曉庵>, <차유시남계제실상사운次兪市南棨題實相寺韻>을 비롯하여 신동영辛東泳, 조재응趙在應, 황관수黃觀秀, 신풍희辛豐熙의 시를 차운한 시가 있다.

송별시는 <송곽안성기서환향送郭安城基瑞還鄕>, <송동미여환送東湄旅宦> 2편이 있다.

권2는 칠언절구 14편, 칠언율시 128편 137수로 총 142편 151수가 수록되어 있다. 가장 많은 작품은 차운시인데 <차백낙천시사의次白樂天詩寫意>, <차자릉균대운次子陵鈞臺韻>을 비롯하여 25편이나 된다. 대부분 신동영, 황관수 등 시계詩契 동료와 함께 부안의 명승을 탐방하며 화답하여 지은 작품이다.

또한,<십월지망박독련재시계十月之望朴獨蓮齋詩契>, <약천당시회若川堂詩會>, <김영북당시회金瀛北堂詩會>, <서정구일시계西亭九日詩契>, <구일임정시계九日林亭詩契>와 같이 부안 문인들의 시모임에서 지은 작품이 있는데. 이는 19세기 부안의 시문학 활동을 살필 수 있는 자료로 주목된다.

권3은 칠언고시 45편이다. 박재순朴載淳·신기묵辛基默·이재선李載善 등 지인의 시를 차운한 차운시가 13편이 된다. <차신문중첨향운次新聞中僉鄕韻>, <차신문운수세次新聞韻守歲>란 작품은 시제에서 보듯이 당시 신문에 게재된 한시의 운을 차운하여 지방의 문인들이 한시를 지었음을 확인해주는 자료이다.

『초은유고』는 1909년에 부안에서 제작한 목활자를 이용하여 간행한 것이다. 서지학 측면에서 지방의 출판 정황을 살필 수 있는 소중한 사료이다.

더욱 소중한 사실은 부안의 토박이 문인이 부안의 명소를 직접 탐방하고 시문에 생생하게 담았다는 점이다. 외방인이 제한된 기간에 탐방하고 기록한 유산기遊山記와는 구별된다.

우선, 권1~권3의 한시를 『초은시집』으로 엮어 국역한 이 책자를 통해서 근대시기의 지방 문인들의 동향과 시 경향을 살필 수 있다는 점은 충분한 의의가 있다. 『초은시집』의 국역본 간행은 근대시사近代詩史 연구자들에게 주목되리라 본다.

지은이에 대하여

신관열辛觀烈은 1849년(헌종15)에 부안군 내변산 봉래산 기슭의 촌가에서 부친 신동기辛東夔와 모친 함영남궁씨咸悅南宮氏의 차남으로 출생하였으며, 1906년(고종10)에 향년 57세로 부안군 상서면 청림정사에서 별세하였다. 본관은 영월靈越이며, 영월신씨 부안 입향조 신생辛生의 13세손이다. 자는 세군細君, 호는 초은樵隱이다. 시문에는 노초老樵, 동초東樵, 초은산인樵隱散人 등으로 표기하였다. 어려서 백부伯父인 하석霞石 신동직辛東稷에게 수학하였으며, 평생 공직에 나가지 않고, 청림마을 초야에서 경사經史를 연구하며, 독서하고, 시문을 저술하는 것을 낙으로 삼았다. 한편으로는 부안의 유림과 시계詩契를 맺고 부안의 경승지를 탐방하며 시문을 화답하는 것이 그의 일상日常이었다. 『초은유고』 권6에 <초은자전樵隱子傳>이 있는데, 저자의 자전自傳으로 1906년 임종 전에 지은 작품이다. 말미에 다음과 같은 자찬명自贊銘을 붙였다.

雲林刈樵 于托隱淪	운림에서 땔나무를 베며 은거하면서
不求名利 以安捿身	명예와 이익을 구하지 않고 안분으로 처신하였으며
不言雌黃 而無毁嗔	자황을 말하지 않고 헐뜯거나 성냄이 없으며
棄時儱侗 固自諄諄	때를 버리며 멍청하나 본디 자신에겐 알뜰하다네
徜徉卒歲 以樂天眞	서성이며 세상을 마치고자 천진을 즐긴다네

그가 쓴 <장서기藏書記>, <매서기買書記>를 보면, 청림정사에 수백 권의 경사잡기經史雜記가 있었으며, 때때로 서적을 구입하여 관리하기를 좋아했던 장서가였음도 확인할 수 있다.

『초은유고』에서 확인된 교유인물 가운데 가장 많이 등장하는 인물이 바로 동미東湄 신동영辛東泳이다. 신동영은 초은의 재종숙며, 동갑이다. 다음으로 빈도수가 높은 교유인물은 동농東農 전재풍田在豊이다. 초은과 신동영이 함께하는 자리엔 빠짐없이 참석했던 인물이다. 이밖에 초은과 함께 부안의 시계詩契에 참여하여 교유한 인물로 심영전沈鑅田, 김방선金邦善,임수일林守一, 황관수黃觀秀, 조중익趙重羽, 김영조金永肇, 백학래白鶴來, 오규희吳奎熙 등을 들 수 있다.

초은 신관열은 근대시기에 부안의 청림에서 출생하여 평생 공직에 나가지 않고 부안의 명소를 탐방하거나 부안의 시계詩契에 참가하여 시문을 남긴 전형적인 향토시인이다. 한국의 대표적 서정시인 신석정辛夕汀이 둘째 할아버지[仲祖父]인 초은에게 적지 않은 영향을 받았다고 한다.

일러두기

- 이 책은 신관열辛觀烈의 문집인 『초은유고집樵隱遺稿』 권1~권3에 수록된 한시작품만 국역해서 『초은시집樵隱詩集』으로 엮은 것입니다.
- 이 책의 저본인 『초은유고』는 저자가 직접 1906년에 산정한 필사본을 1909년에 그의 동생 신제열辛濟烈과 아들 신기량辛基良이 목활자본으로 부안에서 간행한 것입니다.
- 이 책의 저본에 추록된 원주原註는 본문에 작은 글씨로 [ ] 안에 처리하고, 난해 어구나 보충 설명은 각주脚註로 처리하였습니다.

樵隱詩集

卷一

초은고서
樵隱稿序

상고 시대의 진풍眞風은 없어졌다. 근세 명인들의 문집을 살펴보면, 모두 산림의 영수와 지극히 높은 지위에 있는 사람들의 말을 취해서 서序하는 것을 영광으로 삼고 있는데, 이는 막내 숙부가 숭상하는 바이다. 한편으로는 영광과 귀한 지위를 얻기 위한 것으로 귀한 지위로써 한 세대를 빛내려는 것이며, 한편으로는 현인에게 달려가 현인이 되어 백세 뒤에 덕을 남기려는 것이다. 이를 어찌 하지 않을 뿐이겠는가. 그러나 식자識者는 반드시 어기지 않고 비루하게 여긴다. 도대체 어찌하겠는가. 저들이 서序라고 말하는 것은 분명히 그 실질을 지나치고 허사虛辭를 쓸 것이며, 심지어 말하길 보발黼黻할만 하다 할 것이다. 문은 생황笙簧[1]이 될만 하며, 소리는 홍벽弘壁[2] 같은 보배가 될만하며, 부절符節 같이 믿을 만하며, 또한 현가絃歌[3]에 올려져 아송雅頌을 꾀할 수 있으며, 반우盤盂[4]에 드러나 훈고訓誥[5]를 짓는다 할 것이다. 마침내는 그 사람의 헛된 행실을 가지고 후세의 빙신憑信[6]을 짓고자 할

1 생황(笙簧): 봉황의 울음소리 같다고 붙여진 악기 이름인데, 천상의 소리라 극찬하면서도 간신의 말이나 교묘한 말에 빗대어 쓰는 말이다.

2 홍벽(弘壁): 주(周)나라의 보배.

3 현가(絃歌); 거문고 등에 맞추어서 부르는 노래. 공자는 어려운 상황 속에서도 제자들과 함께 강송(講誦)하고 현가(絃歌)를 계속하였다고 한다.

4 반우(盤盂): 사발. 성왕(成王) 탕왕(湯王)의 사발에 "날로 새로워짐"의 법을 기록하였다고 한다.(成湯盤盂 著日新之規 〈劉勰,『文心雕龍』〉)

5 훈고(訓誥): 전모훈고(典謨訓誥)의 준말. 『서경(書經)』에 있는 전(典), 모(謨), 훈(訓), 고(誥)의 네 문체. 여기에다가 서(誓)와 명(命)을 더 붙인 것을 서경의 육체(六體)라고 한다

6 빙신(憑信): 다른 사람의 인격, 말, 행동 따위를 믿고 의지함

것이다. 이는 후세를 기다리지 않아도 오늘날 사람들의 입을 능멸할 수 없으며, 사람들의 지적을 덮을 수 없을 것이다. 더욱 가소로운 것이 될 것이다.

진실로 문文으로 그 서序를 취한다면 비록 초야草野라도 반드시 그 사람이면 가능하다. 옛 대가의 문장을 청해 보면 반드시 당송팔가唐宋八家를 으뜸으로 삼지만 역시 모두 초야에서 비롯하여 세상에 그 명성이 크게 퍼진 것이다. 누가 현인으로 벼슬했다고 이르며, 이후에 반드시 서序를 얻게 되었다고 칭하겠는가. 문文은 문文이다. 그런즉 초야草野가 아니고 북을 짊어지고 고기를 팔러 다니는 자라고 해도 나는 버리지 않을 것이다.

우주에 펼쳐진 무지개의 문기文氣가 반드시 공후公侯를 능가한 것이 천고千古에 으뜸이다. 저 현달賢達과 비교한다면 둘의 차이는 하늘과 땅 같다. 또한 문장은 대괴大塊[7]가 나의 울림을 빌린 것으로, 한 세상을 울려 소리가 있는데, 사물이 사계절의 울림을 빌린 것과 같으며, 중정中正[8]하여 불평不平을 조화調和하여 각자 소리가 되는 것이다. 남의 소리를 빌리는 것은 스스로 소리 없음을 깨닫는 것만 못하다. 그 현묘玄妙한 진경眞境은 빌리지 않고 두드리지 않는데 있으며, 천기天機[9]의 자연을 움직이고, 천년 세월의 용문龍門[10]이 여기에 있다. 묵은 오동나무는 스스로 울지만, 저 자장子長[11]의 명산名山 일부이다. 이에 그를 위해 자서自序한다. 그 열전列傳은 지금 나 스스로 해동의 한 나무꾼으로 부끄럽게 한다. 그를 위해서가 아니다. 원고에 자서自序하니 세간의 식자識者가 어찌 내가 현자賢者와 달인達人 두 사람이 한 것에 반추反趨함을 조롱하지 않겠는가.

7 대괴(大塊): 대자연(大自然) 또는 대지(大地)를 말한다.

8 중정(中正): 모자르거나 넘치지 않으면서 치우침이 없이 곧고 올바름. 또는 그 모양.

9 천기(天機): 모든 조화를 꾸미는 하늘의 기밀. 전의되어 중대한 기밀을 뜻하는 말로 쓰인다.

10 용문(龍門): 중국 황하 중류의 급한 여울목. 전의되어 과거시험장의 문, 또는 성망(聲望)이 높은 인물을 지칭하는 말로 쓰인다.

11 자장(子長): 한무제(漢武帝) 때의 사가(史家)인 사마천(司馬遷)의 자(字)임.

생각건대 초야에서 글을 짓지 않는 것은 남에게 감히 글을 짓지 않았다 해도, 또한 자기에게도 글을 쓰지 않았기 때문이다. 늙어서 머리가 세고 궁경窮經[12]하였어도 오히려 약간의 견장鏗鏘[13]을 발휘할 수 있다. 세상에 말할 수 없는 것을 말할 수 있으며, 또한 남이 알아주거나 알아주지 않음에 성내지 않는다. 돌아보면 남은 생이 얼마 없어서 끝내 자기를 사라지게 함을 두려워하기에 스스로 붓을 믿고 이와같이 그 뜻을 풀어놓는 것이다.

아, 후일과 지금 누군가가 용문의 오동나무를 이해할 수 있을 것이며, 열람하는 자는 오직 옛 뜻으로써 구하는 것이 옳을 것이다.

병오년(1906) 가을

해동海東 노초老樵 쓰다

12 궁경(窮經): 경학을 깊이 연구함

13 견장(鏗鏘): 금속과 돌·거문고 등이 울리는 소리, 전의되어 곱고 낭랑한 소리를 뜻한다.

樵隱稿序

上古之眞風掃矣 閱近世名人文集 皆取山林領袖及仕宦極高之人語 而序之乃爲光焉 是叔季之所尙也 一爲而其榮貴 貴而耀光於一世之上也 一爲其趍賢 賢而遺德於百世之後也 是安得不爲之爾爾也 然而識者 必甚不達而陋之抑何也 彼所云序也 固必過其實 而用虛辭 至曰可黼黻乎 文可笙簧乎 音可寶之如弘璧 可信之如符節 而又可以登絃歌 而侔雅頌 著盤盂而作訓誥 遂將其人之虛行 要作後世之憑信 此不待後世 而奈今日之不能蔑人口 何不能掩人指 何尤爲一可笑者也 苟以文而取其序焉 則雖草野 必其人則可矣 請看古大家文章 必數唐宋八家爲首 而亦皆始草野 而大放厥聲于世矣 孰謂賢而宦而以後 必稱其序之爲得也耶 文苟文也 則非草野 而雖負販鼓屠 吾不之捨焉而其宇宙亘虹之文氣 必凌公侯 而傾千古矣 較彼賢達 二者之爲相去 不啻天壤也 且文章是大塊之所假我鳴者 而鳴一世有聲 如物之假鳴四序 而其中正和不平 各自爲聲也 借人之有聲 不如悟自家之無聲 其玄妙真境 在於不借不叩 而動天機之自然 千載龍門於是乎 老桐自鳴矣 彼子長之名山一部 乃爲之自序 其列傳 今予自嫌於海東一樵漢 而不爲之 自序其稿 則世間識者 安得不譏予之反趍乎 二者之爲也耶 顧草野而不文 則雖不敢文於人 而亦不敢文於己也耶 老白首窮經 猶能發若干鏗鏘 可以道世之不能道者 而又不慍人之知 與不知也 眪將餘年無幾 而恐遂泯沒自己也 即自信筆敍其意 如此 噫 後與今 誰能解龍門之桐耶 覧者 惟以古意求之可也

歲丙午秋 海東老樵書

초은유고서
樵隱遺稿序

대개 고인의 문집이 세상에 전하여 사라지지 않는 것은 후세 사람이 살피고 근거하여, 편집하고 간행해서 전하기 때문이다. 나의 중씨仲氏 초은공樵隱公은 뛰어난 자질과 총명한 성품으로 일찍이 스스로 백부伯父 하석霞石[14] 선생 가정에서 성실하게 공부하였으며, 효우孝友의 독실함은 타고난 것이다. 선조의 뜻을 추모하고, 무너진 풍속을 격려하였으며, 문사文辭가 뛰어나고 필한筆翰[15]이 정묘精妙하여 향당鄉黨에서 모범으로 여겼다. 또한 재종숙 동미東湄와 더불어 동갑으로 이름이 나란히 세상에 알려졌다. 세상에서 모두 위씨화수韋氏花樹[16]와 사공산서謝公山墅[17]를 오늘날 다시 보게 되었다고 칭송하였다.

공은 처음에는 공거公車[18]를 따랐으나 뜻에 맞지 않아 숲속[19]으로 물러나서 자적自適하였다. 평생 저술한 것은 오로지 시와 문으로 권질卷帙을 이루었

14 하석(霞石): 신동직(辛東稷;1816-1880)의호. 만년에는 돈암(遯菴)으로 칭했다. 가선대부 행용양위호군(行龍驤衛護軍)으로 문학에 뛰어나고 박학하였다. 문집이 있다.

15 필한(筆翰): '붓'을 달리 이르는 말인데 전의되어 문자(文字)나 문장(文章)을 쓰는 일을 뜻하는 말로 쓰인다.

16 위씨화수(韋氏花樹): 위씨(韋氏)의 화수(花樹)인 위곡(韋曲)은 당(唐)나라 때 귀족인 위씨(韋氏)가 살던 지방으로, 흔히 두씨(杜氏)가 살던 지방인 두릉(杜陵)과 병칭되어, 명망 있는 가문이 세거(世居)하는 곳을 뜻한다.

17 사공산서(謝公山墅): 남조(南朝) 송(宋)나라 시인 사영운(謝靈運)의 산장(山莊)을 말함, 사영운은 등산을 매우 즐겼다고 한다.

18 공거(公車): 전쟁이나 그와 유사한 상황에 쓰이는 수레, 또는 관용(官用)의 수레를 뜻하나, 전의되어 관직(官職)을 뜻하는 말로도 쓰인다.

19 원문의 '임번(林樊)'은 "수풀로 울타리를 삼는다"는 뜻으로, 은사(隱士)가 사는 곳을 이르는 말이다.

는데, 직접 선정하여 초록하였다. 머리가 세었어도 게으르지 않았는데 임종臨終에 이르서 원고를 어루만지며 나에게 부탁하며 말하길, "내 일생의 정력이 이 책에 다 있다고 말할 수 있다. 항아리 덮개로 쓰지 말고 잘 교정해서 후손들에게 물려줄 수 있으면 다행이겠다."고 하였다.

오호라, 안타깝다. 공의 덕德과 재주를 미처 크게 펼치지 못하였는데 겨우 한 목숨을 점친 것이 중신中身[20]에 이르렀다니. 어찌하여 기氣는 풍부한데 운수는 인색하단 말인가. 임종[21]할 때의 말이 마치 어제 같은데 뜻밖에 네 번의 세월이 흘렀다. 매번 유고遺稿를 펴볼 때마다 수택手澤[22]이 새롭고, 지난날 생각이 커져서 갑절이나 그리워졌다.[23]

나를 돌아보면 비슷한 것이 없다. 허약한 체질로[24] 나이 쉰 살[25]을 넘기면서, 병마病魔[26]가 두 번이나 침범했으니 남은 생애가 얼마나 되겠는가. 이 부탁을 받고도 기존의 방식을 고집하고 시도하지 못했는데, 하루아침에 갑자기 떠나셨으니, 장차 어떤 말로써 천대泉臺[27]에서 받들어 절하는 날에 우러러 대답하겠는가.

삼가 원고를 준비하여 부족한 점이 없도록 하였으며, 조정하고 정리하였다. 그러나 이것은 결코 완벽하다고 말할 수는 없다. 간행하는 일은 복잡

20 중신(中身): 중년(中年)과 같은 말임.

21 원문의 '역궤(易簀)'는 "대자리를 바꾸어 까는 것"을 말하는데, 전의되어 '임종(臨終)'을 뜻하는 말로 쓰인다.

22 수택(手澤): 책이나 문고리 따위의 물건을 오래도록 자주 만져서 손때가 묻어 생기는 윤기(潤氣).

23 원문의 '공회(孔懷)'는 '공회형제(孔懷兄弟)'의 준말로, 매우 그리워하는 마음이나, 형제간의 우애를 뜻하는 말로 쓰인다.

24 포류잔질(蒲柳殘質): 들풀이나 갈대, 버드나무처럼 휘어지는 풀들을 의미한다. 전의되어 '허약하거나 쇠잔하여 보잘것 없는 체질' '낮은 지위'를 뜻하는 말로 쓰인다.

25 원문의 '지명(知命)'은 '지천명(知天命)'의 준말로 50세를 지칭한다.

26 원문의 '이수(二竪)'는 '질병(疾病)'을 마귀에 비유하여 이르는 말이다.

27 천대(泉臺): 사람이 죽은 뒤에 그 혼이 가서 산다고 하는 세상. 곧 저승을 말함. 또는 묘소를 뜻하는 말로 쓰인다.

하고 많은 일들이 필요하니, 또 다른 날을 기다려야 할 것이며, 계속해서 원고를 완성시켜야 할 것이다.

그 시격詩格의 완벽함과 웅장함, 문세文勢의 뛰어나고 맑음은, 보는 사람들이 저절로 양회諒會[28]함이 있다. 이미 자서自敍의 겸손함이 있으니, 내가 어찌 감히 군더더기 짓을 하겠는가. 그러나 사실을 기록함이 없을 수 없기에 한 마디로 간략하게 서序한다. 이에 사자嗣子[29]인 기량基良에게 명하여 활자 인쇄에 부치어 오래도록 전하게 하였다.

오호라, 슬프도다.

이 해는 기유년(1909)으로 12월[30] 상완上浣[31]에 아우 통훈대부通訓大夫 제용감 주부濟用監主簿 제열濟烈이 삼가 적다.

28 양회(諒會): 사정이나 형편을 자세히 앎

29 사자(嗣子): 집안의 대를 이을 아들.

30 원문의 '대림지월(大臨之月)'은 음력 12월을 뜻한다. 십이월(十二月) 대한(大寒)에 이양사음(二陽四陰)의 임괘(臨卦)가 되어 한위(寒威)가 최성(最盛)하나 양(陽)의 대림(大臨)할 추기(樞機)가 이미 발(發)한다고 한다.

31 상완(上浣): 초하루부터 초열흘까지의 사이. 상순(上旬)

樵隱遺稿序

盖古人文集之傳世不泯者 後之人得有所考據 掇付剞劂而傳之也 吾仲氏 樵隱公以卓犖之姿 穎悟之性 早自服勤於伯父霞石先生家庭 而孝友之篤 根於天植 追先之義 激勵頹俗 文辭發越 筆翰精妙 鄕黨以爲模範 又與再從叔東湄 同庚齊名 以鳴於世 世皆稱以韋氏花樹 謝公山墅 復見於今日也 公初從公車而不如 遂退林樊而自適 生平所著 惟詩與文 連卷成帙 自手抄粹 白首靡懈 及其臨没之時 撫稿而囑我 曰吾一生精力 可謂盡在此書 勿以覆瓿 善爲校正 以遺後昆 則幸矣 嗚呼惜哉 以公之德之才 未得大展 纔筮一命 至於中身 何氣之豐 而數之嗇耶 易簀之語 宛如昨日 而居然四閱星霜矣 每披遺稿 手澤倚新 擴念疇昔 一倍孔懷 顧余無似 蒲柳殘質 年踰知命 二豎頻侵 餘生幾何 惟此受托 因循未就 一朝溘然 則將以何辭 仰對於泉臺奉拜之日乎 謹將元稿 不揆僭踰 略加編次 非敢曰 刪正寔緣 刊役浩蔓 亦有待他日 續稿之成矣 其詩格之渾然雄偉 其文勢之傑然奫澄 覽者自有諒會 而既有自敘之撝謙 余何敢贅爲 然不可無記實 故略序一語 爰命嗣子基良 付諸活印 以壽其傳 嗚呼悲夫

是歲 已酉 大臨之月 上浣 舍弟 通訓大夫 濟用監主簿 濟烈 謹識

밤에 앉아 '미味'자로 즉석에서 읊다[임진:1892년, 2수]

夜坐口占[1]得味字[壬辰 二首]

1

靜看蘆沙文　조용히 노사[2]의 글을 보니
無窮有至味　무궁하고 지극한 맛이 있는데
弁時未及門　어렸을 때 문하에 들어가지 못하고
晩悔情難慰　늙마에 후회하는 정 위로하기 어렵네

2

細抄尤翁書　자세히 우옹[3]의 글씨를 살피니
看看似忘味　볼수록 맛을 잊는 듯하지만
華陽古蹟存　화양의 고적[4]이 남아있기에
百世情堪慰　백세의 정을 위로할 만하네

1 구점(口占): 즉석에서 초고(草稿) 없이 시를 지어 부르거나 글귀를 입으로 남에게 전수함을 뜻한다.

2 노사(蘆沙): 기정진(奇正鎭,1798~1879)의 호. 조선후기 전북 순창 출신의 학자로 본관은 행주(幸州). 초명은 기금사(奇金賜), 자는 대중(大中), 호는 노사(蘆沙)이다. 성리학에 대한 독자적인 궁리와 사색을 통하여 이일분수(理一分殊) 이론에 의한 독창적인 이(理)의 철학을 수립하였다.

3 우옹(尤翁): 우암(尤菴) 송시열(宋時烈,1607~1689)을 지칭함. 조선 후기의 정통 성리학자로 본관은 은진, 자는 영보, 호는 우암. 주자의 학설을 전적으로 신봉하고 실천하는 것으로 평생의 업을 삼았으며, 17세기 중엽 이후 붕당정치가 절정에 이르렀을 때 서인노론의 영수이자 사상적 지주로서 활동했다.

4 화양(華陽)의 고적: 충북 괴산군 화양동 계곡에 있는 화양서원, 암서재 및 암각문 등 우암 송시열의 사적을 지칭한다.

형님의 묘비에 쓰다[갑오:1894년]

題伯氏墓碑面[甲午]

阿咸有誠力	조카가 정성과 힘을 다하여
伐石樹墳前	돌을 다듬어 묘소 앞에 세우고
要我書碑字	나에게 비석 글씨를 요청하는데
孔懷倍愴然	형제간의 회포[1]에 슬픔이 배가 되네

1 원문의 '공회(孔懷)'는 '공회형제(孔懷兄弟)'의 준말로, 형제간의 깊은 정을 뜻하는 말로 쓰인다.

족형 쌍봉[재명]을 애도하다

悼族兄雙峯[在明]

海邑賢人逝　바닷가 마을의 현인이 세상 떠나니
秋風動哭聲　가을 바람도 통곡 소리를 내는데
嗟吾病未弔　애석하게 나는 병으로 조문하지 못하여
有負慚幽明　유명[1]에 부끄러운 짐을 지었네

1　유명(幽明): '어둠과 밝음'이란 뜻인데, 전의되어 '이승과 저승'이람 뜻으로 쓰인다.

산행
山行

柿赤明山谷　밝은 산골짜기에 감나무 붉고
綿開淨石田　깨끗한 돌밭이 길게 열렸네
峽中耕麥急　협곡에선 보리 갈기에 급한데
處處起菑烟　곳곳에서 화전 연기[1] 오르네

1 원문의 '치연(菑烟)'은 묵정밭을 불태울 때 나는 연기를 뜻하는 말이다.

장내원 집에서 묵다[을미:1895년]

宿張乃元舍[乙未]

行看非俗境　가서 보니 속세가 아니고
投宿似仙家　들어가 묵으니 신선의 집 같은데
夜半山風作　한밤중에 산바람이 불어오더니
驟雨入窓斜　소나기가 창가에 비스듬히 드네

청림 묘사에서 머물다[3수]

留青林[1]墓舍[三首]

1

山明境漸邃　산이 밝아지며 경계가 점차 깊어지고
舊樣有茅家　옛 모습으로 초가집이 있는데
一雨仍留客　한 차례 비에 객은 머물러 있고
霏霏到日科　해질 때까지 부슬부슬 비가 내리네

2

松楸成拱木　묘역[2]엔 아름드리나무가 생기고
石碣生苔文　비석에는 이끼가 돋아 있는데
後大當何望　나중에 어떤 큰일이 있을지 기대해도
孫支願意分　자손들 원하는 대로 되길 바랄 뿐이네

3

夜宿青林舍　밤에 청림 집에서 묵으니
更深靜四山　깊을수록 사방의 산이 고요한데
松風勿送雨　솔바람은 비를 보내지 말게나
亂灑竹窓間　어지러이 죽창 사이를 씻어내네

1 청림(靑林): 부안군 상서면 청림리 청림 마을을 지칭함. 영월신씨(寧越辛氏)의 선영이 있는 곳이다.
2 원문의 '송추(松楸)'는 산소에 심는 나무를 통틀어 이르는 말로, 전의되어 묘역을 뜻하는 말로 쓰인다.

내소사 향각

來蘇[1]香閣

柿熟簇紅卵　감이 익어 붉은 알이 떨기를 이루고
檜高凌翠雲　회나무는 높게 푸른 구름에 솟았으며
丹楓閒暎色　붉은 단풍 조용히 빛을 반사하나니
恰是盡三分　마치 세 부분을 다 채워버린 듯하네

1 내소사(來蘇寺): 선운사(禪雲寺)의 말사로 원래 이름은 소래사(蘇來寺)였으며 신라 때 스님 혜구(惠丘)가 창건했다고 전한다. 이 절에 관한 기록은 『동국여지승람』과 최자의『보한집(補閑集)』 가운데 정지상(鄭知常)이 지은〈제변산소래사(題邊山蘇來寺)〉라는 시가 있고, 이규보(李奎報)의〈남행일기(南行日記)〉가 있는데 모두 '소래사'로 기록되어 있어 언제 '내소사'로 바뀌었는지 분명치 않다. 1633년(인조11) 청민(靑旻)에 의해 중건되었고 1902년 관해(觀海)에 의해 중수된 뒤 현재에 이르고 있다.

월정대에서 이상국[경억]의 운을 차운하다[정유:1897년]

月精臺[1] 次李相國[慶億]韻[丁酉]

喬岳分如垤　높은 산은 개미둑처럼 나눠져 있고
巨溟深不流　큰 바다는 깊어 흐르지 않는데
蒼然落日下　어슴푸레 해지는 밑에는
天地共悠悠　하늘과 땅이 모두 아득도 하네

1 월정대(月精臺): 심광세의 〈유변산록遊邊山錄〉에 산속의 명당에 자리한 묘적암(妙寂庵)에서 하룻밤을 머무르며 월정대(月精臺)에 올랐다는 기록이 있는데. 지금의 월명암이 묘적암 터로, 월정대가 현재 낙조대로 불리는 암봉으로 추정된다. 변산의 비경 중 하나인 월명낙조(月明落照)로 오래전부터 유명하였다.

우금암

禹金巖[1]

巖勢撑天立	바위의 기세는 하늘을 지탱하듯 솟았고
嵌空仰益崢	텅빈 굴[2]은 우러러 더욱 우뚝한데
將軍游去後	장군이 노닐다 떠난 뒤에도
尙有禹金名	여전히 우금이라는 이름이 남아 있네

1 우금암(禹金巖): 변산반도국립공원의 동북부 지역에 위치한 우금산에 있는 바위. 부안읍에서 줄포쪽으로 약 10km 거리의 상서면 감교리의 서쪽에 솟아 있다. 『동국문헌비고』 등에 의하면, 삼한시대 변한의 우(禹)와 금(金), 두 장군이 산성을 쌓아서 붙여진 이름이며, 개암사(開巖寺)와 개암저수지를 서남쪽 품 안에 안고 있다. 우금암은 '울금바위'라고도 칭하며, 원효와 의상대사가 이 바위 밑에 있는 굴(窟)에서 머물며 개암사를 중수하였다고 한다.

2 원문의 '감공(嵌空)'은 속이 깊은 텅빈 굴을 뜻한다.

용추

龍湫[1]

絕壁深湫碧	가파른 절벽과 깊은 호수는 푸른데
望之若眩神	바라보면 정신이 아찔한 듯하네
有龍當宅此	용이 있다면 마땅히 이곳에 거처하고 있어
興雨利生民	비를 불러 백성들을 이롭게 해주리라

1 부안군 변산면 중계리에 있는 직소폭포(直沼瀑布)의 물웅덩이. 변산팔경(邊山八景) 중 하나이며, 내변산 제일경(第一景)으로 인정받고 있다. 폭포 아래 형성된 직소를 예전에는 내변산의 사찰인 실상사(實相寺)의 이름을 따서 실상용추(實相龍湫)라고 불렀다. 1932년 간행된 부안군지 『부풍승람(扶風勝覽)』에 의하면 직소에 기우단(祈雨壇)이 있었다. 『한국지명총람』 부안군 편에는 "가물면 원님이 정성껏 기우제를 지내는데 물속에 산 돼지를 잡아넣는다."고 하였다. [출처] 디지털부안문화대전

실상사[무술:1898년]

實相寺[1][戊戌]

實相非僧舍　실상사는 스님의 집이 아니고
瀧岡是表阡　농강은 묘표가 있는 곳으로[2]
來兹情不厭　이곳에 오니 심정은 싫지 않은데
風樹送餘年　풍수지탄[3]으로 여생을 보낸다네

1 실상사(實相寺): 부안군 변산 지역의 4대 사찰 중 하나로서 내변산(內邊山)의 직소폭포로 가는 길 초입에 자리 잡고 있다. 6・25 전쟁 때 소실되었으며, 1995년에 미륵전이 다시 건립되었다. 『신증동국여지승람』에 실상사가 변산에 있다고 기록하고 있어 조선전기에 실재하였던 사찰임을 알 수 있다. 조선전기의 실상사는 변산을 찾는 많은 문인들이 반드시 거쳐 가는 명소였다고 한다. [출처] 디지털부안문화대전

2 농강~곳으로: 구양수가 아버지 구양관(歐陽觀)을 위해 지은 〈농강천표(瀧岡阡表)〉에 "그 목숨을 구하려다가 구하지 못하였다면 죽는 자와 내가 모두 한이 없을 것이다.[求其生而不得 則死者與我皆無恨也]" 하였다. 《唐宋八大家文鈔 卷58 瀧岡阡表》

3 원문의 '풍수(風樹)'는 "바람에 흔들리는 나무"라는 뜻이나, 전의되어 부모가 이미 돌아가 봉양할 길이 없음에 대한 한탄하거나 죽은 어버이를 사모함을 뜻하는 말로 쓰인다.

사자암

獅子庵[1]

孤庵此荒落	외딴 암자는 황량하게 버려져 있어서
寂寞久無僧	적막한 상태로 오랫동안 스님이 없는데
古木深園裏	고목만 깊은 정원 속에 자라고 있고
鴟蹲又叫鷹	부엉이가 앉아 울면 독수리도 울어대네

1 사자암(獅子庵): 부안군 내변산의 실상사(實相寺)에 속했던 암자.

지장암

智藏庵[1]

楣間扁隱寂　처마 사이의 은적암 편액은
字體龍蛇飛　글씨체가 용이 날 듯 힘찬데[2]
前代何人筆　전대 어느 누구의 필적인가
空庵賴有輝　텅빈 암자에 여전히 빛나고 있네

1 지장암(地藏庵): 부안군 내변산의 실상사(實相寺)에 속했던 암자.

2 용사비등(龍蛇飛騰): 용이 움직이는 것같이 아주 활기 있게 잘 쓴 필력을 이르는 말

웅연

熊淵[1]

孱孫楸下拜　　자손이 묘소 아래에 절하는 것은
爲是慕先忱　　선조의 정성을 흠모하는 것으로
比擬看遺蔭　　유음[2]을 비교해서 살펴본다면
熊淵百尺深　　백척의 웅연보다 깊으리라

1 웅연(熊淵): 부안군 진서면에 있는 연못. 웅소(熊沼), 웅연도(熊淵嶋) 등으로도 불렸다. 「광여도(廣輿圖)」와 「해동지도(海東地圖)」에는 '웅연도(熊淵嶋)'가 표시되어 있고, 1872년 지방지도에는 검모포진 남쪽 입구에 '웅연(熊淵)' 지명이 보인다. 지금은 부안군 진서면 곰소리로 불려진다. [출처]디지털부안문화대전

2 유음(遺蔭): 죽은 사람에게서 받은 은혜.

검모포

黔毛浦[1]

田疇足民食	전답은 백성들 식량에 충분하고
鹽井潤貲財	염정[2]은 재산을 윤택하게 하는데
華麗蓮峯下	화려한 연꽃봉 아래에는
人家繞匝開	인가가 에둘러 열려 있네

1 검모포(黔毛浦): 부안군 서남부에 있는 진서면에 있는 포구(浦口). 옛날에는 줄포만 입구에 수군 진영으로 검모포진(黔毛浦鎭)이 있었다. [출처]디지털부안문화대전

2 염정(鹽井): 소금을 만들기 위하여 바닷물을 모아 두는 웅덩이

와룡소

臥龍沼[1]

天外石門關　하늘 밖의 석문관으로
衆流湔此間　물줄기가 이곳을 휩쓸어 가네
蒼然臥龍在　창연히 와룡이 있는데
變化故藏山　변하여 산에 숨어 전하네

1 와룡소(臥龍沼):전북 부안군 상서면 청림리에 있는 계곡. 누워 있는 용의 형상에서 유래한 명칭이다.

용각대

龍角臺[1]

龍角何崔嵬　용각대는 어찌 그리 높은가
危乎且壯哉　위태하면서도 장대하여라
浮生如小芥　허망한 인생은 작은 겨자 같아
長嘯一徘徊　긴 한숨 내쉬며 배회한다네

1 용각대(龍角臺): 부안군 상서면 청림 마을 뒤에 있는 기암(奇巖) 경승지로, '쇠뿔바위봉'으로 불려지고 있다.

동지

冬至

雷聲夜半動	천둥소리 한밤중에 울려 퍼지고
一氣微陽生	한 기운에 희미한 양이 생기는데
婦孺徒遵俗	부녀자와 아이들은 풍습을 따라
供來豆粥嘗	팥죽을 올리고 맛보고 있네

옷을 재단하다

裁衣

窮家臘節近　가난한 집에 선달그믐이 가까워지고
霍霍夜硝聲　펑펑 폭죽소리 밤에 울려 퍼지는데
剪出裁新服　가위로 잘라 새옷을 마름질하며
妻言付婿情　아내의 말에 남편의 마음을 붙인다네

콩나물을 키우다
長太菜

臘盆長太菜	섣달에 동이에 콩나물을 키우며
取苗置朝陽	싹이 터서 아침 해에 놓아두고
水溜疎通滴	물받이에 물이 잘 떨어지게 하니
纖莖潔玉光	가는 줄기 깨끗하여 옥빛이 나네

서림정을 지나며

過西林亭[1]

靈泉流石竇　영천이 돌틈으로 흐르고
古木滿園庭　고목이 마당 정원에 가득한데
舊蹟思先後　옛 자취에서 선후를 생각하니
名宜趙氏亭　이름은 조씨정이 마땅하리

1 서림정(西林亭): 1847년(헌종13) 부안현감 조연명(趙然明,1847~1849)이 황폐한 산으로 방치된 관아 주변의 성황산을 보고, 동네 유지 33인으로 구성된 '33인수계(三十三人修契)'를 조직하여 봄가을로 직접 나무를 심어 숲을 조성하고 서림정(西林亭)을 건립했다고 한다. 이후 이필의(李弼儀,1864~1869) 현감이 부임했을 때도 황폐해져 있어 이전의 '계'를 부활하여 다시 숲을 가꾸게 되면서 오늘의 서림공원이 되었다고 한다.[출처: 디지털부안문화대전]

명산을 생각하며[기해:1899년]

憶名山[已亥]

憶昨名山遊　지난날 명산 여행을 생각하니
丹楓九月秋　단풍이 한창인 늦가을로
所經皆歷歷　지났던 곳이 모두 역력하여
勝處少踘留　경치 좋은 곳에 잠시 머물렀네

운수상인에게 주다

贈雲水上人

青年與相識	청년으로 서로 알게 된 뒤에
白首老於今	흰머리 노인으로 오늘에 이르렀는데
行住無牽累	움직임과 머무름에 얽매이지 않고
眞知得佛心	진정한 지혜로 부처님의 마음을 얻었네

안경[신축:1901년]

眼鏡[辛丑]

老來眞寶物　늙마의 진정한 보물이 되었는데
試着能明目　시험삼아 써보니 눈이 밝아지고
細字夜燈看　작은 글씨도 밤 등잔에 보이나니
人工造化奪　사람의 기술이 조화를 빼앗었네

의호에서 밤에 앉아[계묘:1903년]

衣湖夜坐[癸卯]

山暗夜禽鳴　어두운 산속엔 밤에 새가 지저귀고
江空遠火明　텅빈 강엔 먼 불빛이 밝게 비치는데
舟中星露滿　배 안에는 별과 이슬이 가득하니
無寢心神清　잠 못 이뤄도 마음과 정신은 맑다네

월명암에서 어일재 운을 차운하다[임진:1892년]

月明庵[1] 次魚一齋[2]韻[壬辰]

半日登登寺	반나절 동안 사찰을 오르고
清泉飮以觥	맑은 샘물을 잔으로 마시는데
星斗如相接	별[3]들이 서로 마주하는 듯하고
山川杳彼橫	산과 강은 먼 곳에 빗겨 있네
千年仙境古	천년의 선경으로 옛스러운 곳
一切塵心平	모든 속세 마음이 평정해지는데
寥寥孤釋在	고요한 곳에 석재암[4] 홀로 있으며
好月自虧盈	둥근 달은 스스로 차고 기우네

1 월명암(月明庵): 부안군 변산면의 쌍선봉(雙仙峰)에 있는 사찰로 선운사(禪雲寺)의 말사이다. 태고사(太古寺), 운문암(雲門庵)과 함께 호남의 3대 영지(靈地)로 손꼽히는 곳이다. 신라 신문왕 때 부설거사(浮雪居士)가 창건했으며, 임진왜란 때 소실된 것을 진묵대사(震默大師)가 중건하여 많은 제자를 양성했다고 한다. 과거에 봉래선원(鳳萊禪院)이 있어서 근대의 고승인 행암(行庵)·용성(龍城)·고암(古庵)·해안(海眼)·소공(簫空) 등이 수도한 참선 도량으로도 유명하다.

2 어일재(魚一齋): 조선 고종 때 정치가 어윤중(魚允中)을 지칭함. 본관은 함종(咸從). 자는 성집(聖執), 호는 일재(一齋)이다.

3 원문의 '성두(星斗)'는 밤하늘에 작은 점 모양으로 반짝거리는 천체를 말한다.

4 석재암(釋在庵): 내변산의 어수대(御水臺) 위에 왕재암(王在庵)과 석재암(釋在庵)이란 절이 있었다고 한다. 신라 경순왕이 이곳에서 3년 동안 머무르며 왕재(王在), 석재(釋在), 어수(御水)라는 이름이 생겼다는 기록이 전한다.

실상사 벽에 쓰다[갑오:1894년]

題實相寺壁[甲午]

蓬壺千古寺　봉래산[1]의 천년 고찰로
寮舍半欹傾　요사채는 반쯤 기운 상태인데
石塔愁雲逗　돌탑엔 슬픈 구름 머물러 있고
秋田荒草生　가을밭엔 거친 풀만 나 있네
素壇眞仙境　소단[2]은 진선의 경지였는데
今留實相名　지금은 실상 이름만 남았으며
此地瀧岡在　이곳은 농강[3]이 있는 곳으로
伊余倍喜情　나는 두 배로 기쁨을 느낀다네

1 원문의 '봉호(蓬壺)'는 봉래산(蓬萊山)으로 영주산(瀛州山) 방장산(方丈山) 과 함께 중국 전설상에 나오는 삼신산(三神山)의 하나이다. 여기서는 부안군의 내변산에 있는 실상사의 배산(背山)인 봉래산을 지칭한다.

2 원문에는 '素擅'으로 되어 있는데 '素壇'으로 오류로 보인다.

3 농강(瀧岡): 북송(北宋)의 구양수(歐陽脩)가 그의 부친이 사망하고 10년 뒤에 세운 묘표(墓表)인 〈농강천표(瀧岡阡表)〉를 원용한 말로, 여기서는 부친의 묘역이 있는 곳이란 뜻으로 쓰였다.

월명암에서 백상사 청전[학래]의 운을 차운하다[을미:1895년]

月庵[1]次白上舍青田[鶴來]韻[乙未]

蓬萊第一景	봉래산의 제일경을
坐看不須行	앉아서 보니 꼭 갈 필요 없네
羣峯脚下止	여러 봉우리 다리 밑에 멈췄고
大海眼前生	큰 바다는 눈앞에 생겼다네
蒼然人世遠	어슴프레 인간 세상은 멀고
寂滅道場清	적멸 도량은 맑고 깨끗한데
此地眞仙境	이곳은 진정한 신선경으로
千年有月明	천년동안 월명암이 있었다네

1 '月庵'은 '月明庵'을 줄인 말로 보인다.

승렬 아우를 곡하다

哭升烈弟

今行永訣乎　이제 영원히 작별하누나
割半漏沾襦　반쪽 잘라내니 눈물이 옷을 적시네
那堪離父母　어찌 부모를 떠난단 말인가
忍復棄妻孥　차마 아내와 자식을 버리는가
悲風黃壤路　슬픈 바람 황천길에 불고
殘日碧山隅　남은 해는 푸른 산 모퉁이에 있는데
幸有中兒在　다행히 아이가 남아 있으니
爾後勝於吾　이후로는 나보다는 나으리라

청련암에 쓰다

題青蓮庵[1]

蓮庵天上在	청련암은 하늘 위에 있고
法雨逗空林	법우는 텅빈 숲에 머무는데
泰山如垤小	태산은 작은 개미둑과 같고
滄海可盃深	푸른 바다는 잔에 담을 깊이네
只合佛仙境	단지 부처와 신선이 합한 곳으로
初無塵俗心	처음엔 속세의 마음 없었는데
愴感看題壁	처량하여 벽에 걸린 시를 보니
卯君留雅音	아우[2]가 아름다운 시를 남겼네

1 청련암(靑蓮庵): 부안군 진서면 석포리에 있는 내소사(來蘇寺)의 부속 암자.

2 원문의 '묘군(卯君)'은 본래 토끼해에 태어난 사람을 뜻한다. 소식(蘇軾)과 아우 소철(蘇轍)은 아주 의리가 좋았는데, 소철이 토끼띠여서 소식이 늘 묘군(卯君)이라고 썼다. 이후 이 말은 '아우[弟]'를 가리키는 대명사처럼 쓰인다.

삼현동에서 비석에 쓰다[병신:1896년]

三峴洞[1]題碑[丙申]

山深夕氣冷　산이 깊어 저녁 기운 차고
松翠濕人衣　솔 푸르름에 사람 옷 젖는데
曲浦通橋遠　굽은 갯벌로 통한 다리는 멀고
斗屋入烟微　작은 집은 뿌연 연기 속에 드네
月明孤犬吠　달 밝은 밤에 개만 짖으며
霜落數鴻飛　서리 내리고 기러기 나는데
拙筆貞珉瀉　서툰 붓으로 비석을 쓰나니
應爲具眼非　응당 안목 갖춘 이는 아니라네

1　삼현동(三峴洞): 부안군 하서면 지역의 자연 마을. 1914년 행정구역 개편 때 하서면의 초교리 · 원중리 · 계곡리 · 삼현동 · 석곶리 · 노곡리 · 지산리 · 마전리의 각 일부를 병합하고 하서면 청호리로 개설하였다.

월명암에 올라서 전복야[의]의 영은사 운을 차운하다

上月明次全僕射[宜]靈隱寺[1]韻

渡水披雲霧　물을 건너 구름과 안개 헤쳐나가
登登訪寺僧　오르고 올라 스님을 방문하는데
谷口森高檜　계곡 입구엔 높다란 회나무 빽빽하고
龕中掛靜燈　감실에는 조용한 등불이 걸려 있네
眞仙開窟宅　진정한 선인이 동굴집을 열어
杳劫變邱陵　아득한 세월에 구릉을 변모시켰는데
萬山看不厭　수많은 산을 보아도 질리지 않으며
鎭日危欄憑　온종일 우뚝 솟은 난간에 기대었네

1 영은사(靈隱寺): 부안군에 있었던 사찰.

강수은 항의 원효암 운을 차운하다

次姜睡隱沆[1]元曉菴韻

千年蟠淑氣	천년동안 맑은 기운이 서리고
釋子建斯基	스님이 여기에 기틀을 세웠는데
渺渺通南極	아득하여 남쪽 끝까지 통하고
蒼蒼壓震維	울창하여 동방[2]을 압도하네
與君須一飮	그대와 함께 한 잔 마셔야 하는데
捨此更何之	이를 버리고 더 이상 무엇하랴
逈絕非塵境	멀리 떨어져 속세가 아닌 곳이니
仙耶佛亦宜	선인이나 부처에게 또한 마땅하리

1 강항(姜沆): 조선중기 영광 출신의 문인. 본관은 진주(晉州). 자는 태초(太初), 호는 수은(睡隱)으로 좌찬성 강희맹(姜希孟)의 6세손이다.

2 원문의 '진유(震維)'는 동방(東方)을 가리킨다.『주역』「문왕팔괘(文王八卦)」에서 진괘(震卦)는 방위로 동쪽에 해당한다.

쌍선봉에 올라 금계군 박오창[동량]의 원효암 운을 차운하다

登雙仙峯[1] 次錦溪君朴梧窓[東亮][2]元曉庵韻

無山可與屹　아무 산이나 함께 우뚝 솟지 못하고
有水不知深　물은 있어도 깊이를 모른다네
浮生元易老　헛된 인생은 본래 쉬 늙어가고
仙子亦難尋　신선조차도 찾기 어려워지네
遍身雲氣濕　온몸이 구름 습기로 젖어들고
拂袂花香侵　옷소매엔 스치는 꽃향기가 스며드네
去欲追西日　떠나며 서쪽 해를 좇으려는데
遺笻恐鄧林　내던진 지팡이 등림 될까 두렵네[3]

1 쌍선봉(雙仙峯): 부안군 보안면 우동리에 있는 산봉우리

2 박동량(朴東亮): 조선 중기의 문신으로 본관은 반남(潘南). 자는 자룡(子龍), 호는 기재(寄齋)・오창(梧窓)・봉주(鳳洲)이다. 임진왜란 때 선조를 의주(義州)로 호종한 공으로 호성공신(扈聖功臣) 2등을 받고 금계군(錦溪君)에 봉해졌다.

3 『산해경(山海經)』에 있는 신화로, 과보(夸父)가 자신의 능력은 생각하지 않고 태양을 쫓아가기로 하였다. 해를 따라 달려 해가 지는 우연(禺淵)까지 다다랐다. 그러나 갈증이 심하여 황하와 위수(渭水)를 마셨다. 그래도 기갈이 가시지 않자 다시 북쪽의 대택(大澤)을 마시려 하였는데 그곳에 이르기 전에 목말라 죽었고, 그가 던진 지팡이가 변해서 등림(鄧林)이라는 복숭아 숲이 되었다고 한다.

유시남[계]의 제실상사 운을 차운하다

次兪市南[棨][1]題實相寺韻

我意看實相　내가 실상[2]을 보려한 것은
皆是有中相　모두 중상[3]에 있는데
佛意看實相　부처가 실상을 보려한 것은
皆是無中相　모두 중상에 없다네
有無纔一變　있고 없음은 단지 변화일뿐
差以千萬相　차이는 천만가지 형상이네
今人欲看相　지금 사람들 상을 보려 한다면
須辨有無相　반드시 유상[4]과 무상[5]을 분별해야 하네

1 유계(兪棨,1641~1721), 조선후기의 문신. 본관은 기계(杞溪). 자는 무중(武仲), 호는 시남(市南)이다.

2 실상(實相): 불교 용어로 "있는 그대로의 진실한 모습"을 의미한다.

3 중상(中相): 불교 용어로 상(相)은 태(態)의 하나. 동작이 주어(主語) 자신에게 또는 주어 자신을 위하여 작용하는 것을 의미한다.

4 유상(有相): 불교 용어로 생성 변화하는 차별 현상. 또는 고유한 형체나 모양을 지니고 있음을 의미한다.

5 무상(無相): 불교 용어로 차별 · 대립의 모습(相)을 초월한 무차별의 상태를 의미한다.

응산재각에서 재숙 동미[동영] 동농[재풍]과 함께 짓다

鷹山齋閣共再叔東湄[東泳]田東農[在豊]作

醉客山房宿	취한 손님은 산집에서 머무르며
松間月在西	솔 사이의 달은 서쪽에 떠있는데
身衰興漸減	몸은 쇠해지고 흥은 점점 줄어들어
詩疊格還低	시는 중첩되고 형식도 점점 낮아지네
北鴈春歸塞	북쪽 기러기 봄엔 요새로 돌아가고
隣雞曉唱棲	이웃집 닭은 둥지에서 새벽을 알리는데
蓬山留後約	봉래산은 훗날의 약속으로 남겨두나니
他日更相携	다른 날에 다시 함께 가보게나

눈꽃[경자:1900년]

雪花[庚子]

冷氣似鋒銛　찬기운은 칼날같이 날카롭고
雪花亂入簷　눈송이가 지붕에 난입하는데
不琢輝崑玉　다듬지 않아도 보석처럼 빛나고
非鹹撒海鹽　짜지 않은 바다 소금을 뿌리네
連天細密密　하늘에 맞닿아 빽빽하게 가늘고
墜地厚纖纖　땅에 떨어져 부드럽게 쌓이는데
終由厥陰盛　결국에는 음기가 무성해져서
會待太陽添　태양이 보태지길 기다리네

실상사에서 자다
宿實相寺

行休自占閒	길을 멈춰 스스로 여유를 차지하며
來宿白雲間	흰구름 사이에 와서 머무는데
地寒多邃谷	땅은 차고 깊은 골짜기가 많으며
天近見高山	하늘 가까이 높은 산이 보이네
空壁鼠奔突	텅빈 벽엔 쥐가 바쁘게 돌아다니고
平蕪螢繞環	평야에는 반딧불이 빙빙 도는데
破寺空凄冷	부숴진 사찰은 텅비어 쓸쓸하며
塵垂古佛顔	먼지가 오랜 불상 얼굴에 드리웠네

만하루의 운을 차운하다

[신축:1901년 ○누각은 격포에 있다. 이름은 은하를 이끌고자 취한 것이다]

次挽河樓韻[辛丑○樓在格浦 名取欲挽銀河也]

樓閣今何在	누각은 지금 어디에 있는가
嘉名取洗氛	좋은 이름은 재앙을 씻음에서 취했네
人雖殊代遠	사람들 다른 시대로 멀지만
意固一般勻	생각은 여전히 일정하다네
山海重關地	산과 바다가 중첩된 곳으로
陰晴變壘雲	흐리고 갬이 구름처럼 변하는데
陽春聞續舊	봄날 소식이 옛날처럼 이어져
寡和不須顰	덜 따뜻하나 찡그릴 필요는 없네

밥섬의 정양신 집
食島[1]鄭良信家

其人信又眞	그 사람은 믿음직스럽고 진실하며
要我島西隣	내가 섬 서쪽에 이웃이 되길 원하는데
村深有靜趣	마을은 깊고 조용한 정취가 있으며
地淨無腥塵	땅은 깨끗하고 악취와 먼지가 없네
古木枝盤屈	오래된 나무는 가지가 꼬여 휘어지고
春蔬葉展新	봄 채소는 잎이 펴져 새로운데
北望叢祠近	북쪽을 바라보니 총사[2]가 가깝고
寒錚響禱神	차가운 쟁소리에 기도를 올리네

1 식도(食島): 전북 부안군 관할의 섬. 속명은 '밥섬'이다.

2 총사(叢祠): 잡신을 모시는 사당, 또는 황폐한 사당이나 묘(廟), 무성한 수목 속에 있는 사당이나 묘를 뜻한다.

절에 올라가 판상의 운을 차운하다
登寺次板韻

三客賞淸秋	세 명의 객이 맑은 가을을 감상하려
出門尋境幽	집을 나와서 한적한 경치를 찾는데
樵歌來樹裏	나무 속에서 벌목 노래가 들려오고
野色臨隍頭	들녘 풍경은 성황당 머리에 가깝네
殘寺僧居寂	부쉬진 사찰에 스님이 고요히 거처하고
空山佛氣浮	텅빈 산에 부처 기운이 떠오르는데
經年阻尺地	여러 해 동안 거리가 막혀 있었지만
今日始登游	오늘에야 비로소 나들이에 나섰네

청련암에서 동미의 운을 차운하다[갑진:1904년]

青蓮庵次東湄韻[甲辰]

落日青蓮寺	해가 청련사에 지는데
幽尋遍梵林	깊숙히 범림[1]을 찾아 헤매네
礎壓羣峯屹	주초는 높은 산봉우리를 누르고
窓通碧海深	창문은 푸른 바다 깊은 곳에 통하네
飄飄遺世意	산뜻하게 속세의 뜻을 버리고
寂寂悟禪心	고요하게 선심을 깨달으니
天風一派下	천풍[2] 한 줄기가 내려오고
仙鶴度笙音	선학이 생황 소리를 내네

1 범림(梵林): 깨끗한 숲이란 뜻으로, 전의되어 사찰(寺刹)을 뜻한다.

2 천풍(天風): 하늘 높이 부는 바람

다시 월명암의 원운을 차운하다

更次月庵原韻

高臨月明寺	높은 곳에서 월명사에 다가가니
大白酌深觥	태백이 깊은 잔을 기울이는데
封疆跬步列	경계[1]에는 반걸음[2]이 벌려 있고
滄海指端橫	푸른 바다는 손가락 끝에 가로지르네
星河通座冷	은하수는 차가운 자리에 통하고
峯壑暮雲平	산골짜기엔 저녁 구름이 평평한데
認是神仙境	이곳은 신선 세계로 인정되나니
塵襟爽氣盈	속세 옷깃에 상쾌한 기운이 가득하네

1 원문의 '봉강(封疆)'은 제후로 봉할 때 내리는 땅으로, 전의되어 경계 또는 경계 안의 땅을 뜻하는 말로 쓰인다.

2 원문의 '규보(跬步)'는 반걸음 또는 반걸음 정도의 가까운 거리를 뜻한다.

옛 생각[계미:1883년]
古意[癸未]

東方有一士　동방에 한 선비가 있는데
不知何許人　어떤 사람인지 알 수가 없네
出脚踏衢道　길을 나와 거리를 걷는데
惱他馬車塵　말수레의 먼지에 짜증이 나네
倘來非固有　아마 본래 있던 것 아니어서
嗒然自娛神　멍하니[1] 스스로 즐겼으며
鳥喙獸又顧　새와 짐승을 또한 돌아보니
山林獨善身　산림에서 홀로 자신의 선만 꾀하네
莘烟望外起　긴 연기 바라보니 멀리서 일어나고
渭月夢中眞　위수의 달은 꿈속의 참된 모습인데
忘羊渾不省　양을 잃고도 전혀 반성하지 않으니
幾盃酒國春　몇잔 술로 나라의 봄을 노래하네
天地何廣大　하늘과 땅은 매우 광대하여
有時放長歌　가끔은 긴 노래를 부르는데
古意其誰識　옛 생각을 그 누가 알겠는가
滔滔苦海波　고해에 파도만 도도하여라

1 원문의 '탑연(嗒然)'은 아무 생각 없이 우두커니 있는 모양을 나타내는 말이다.

봄날의 산방

春日山房[1]

簷日正當午	처마 아래의 해는 정오가 되자
寂寂掩松扉	고요히 소나무 문을 가리는데
憑几神氣倦	책상에 기대니 피곤한 기색이 들고
朦朧雙眼迷	몽롱하여 두 눈이 혼미해지네
一鳥鳴不下	새 한 마리 울면서 내려오지 않고
庭畔花自飛	마당의 꽃은 스스로 날리는데
心香一炷細	마음은 한 가닥 가는 향으로
悟若參禪時	참선할 때처럼 깨닫는다네
湖山開明鏡	호수와 산은 밝은 거울처럼 펼쳐져
天地滿游絲	하늘과 땅엔 아지랑이 가득한데
沈吟題詩句	나즉이 시구절을 읊조리니
此意有誰知	이런 뜻을 누가 알겠는가
春來不出戶	봄이 오면 집을 나가지 않고
山房自棲遲	산방에서 천천히 노닌다네[2]

1 산방(山房): 산속에 있는 절에서 스님이 거처하는 방.

2 원문의 '서지(棲遲)'는 "천천히 돌아다니며 마음껏 노닐다"는 뜻이다.

장암령에 올라가 가마소로 내려오다[갑오:1894년]

登壯巖嶺下釜沼[1][甲午]

步上壯巖嶺　걸어서 장암령에 오르니
朝日直射紅　아침 해가 직접 붉게 비추는데
何處非人間　인간 세계 아닌 곳이 어디인가
斗屋在岩東　작은 집[2]은 바위 동쪽에 있네
耽看猶未已　마음껏 보아도 충분하지 않기에
前進更踰峯　앞으로 나아가 다시 봉우리를 넘는데
龍角天塹立　용각대가 하늘을 뚫고 서 있고
龜沼地析開　거북소가 땅을 가르고 열려 있네[3]
桃原此中在　무릉도원이 이 가운데 있는데
漁舟幾度來　고깃배는 몇 번이나 왔을까
出洞更有村　골짜기를 나가면 다시 마을이 있고
居人耕白雲　사람들은 흰구름을 경작하네
勝地皆勢奪　승지는 모두 기세를 다투고
無由半邊分　이유 없이 절반으로 나누었네
朱翁眞道流　주옹[4]은 진정 도가의 무리로
世亂若無聞　세상의 혼란을 듣지 못한 듯한데

1 가마소[釜沼]: 부안군 상서면 청림리에 있는 가마소 계곡의 못.
2 원문의 '두옥(斗屋)'은 아주 작고 초라한 집을 말한다.
3 원문에는 '圻'으로 기록되었으나 '析'의 오자(誤字)이므로 바로잡아서 번역하였음.
4 주옹(朱翁): 한(漢)나라 주매신(朱買臣)을 지칭함. 그의 자(字)가 옹자(翁子)였으므로 그를 주옹이라고 불렀다.

臨溪忽分手　시냇가에서 갑자기 헤어지며
戒行意甚懃　계행[5] 의지가 매우 극진하네

5 계행(戒行): 계율(戒律)을 지켜 닦는 행위(行爲).

청림추사에서 짓다

青林楸舍[1]作

入山凡幾日　산에 들어와 며칠이 지났나
來此逢卯君　여기에 와서 아우를 만났네
數月不見餘　몇달 동안 보지 못한 나머지
相對欣歡般　마주함에 기쁨이 매우 크다네
共行省邱墓　함께 언덕의 묘소를 살피고
陟彼山之陽　저 산의 남쪽에 올라가서는
紛紛憂世變　잇달아 세상 변란을 근심하고
繼護憶後昌　뒤를 이을 후손의 번창을 생각하네
楸大石已具　무덤의 큰 돌은 이미 갖추었고
荷蒙先蔭長　선조의 음덕을 길이 입었으니
當今可爲事　지금에 할 수 있는 일은
非隱即是倡　숨는 것이 아니고 번창함이네
倡可有韜略　번창함에는 도략[2]이 있으니
胸中萬甲藏　가슴 속에 많은 지식 숨겼으나
至愚不可言　매우 어리석어 말은 할 수 없고
臂斧似螂螳　팔과 도끼가 마치 사마귀와 같네
隱欲求壺岩　은밀히 호암[3]을 찾으려고

1 추사(楸舍): 재사(齋舍)와 같은 말로 제사를 지내기 위해 묘소나 사당 인근에 지은 건축물을 말한다.
2 도략(韜略) : 육도삼략(六韜三略)의 줄인 말. 태공병법(太公兵法)
3 호암(壺岩): 부안의 변산 일대에 있는 바위 이름. 속명은 '병바위'이다.

世人意皆忙　세상 사람들 모두 바쁜 마음인데
遍看幽邃處　그윽하고 깊은 곳을 두루 보고는
歸臥枕同床　돌아와 함께 침상에 눕는다네

치통

齒痛

咀嚼爲不易 씹는 것이 쉽지 않으니
入吻含輪囷 입안에 옹이[1]를 머금었네
所欲悅於口 입맛을 좋게 하고자
方丈思八珍 방장이 팔진미를 생각하네
窮家況有此 가난한 집에 이런 것이 있겠나
葷菜素淸貧 훈채[2]로 본래 청빈하다네
菁根最可畏 무우가 가장 두려운데
一歎又一嚬 연이어 한숨 쉬고 찡그리네
今朝老白髮 오늘은 백발의 늙은이지만
昨日少靑春 어제는 청춘의 젊은이었네
少時嚼強勁 어렸을 땐 강한 것을 씹었고
刀鉅并可倫 큰 칼과 도끼와 견줄만했네
如何老將至 늙어가는데 어찌할 것인가
年猶未五旬 나이 아직 쉰살이 되지 않았는데
始豁復掀痛 처음엔 뚫리고 다시 들먹이며 아프며
漸衰向落辰 서서히 쇠퇴해 아침[3]에야 사라지네
盖見天質厚 타고난 자질이 굳게 나타나고

1 원문의 '윤균(輪囷)'은 반송(盤松)의 가지에 옹이가 있어 울퉁불퉁 기괴한 형상을 나타낸 말이다.
2 훈채(葷菜): 파나 마늘처럼 특이한 냄새가 나는 채소
3 원문의 '진(辰)'은 진시(辰時)를 말하며 오전 7~9시에 해당한다.

至衰壯氣神　노쇠해도 기운이 건장해서
髮黑復生齒　머리는 검고 이빨은 다시 나는데
或謂神仙人　어떤 이는 신선이라고 말하네
顧余所賦薄　원컨대, 내게 부여된 건 하찮아도
蒲柳秋先臻　부들과 버들은 가을에 먼저 이르네
幾年涉苦海　고해를 건넌 것이 몇 해던가
半世没紅塵　반세기 동안 속세에 빠졌었네
謾被七情惱　부질없이 칠정[4]으로 고민하며
未能攝養眞　진리를 섭양[5]할 수 없었네

4 칠정(七情): 사람의 일곱 가지 감정. 희(喜)・노(怒)・애(哀)・구(懼)・애(愛)・오(惡)・욕(欲)의 일곱 가지 감정을 말한다.

5 섭양(攝養): 병에 걸리지 않고 건강하게 오래 살도록 몸 관리를 잘함.

우금암에서 '어魚'자로 연구를 짓다[병신:1896년]

禹金巖[1]聯句得魚字[丙申]

洞闢巨巖出	골짜기 열리니 큰바위 나오는데
嵌空可作廬[族兄在謙梧圃]	깊은 굴은 집 지을 만하네[족형재겸오포]
谽谺天勢近	휑한 골짜기[2]는 천세에 가깝고
磅礴雲容舒[東湄]	뒤엉킨[3] 구름 모습이 펼쳐지네[동미]
捫歷山加嶽	산과 봉우리를 붙잡고 지나며
湯烹蘚合蔬[樵]	이끼와 채소를 끓이고 삶으니[초은]
拜奇評甲乙	기이함에 경배하고 갑을을 평하며
貢怪接青徐[田東農]	괴석 공물로 청서를 접대했네[4][전동농]
氣欲亘霄壤	기운은 하늘과 땅에 퍼지려고 하며
光能侔珮琚[舍弟若川]	빛은 보석과 비교할만 한데[동생 약천]
匪徒五丈建	단지 다섯 길로 세운 것만은 아니니
奚止幾擔儲[梧]	어떻게 그 많은 저장을 멈출건가[오포]
釋子創新寺	스님이 새로운 사찰을 창설하고

1 우금암(禹金巖): 부안군 변산의 개암사(開巖寺)의 배경이 되는 울금바위. 원효와 의상이 이 굴에 머물면서 개암사를 중수하였다고 한다. 아래에 원효방(元曉房)이 있는데 진표율사가 이곳에서 수행하여 깨달음을 얻었다고 전한다

2 함아(谽谺): 휑뎅그렁함. 골짜기가 크고 넓어서 텅빈 모양. 또 골짜기가 깊은 모양을 뜻한다.

3 원문의 '방박(磅礴)'은 "한데 뒤범벅을 한다."는 뜻이다. '방(磅)'은 본래 돌이 떨어지는 소리. '박(礴)'은 널리 흩어져 있음, 섞여 있음, 꽉 차 있음을 뜻한다

4 괴석~했네: 공괴(貢怪)는 "괴석을 공물로 받치다"는 뜻이고, 청서(青徐)는 청주(青州)와 서주(徐州)를 지칭한다. 『서경(書經)』「우공(禹貢)」편 주석에 "청주에서는 괴석을 조공물로 바쳤고, 양주에서는 소와 탕을 조공물로 바쳤다(青州貢怪石, 楊州貢篠簜)"고 하였다.

將軍遺舊墟[湄]	장군은 옛터를 남겨 두었는데[동미]
誰鞭秦萬里	누가 진나라 만리를 달렸으며
謾抱楚三閭[樵]	부질없이 초나라 삼려[5]를 껴안았나[초은]
羅濟以來者	신라 백제 이후의 사람으로
禹金安在歟[農]	우금은 어디에 있는가[동농]
干城宜扮兔	간성[6]은 토끼에 마땅하고
鎖鑰即垂魚[川]	자물쇠는 수어[7]가 되었네[약천]
後世傳追跡	후세에 유적으로 전해져서
幽人上拂裾[梧]	유인[8]이 위에서 옷자락 휘날리니[오포]
品題堪與友	품제[9]는 친구와 즐길 만하고
無臭亦招余[湄]	냄새 없어도 나를 끌어당기네[동미]
攢削蹲豺豹	도려냄은 웅크린 이리 승냥이며
潛藏伏寢狙[樵]	감추는 것은 숨어 자는 원숭이네[초은]
機絲支織女	베틀 실은 직녀를 갈라놓는데
棧道起望諸[農]	잔도[10]에서 일어나 바라보네[동농]
此物胡斯大	이 물건은 어찌 이렇게 큰가
其名固不虛[川]	그 이름 분명 헛된 것이 아니네[약천]
練宜媧補漏	명주는 여와[11]가 보충함이 마땅하고

5 삼려(三閭): 삼려대부(三閭大夫)의 준말로, 여기서는 전국시대 초(楚)나라의 삼려대부(三閭大夫)를 지낸 굴원(屈原)을 가리킨다.

6 간성(干城): 방패와 성이라는 뜻으로, 나라를 지키는 군대나 인물을 이르는 말이다.

7 수어(垂魚): 지붕의 합각 부분에 있는 박공판(牔栱板) 위쪽 밑부분에 달아놓는 장식물. 현어(懸魚)라고도 부름.

8 유인(幽人): 어지러운 속세를 피하여 깊숙한 곳에 숨어 사는 사람. 은사(隱士).

9 품제(品題): 경전의 내용을 품으로 나눈 편장의 제목. 또는 품평(品評)을 말한다.

10 잔도(棧道): 험한 벼랑 같은 곳에 선반을 매듯이 하여 만든 길

11 여와(女媧): 중국 신화에 나오는 중매인의 수호 여신.

閣又漢稱渠[梧]	전각은 또한 한나라와 걸맞네[오포]
造化誠難測	조화는 실로 예측하기 어려운데
典型思未攄[湄]	전형을 생각하고 펼치지 못했으니[동미]
凌高直睨視	높은 곳에서 직접 내려다보며
破醜須銘書[樵]	추함을 없애고 기록해야 하네[초은]
荒𩄇千年後	황란[12]을 겪은 천년 후에도
頑根一片餘[梧]	모진 뿌리 한 조각이 남았는데[오포]
侵寒紺雪積	추위가 엄습하고 진한 눈이 쌓이니
覺爽靈飈噓[川]	맑은 바람 불어 상쾌함을 느끼네[약천]
臨陟手攀木	나무를 부여잡으며 올라가니
曠平躬墾畬[梧]	들판이 평평하여 몸소 밭을 일구며[오포]
色生彩江底	빛깔이 채석강 밑에서 생기고
族聚太湖渚[湄]	가족들 태호 물가에 모였네[동미]
有若神扶護	신이 있어 도움을 받는다 해도
何由力拔除[樵]	어떻게 힘으로 이것을 제거하랴[초은]
功嵬記羊祜	공이 우뚝하여 양호[13]를 기록하고
威重擒龍且[農]	위중하여 용저[14]를 사로잡았네[동농]
星隕曾成否	별이 떨어지는 일이 있었는지
圖摸莫勝於[川]	그림으로도 표현할 수가 없으며[동농]
樹愁度猿狖	나무는 원숭이 지나감을 근심하고
月喜近蟾蜍[梧]	달은 두꺼비 가까움을 즐거워하네[오포]
崚骨立遼柱	높이 솟은 뼈대가 돌기로 서 있으며

12 황란(荒𩄇): 흉년(凶年)과 병란(兵難)

13 양호(羊祜): 서진(西晉)의 대신. 자(字)는 숙자(叔子)이며, 태산(泰山) 남성(南城) 사람이다. 대대로 2천 석의 벼슬을 하여 양호에 이르기까지 9세인데, 모두 맑은 덕으로 이름이 났다.

14 용저(龍且): 초한 쟁패기 서초(西楚)의 장수로 패왕 항우(項羽)의 휘하 장군이다.

列峯環縣涂[湄]	여러 봉우리가 개천을 에둘렀네[동농]
遇賓情甚好	손님을 만나 정은 매우 좋은데
呼丈禮寧疎[樵]	어른 호칭에 예의는 서투네[동농]
豈肯消磨盡	어떻게 완전히 소모할 수 있을꼬
元從剖判初[農]	원래부터 처음 분석했던 것인데[동농]
孱僧常看看	스님은 항상 바라보기만 하고
老佛悟如如[川]	노불은 깨달아 항상 같다네[약천]
觀奕爛樵斧	바둑을 두며 나무 도끼에 능숙하고
種蔘揮野鋤[梧]	인삼을 심고 호미질을 지휘하는데[오포]
松鱗經日炙	소나무 비늘은 햇빛 침을 맞고
苔髮長風梳[湄]	이끼 머리칼은 장풍에 빗겨지네[동미]
玅法製慈航	묘법으로 자비로운 배[15]를 만들고
腥塵閱載車[樵]	속세[16]를 수레에 실려 보냈는데[초은]
迄今蹟仍考	지금까지 흔적을 살필 수 있으며
懷古恨猶茹[農]	옛생각에 꼭두서니처럼 한스럽네[동농]
延客時同坐	손님을 맞아 때때로 함께 앉아
借翁夜傍漁[川]	늙은이들 밤에 옆에서 낚시하며[약천]
醒歸栗里趣	율리의 정취에서 깨어나
載得鬱林譽[梧]	울림에서 명예를 얻었네[오포]
排陣嘆忠武	전열을 배치하고 충무를 한탄하며
鎭方欽赫胥[湄]	진방에선 혁서[17]를 흠모하는데[동미]
劍戈壘邊没	칼과 창은 보루 주변에 묻히고

15 원문의 '자항(慈航)'은 미혹의 세계에서 깨달음의 피안으로 건너가게 해주는 자비의 배 또는 불법이나 부처의 자비를 말한다

16 원문의 '성진(腥塵)'은 "비린내 나는 티끌 세상"이란 뜻으로 속세를 지칭한다.

17 혁서(赫胥): 중국 상고시대의 제왕. 『열자(列子)』에 나오는 화서씨(華胥氏)와 동일한 인물이다.

介胄帳中居[樵]	갑옷과 투구는 장막 안에 있네[초은]
硉矶纔過鶴	암석 위에 가까스로 학이 지나고
崎嶇易墮驢[農]	험준한 길은 당나귀도 떨어지기 쉬운데[동농]
那將半劈去	어찌하면 반으로 절단하여 제거할꼬
翫爾長躊躇[川]	희롱하며 오랫동안 주저한다네[약천]

오포(梧圃): 족형(族兄) 신재겸(辛在謙)

동미(東湄): 재종숙(再從叔) 신동영(辛東泳)

초은(樵隱): 신관열(辛觀烈)

동농(東農): 전재풍(田在豊)

약천(若川): 사제(舍弟) 신제열(辛濟熱)

실상사 고적을 살피다가 월파 최경의 고시를 얻어 그 운을 차운하여 '택宅'자로 연구를 짓다[정유:1897년]

閱實相古蹟 得月坡崔勁古詩 用其韻作聯句 得宅字[丁酉]

聞道蓬萊山	봉래산에 대해 전해 듣기를
仙人有窟宅[林澤鎬 號芝隱]	선인들의 동굴집이 있다는데[임택호.지은]
詩騰天下名	시는 천하에 명성을 떨치고
形擅海東國[湄]	형체는 우리나라를 지배하네[동미]
往輒願游神	가면 문득 유신[1]이 되기를 바라며
致之恨未力[樵]	이르면 힘이 부족함을 한탄하는데[초은]
茅香美足奇	모향[2]은 아름답고 기이하니
楓嶽亦非特[農]	풍악도 특별한 곳은 아니네[동농]
達觀鵬圖溟	붕도[3]가 어두움을 달관[4]하고
窮搜亥步極[芝]	해보[5]로 끝까지 찾아나섰네[지은]
因緣遇庶幾	인연으로 거의 다[6] 만나고
功利及生育[湄]	공명과 이익이 생육에 미쳤네[동미]

1 유신(游神): 밤에 나돌아다니며 사람들의 선악을 조사한다는 신으로 밤늦도록 자지 않고 싸다니기 좋아하는 사람을 비유하는 말이다.

2 모향(茅香): 흰띠 꽃.

3 붕도(鵬圖): 한없이 큰 계획이나 희망

4 달관(達觀): 인생의 진리를 꿰뚫어 보아 사소한 일에 집착하지 않고 넓고 멀리 바라봄

5 해보(亥步): 수해(竪亥)의 걸음이란 뜻임. 수해는 우(禹)임금의 신하로, 걸음을 잘 걸었다는 신화 속의 인물이다.『회남자(淮南子)』「지형훈(地形訓)」에 "수해에게 북극에서부터 남극까지 걸어가게 하였더니, 모두 2억 3만 3천 5백 리(里) 75보(步)였다."라는 말이 나온다.

6 원문의 '서기(庶幾)'는 "어느 한도에 가까운 정도로" 또는 "간절히 바람"을 뜻한다.

宇宙古而今　우주는 옛날이나 지금이나 같은데
乾坤隤且廓[樵]　천지는 무너지고 넓어졌네[초은]
欲膏盤谷車　반곡의 수레를 살찌게 하고자
誰杖淮南策[農]　누가 회남의 채찍을 잡았나[동농]
追友納鞋青　친구를 찾아서 신발을 부탁하고
呼童沽酒白[芝]　아이 불러 술을 사오라 말하네[지은]
優曇照肺肝　우담[7]이 폐와 간을 비추고
具葉存心目[湄]　구엽[8]은 마음과 눈에 간직하네[동미]
曲浦漲春潮　곡포에 봄 물결이 차오르며
野程通遠驛[樵]　들길은 멀리 역참까지 통하네[초은]
可居辛幼安　고생하며 살만하고 어릴적엔 편안했기에
偕隱林君復[農]　함께 은거하니 임군이 돌아왔네[동농]
中道問三清　중도에서 삼청[9]을 물으며
上方抵一息[芝]　위로 올라가 한숨 돌리니[지은]
羣峯壓寺環　여러 산봉우리는 사찰을 둘러싸고
數屋縣崖錯[湄]　몇 집이 절벽에 섞여 걸려 있네[동미]
攢削巖皆巍　도려낸 바위는 모두 우뚝 솟았고
爽幽境更窄[樵]　상쾌한 골짜기는 더욱 협소한데[초은]
短堦滋綠苔　짧은 계단에 푸른 이끼가 번성하고
虛楹蔭蒼栢[農]　빈 들보는 푸른 잣나무에 그늘지네[동농]
峭峽撑雲頑　가파른 협곡은 모질게 구름을 떠받치고

7 우담(優曇): 우담바라의 준말. 우담발화(優曇鉢華), 혹은 우담화(優曇華)라고도 한다. 특정한 대나무나 영력이 강한 곳에서 피어난다고 하는 전설의 꽃이다.

8 구엽(具葉): 패엽(貝葉). 옛날 인도에서 철필로 불경의 경문을 새기던 다라수의 잎. 전의되어 불경(佛經)을 뜻하는 말로 쓰인다.

9 삼청(三淸): 도교에서 신선이 산다는 옥청(玉淸)·상청(上淸)·태청(太淸)의 세 선경(仙境)을 말함.

急湍噴雪虐[芝]	급류는 잔인하게 눈을 뿌리는데[지은]
盡才播繪綃	재능을 모두 펼쳐서 그려내고 싶지만
鉄限在門閾[湄]	한계가 문지방에 있다네[동미]
劫劫飛灰塵	오랜 세월 속세의 먼지 날리고
床床漏壁垩[樵]	침대마다 회벽에 물이 새는데[초은]
鳳臺久寂寥	봉황대는 오랫동안 적막하고
龍閣曾輝爀[農]	용각은 일찍이 빛을 발했었네[동농]
壽佛傳楞伽	무량수불[10]은 능가경[11]를 전하고
孱僧拾瓦礫[芝]	나약한 스님은 기와 조각을 줍는데[지은]
不求還不祈	구하지도 않고 빌지도 않으니
無失復無得[湄]	잃을 것도 없고 얻은 것도 없네[동미]
舊蹟推年思	옛 자취에서 한 해 생각이 바뀌고
旅情随物觸[樵]	여정은 사물에 따라 느껴지는데[초은]
禪師幾葺修	선사가 얼마나 많이 중수했을까
詞匠頻經歷[農]	시인은 자주 겪어왔다네[동농]
憑案坐移時	책상에 기대 앉아 시간을 보내고
談經想自昔[芝]	경전을 토론하며 과거를 생각하네[지은]
隴岡暫省瞻	무덤에서 잠시 살피며 바라보니
恨淚誠惶蹙[湄]	한스런 눈물에 진실로 움츠리네[12][동미]
雨洗碣逾光	비가 씻어내니 비석은 더욱 빛나고
風吹樹恐弱[樵]	바람에 나무가 약해질까 두려운데[초은]
撫松長十圍	솔을 어루니 열 둘레로 자랐고

10 수불(壽佛): 무량수불(無量壽佛)의 준말. 수명이 한이 없는 부처.

11 능가경(楞伽經): 부처가 능가산에서 대혜보살을 상대로 설한 가르침을 모은 책

12 원문의 '황축(惶蹙)'은 다른 사람의 지위나 위엄 따위에 눌려 몸을 움츠림을 뜻한다.

看瀑流千尺[農]	폭포를 보니 천 길로 흐르네[동농]
絶磵潛蛟吟	계곡물에 잠긴 이무기는 읊조리고
層巒駭馬躍[芝]	층층 산엔 놀란 말이 뛰어오르네[지은]
尋谿歸鹿蹄	골짜기 찾아 노루발로 돌아오니
近海入漁舶[湄]	바다 가까이 고깃배가 들어오네[동미]
熱地誰諛容	더운 곳에서 누가 아첨을 받아들이나
疎蹤俱喪魄[樵]	자취 성기면 정신도 함께 잃는다네[초은]
放狂聊自娛	광란을 풀어내어 스스로 즐기니
愁病休相迫[農]	걱정과 병이 서로 밀어붙이지 고네[초은]
尚怪論浮屠	아직도 부도를 논함이 이상한데
觀空現相色[芝]	관공[13]하니 상색[14]이 나타나네[지은]
斯焉共喜歡	여기에서 함께 기쁨을 느끼며
逝者堪嗟惜[湄]	죽은 사람들을 애석하게 여기는데[동미]
竺教那工成	불교[15]는 어떻게 이루어졌나
雷音似怒赫[樵]	천둥소리는 분노한 듯하네[초은]
鍾殘初報昏	종소리 여운은 비로소 저녁을 알리고
花老已開昨[農]	활짝 핀 꽃은 어제 피었었네[동농]
異卉雖難知	이상한 꽃은 알아보기 어렵지만
慣禽揔易識[芝]	익숙한 새들은 쉽게 알 수가 있네[지은]
衣穿慽冷暄	옷은 뚫어져 추위와 더위에 흡족하고
飯等供朝夕[湄]	아침저녁 밥을 기다리며 함께 하네[동미]
伴宿遠公廬	동료와 원공[16]의 집에서 머물며

13 관공(觀空): 불교 용어로 공(空) 자리를 알아서 견성(見性)함을 뜻한다.

14 상색(相色): 육안(肉眼)으로 볼 수 있는 만물의 형상.

15 원문의 '축교(竺敎)'는 천축국의 종교라는 뜻으로 곧 불교를 지칭한다.

行攀宗叟跡[樵]	선조들의 흔적을 부여잡고 찾네[초은]
茲庵本匪凡	이 암자는 본래 평범하지 않고
吾輩還殊俗[農]	우리들은 다른 속세로 돌아가며[동농]
爲語念珠尼	말로는 염주든 스님이 되어
莫嫌平地客[芝]	평지의 손님을 원망하지 말라 하네[지은]
墊巾着倒顚	점건[17]을 뒤집어 꺾어 쓰고
孤衲居牢落[湄]	스님은 고립된 곳에서 사는데[동미]
敗冊蠹魚侵	낡은 책엔 좀이 쓸었고
遺文史傳作[樵]	유문[18]으로 사와 전을 지었네[초은]
穩成終夜眠	평온하게 밤잠을 이루고
好踐良辰約[農]	좋은 날 약속을 즐겨 실천하니[동농]
升脊稍寬胸	등을 펴고 가슴을 넓게 펴며
挹流俱濯足[芝]	흐르는 물에 함께 발을 씻네[지은]
懷忠屈獨醒	충성을 품고 굴원[19] 홀로 깨어있고
論史賈宜哭[湄]	역사를 읽으며 가의[20]를 통곡하는데[동미]
滀以滴涓深	물방울 떨어져 시내 더욱 깊어지고
崢由塊壤積[樵]	큰 바위들 쌓여서 솟아오르네[초은]
樽盈勿遽歸	잔을 채우고 서둘러 돌아가지 말게

16 원공(遠公,334 ~ 416): 중국의 안문(雁門) 누번(樓煩) 사람으로 속세의 성은 가(賈)이고, 법명은 혜원(慧遠)이다.

17 점건(墊巾): 점각건(墊角巾)의 준말. 점(墊)은 처진다는 뜻으로, 후한(後漢)의 곽태(郭泰)가 군국(郡國)을 두루 노닐다가 비를 만나 건의 한쪽 뿔이 젖어서 축 늘어지자, 당시 사람들이 이를 모방하여 한쪽 뿔을 꺾어 썼다 하여 붙여진 이름이다.(『後漢書』 卷86 郭泰列傳).

18 유문(遺文): 죽은 사람이 생전에 지어 놓은 글

19 굴원(屈原): 전국시대 초기 초나라(楚)의 정치가이자 시인. 성은 미(羋), 씨는 굴(屈). 이름은 평(平). 자(字)인 원(原)을 붙여 굴원이라 부른다

20 가의(賈誼): 중국 한대(漢代) 정치개혁의 제창자이자 이름난 시인

路險將安適[農]	길은 험하지만 편히 갈 것이네[동농]
偶爾淸兼寒	이따금 청빈했었는데
茫然寵與辱[芝]	황당하게 총애와 욕을 당했네[지은]
始憐守兎株	토끼 잡으려 그루터기 지킴이 가엾고[21]
能化驅羊石[湄]	몰던 양이 돌로 변하였다네[22][동미]
岳出烏嶺高	산에서 나온 조령은 드높은데
路分牛峙險[樵]	길이 우치에서 갈라지자 험해지네[초은]
李翁擔筍輿	이옹은 대나무 수레를 메고
蘇將鎭油幕[農]	소장은 유막[23]에서 진을 쳤다네[동농]
入室旋憑眸	방에 들어가면 눈동자를 의지하고
捫參仰俯臆[芝]	삼성[24]을 어루며 마음을 쓰다듬네[지은]
啖來蔬辣鹹	먹으면서 채소의 맵고 짠맛을 느끼고
念到豆黃黑[湄]	콩의 노란색과 검은색을 생각하며[동미]
索盡重玄玄	진중이 현묘하고 심오함을 찾아내고[25]
悟餘圓寂寂[樵]	여원이 고요함을 깨닫네[초은]
戱題桃短檠	장난삼아 복숭아 짧은 도지개[26]에 쓰고

21 원문의 '수토주(守兎株)'는 '수주대토(守株待兎)'에서 나온 말로, 나무 그루터기를 지키며 토끼를 기다린다는 뜻으로, 노력은 하지 않고 요행으로 일이 성취되기를 바라거나, 고지식하고 융통성이 없어 구습과 전례만을 지킴을 말한다.

22 원문의 '구양석(驅羊石)'은 '구양금화(驅羊金華)'에서 나온 말로, 중국 진대(晉代) 사람 황초평(黃初平)은 단계(丹溪) 사람인데, 나이 열다섯에 양을 치다가 도사를 따라 금화산(金華山) 석실(石室)로 가서 수도(修道)하였다. 그 후 40년 만에 그의 형 황초기(黃初起)가 수소문 끝에 그를 찾아가 만났더니 양은 보이지 않고 흰 돌들만 있었다. 황초평이 "양들은 일어나라."라고 소리치자, 흰 돌들이 모두 수만 마리의 양으로 변했다 한다. 〈神仙傳 黃初平〉

23 유막(油幕): 비와 이슬을 막기 위해 기름을 칠한 천막

24 삼성(參星)은 저녁별, 서방(西方) 백호(白虎)를 이루는 일곱 별자리 가운데 일곱째 별자리이다. 삼성은 서양 별자리로는 오리온자리에 해당한다.

25 원문의 '현현(玄玄)'은 현묘하고 심오하다는 뜻이다.

26 원문의 '단경(短檠)'은 높이가 낮은 등잔걸이를 말한다.

晏臥鋪團席[農]	이불 위에 편안하게 누웠는데[동농]
衰蘂癡蜂窺	쇠잔한 꽃술을 어리석은 벌이 엿보고
堙泉冷鮒射[芝]	막힌 샘물에 차가운 농어가 쏘네[지은]
親朋能斷金	친구와 우정은 매우 두터운데[27]
新句竞磨玉[湄]	새 시구로 다투어 옥을 연마하네[동미]
塔畔尤蓮馨	탑 두둑에는 연꽃 향기가 자욱하고
庭前雙樹直[樵]	마당 앞엔 두 나무가 곧게 자라네[초은]
烏巾欹紙窓	오건[28]은 종이창에 기울어 있고
鱉榼掛書壁[農]	거북 잔은 책장에 걸려 있네[동농]
七寶大慈恩	칠보[29]는 큰 자비의 은혜이며
六根渾忘域[芝]	육근[30]은 모두 잊혀진 영역이네[지은]
肯言夢蟻封	꿈속의 개미 두덩[31]을 말하지 말게
却笑争蝸角[湄]	달팽이 뿔에서 다툼[32]이 우습네[동미]
妙調聽遷鶯	묘한 가락에서 천앵[33]을 듣고
動機看屈蠖[樵]	동기에서 굴확[34]을 볼 수 있네[초은]

27 원문의 '단금(斷金)'은 쇠를 끊을 만큼 굳다는 뜻으로, 두 사람이 사귄 정이 쇠붙이라도 끊을 만큼 깊음을 이르는 말이다.

28 오건(烏巾): 고려 시대 남자들이 많이 쓰던 모자의 하나. 오사모(烏紗帽)

29 칠보(七寶): 일곱 가지 보물(寶物). 곧, 금, 은, 유리(琉璃), 거거, 산호, 마노(瑪瑙), 파리를 지칭한다.

30 육근(六根): 육경을 인식하고 판단하기 위한 능력이 있는 기관. 눈·귀·코·혀·몸·의(意)를 지칭한다.

31 원문의 '의봉(蟻封)'은 개미가 쌓은 두덩을 말한다. '몽의(夢蟻)'는 꿈속의 개미라는 뜻으로 인생의 허무함을 뜻하는 말로 쓰인다.

32 원문의 '와각(蝸角)'은 달팽이의 더듬이를 말하며, 전의되어 매우 좁은 땅을 비유하는 말로 쓰인다. 『장자(莊子)』「칙양(則陽)」편에 나오는 와각지쟁(蝸角之爭)의 준말로, 명분 없고 부질없는 싸움이나 별 성과가 없는 전쟁을 비유하는 말이다.

33 천앵(遷鶯): 앵무새가 옮긴다는 뜻인데, 전의되어 '명예로운 영전(榮轉)'을 뜻하는 말로 쓰인다.

34 굴확(屈蠖):『역경(易經)』에 나오는 '굴확구신(屈蠖求伸)'의 준말로, 자벌레가 구부리는 것은 몸을 펴서 앞으로 나아감을 위해서라는 뜻이다.

烟橫鷲嶺邊	연기가 취령 주변을 가로지르고
月印梅堂北[農]	달빛은 매당 북쪽에 비추나니[동농]
奚必嘆勞勞	왜 반드시 탄식하며 애써야 하며
湏爲任役役[芝]	꼭 맡아서 힘써 일해야 하나[지은]
惟欣道結交	오직 기쁨은 도를 맺는 교제에 있고
幸兎身縻職[湄]	행운의 토끼는 몸이 직무에 연결되네[동미]
竹院在其間	대나무 집은 그 사이에 있고
桃源藏彼壑[樵]	도원은 저 골짜기에 있다네[초은]
己投麻姑籌	이미 마고할미가 살고자 하는데
謾採徐郎藥[農]	부질없이 서랑[35]의 약을 채취하네[동농]
是夜并裯衾	오늘 밤에는 이불을 함께 덮고
明朝乘暇隙[芝]	아침에 한가한 시간을 틈타서[지은]
相逢閱再宵	서로 만나 다시 밤을 보내고
信宿同旬朔[湄]	이틀 밤 묵으니 동순[36] 초하루이네[동미]
寧乏棟樑材	어찌 대들보 재료 부족하다고
堪慙壅腫木[樵]	부끄럽게 옹이나무로 감당하랴[초은]
愛渠袈著紅	붉은 가사 입은 그를 사랑하며
待我紗籠碧[農]	나의 청사초롱[37]을 기다리는데[동농]
回首向西寮	뒤돌아 서서 서쪽 집을 바라보니
庭陰聽報鶴[芝]	마당 그늘에서 학의 소식 듣고 있네[지은]

35 서랑(徐郞): 중국 진(秦)나라의 방사(方士) 서불(徐市)을 지칭함. 시황제(始皇帝)의 명으로 불노초를 구하려 동방의 명산을 두루 찾아다녔다고 한다.

36 동순(同旬): 10간(干)에서 똑같은 날에 해당하는 간지(干支)를 말함.

37 사롱(紗籠): 여러 가지 빛깔의 깁으로 겉을 바르고 속에는 초를 켜게 하여 자루를 달아 만든 등(燈).

사랑하는 꽃을 읊다[무술:1898년]

愛花吟[戊戌]

有花隔一墻　꽃이 담벽 사이에 있는데
花發正芳香　꽃이 피면 향기가 퍼지기에
愛之始不釋　사랑하여 처음부터 놓지 않았는데
蓓蕾自向陽　꽃봉오리 저절로 햇빛 향해 있네
東風乍搖蕩　봄바람에 갑자기 흔들리면서
花香入書床　꽃향기가 책상에 스며들기에
瞻之花影射　바라보니 꽃그림자 비춰졌고
紅明滿雙眶　붉은빛이 양쪽 눈에 가득 차네
南岳降眞君　남악산에 진군[1]이 내리고
西子靚新粧　서자[2]는 새 단장을 하는데
天姿受胚氣　타고난 자태는 태아의 기운을 받았고
灼灼弄春光　반짝반짝 봄빛을 희롱하네
遠看何濃艶　멀리서 보아도 매우 아름답고
近就復徊徨　가까이 가면 다시 망설이고 헤매네
莫辭蝶先醉　나비가 먼저 취했다고 말하지 말게
會見蜂又狂　벌 또한 미쳐버림을 보게 될지니

1 진군(眞君): 만물의 주재자인 조물주, 또는 신선을 지칭함,

2 서자(西子): 서시(西施)를 가리킨다. 성(姓)은 시(施)인데, 집이 저라(苧蘿) 완사촌(浣紗村) 서쪽에 있어 서시라는 이름을 얻었다. 춘추시대 말기 월(越)나라의 유명한 미인으로 오왕(吳王)에게 바쳐져 총애를 받았다

迨此春正好　여기 봄이 딱 좋을 때에는
愛玩歡傾觴　사랑하며 즐기고 잔을 기울이게나
非久陰綠葉　오래지 않아 초록 잎에 그늘지고
花衰意空傷　꽃이 시들어 마음에 상처 받으니
東君且休猜　동군[3]이여, 또 시기하지 말게나
移塢春色藏　둑을 옮기며 봄색을 감추네

3 동군(東君): 봄의 신(神)을 지칭함.

실상사에서 일찍 출발하다

實相早發

千年實相寺　천년 고찰 실상사는
巖壑自穹窿　산골짜기에 저절로 둥글게 걸려 있고[1]
楓葉姸姸好　단풍잎은 곱디 고우며
溪流汨汨通　시냇물은 졸졸 흐르고 있네
松間扶杖出　소나무 사이를 지팡이 짚고 나오니
朝日上巒東　아침 해는 산 동쪽에서 떠오르네
絶勝金光沼　절경은 금광소이며
精神露積峯　정령은 노적봉에 있네
村居甚明美　마을 주변은 매우 아름답고
淑氣攸爲錘　맑은 기운이 저울처럼 느껴지네
步上禹金窟　걸어서 우금굴로 올라가면
嵌空廓有容　깊은 굴이 성곽을 허용하고
仰之奇怪壯　우러러보면 기괴하고 웅장한데
仙佛光相濃　선도 불광이 서로 짙다네
頹堞猶存址　무너진 성벽은 아직 터에 남아 있고
妙王是舊封　묘왕이 옛날에 봉한 것으로
塵寰此外隔　속세는 여기서 떨어져 있으며
四民日復從　사방의 백성들 매일 다시 따르네

1 원문의 '궁륭(穹窿)'은 활이나 무지개처럼 높고 길게 굽은 형상을 말한다.

산행에 부치다[기해:1899년]

寄山行[己亥]

廢寺佛多飢	폐사의 부처가 매우 굶주리니
供飱何所爲	공양은 어떻게 마련하는가
彩江好風月	채석강의 아름다운 풍광에
倘詠謫仙詩	짐짓 적선[1]의 시를 읊조리네
鍾磬淸人意	종경[2]은 사람의 마음을 맑게 하고
乂峯天上嶷	비녀봉은 하늘 높이 솟아 있는데
烟霞遍拾賞	안개와 노을을 두루 감상하며
所得有何奇	매우 기이한 것을 얻는다네
不見蜀道難	촉도난[3]을 보지 않았으나
錦城早還宜	금성으로 일찍 돌아감이 좋으리

1 적선(謫仙): 이백(李白)을 지칭함.

2 종경(鍾磬): 북과 경쇠를 합쳐 부르는 말임.

3 촉도난(蜀道難): 당(唐)나라 시인 이백(李白)이 지은 악부의 이름. 촉도의 험함을 현종(玄宗) 황제에게 진술하여 서행(西幸)하는 일이 불리한 일이라는 것을 풍자함.

석양[신축:1901년]

夕陽[辛丑]

老如夕陽景　늙음은 석양의 풍경 같고
少如朝昇旭　젊음은 아침의 떠오르는 해 같은데
夕氣易寒陰　저녁 기운은 쉽게 차고 어둡고
朝日方烜赫　아침 해는 곧바로 밝게 빛나네
老兮寧不悲　늙음이여 어찌 슬프지 않으리
少兮亦頃刻　젊음이여 또한 순간이라네
青天有公道　푸른 하늘엔 공도[1]가 있고
輪遷無相錯　윤회는 어긋남이 없다네
妄者發其想　허망한 자는 생각을 하면서도
長生惟所慾　장생을 오직 욕심낸다네
露莖亘丈尋　이슬 맺힌 줄기는 한 길 뻗지만
仙根斲五百　선근은 오백 길을 뚫는다네
雖然庶幾希　비록 그러하나 희망이 있기에
無成徒費力　성과 없이 힘만 소비했을 뿐으로
沙丘暮雲愁　모래 언덕에 저녁 구름 슬프고
武陵秋草宿　무릉산 가을 풀에 머무르네
今人奈復何　요즘 사람들 어찌 하겠는가
帝王免不得　제왕조차 면할 수 없다네

1 공도(公道): 바른 도리.

且進酒一盃　또한 한 잔 술 마시면서
生前聊自足　생전에 오로지 자족할 뿐이네
人間千萬事　인간 세상 수많은 일들을
隨意而自適　마음대로 하며 자적[2]하면서
又勝地名山　또한 경승지 명산을
曰蓮花極樂　연화 극락이라 말하는데
皆爲已所有　모두 자기의 소유가 되었네
四時常棲息　사계절 항상 깃들어 살지만
今而不爲之　지금은 하지 않으니
死後預思度　죽은 뒤를 미리 헤아려도
一身都縻了　내 몸은 모두 얽매여 있네
萬事皆碌碌　만사는 모두 바쁘게 돌아가고
傍人且姑置　다른 사람들은 내버려 두고
吾爲吾自咄　나는 나를 위해 살아간다네
千籯滿黃金　천 광주리에 황금이 가득하고
遺之加滋殖　남긴 것에 부풀려 늘리니
無乃禍之招　설마 재앙을 부른 것 아닌가
徒累還何益　단지 누가 될 뿐 무슨 이익이 되며
何似達觀人　어떻게 달관한 사람 같겠는가
清享自均節　많은 복을 스스로 균등하게 조절하고
惟意樂餘生　오직 여생을 즐길 생각뿐이나
平地仙不易　평지에서 신선은 쉽지 않네

2 자적(自適): 무엇에 얽매이지 않고 제 마음 내키는 대로 편안하게 즐김

성묫길[임인:1902년]

楸行[1][壬寅]

十月作楸行　시월에 성묫길을 행하며
飄然出衖閭　가볍게 골목을 나섰네
欠蹄何論轍　발자국이 없는데 어떻게 행적을 논하랴
行囊付一伻　행낭을 한 사람에게 맡겼네
塵逈纔數堠　속세는 멀리 겨우 몇 후[2]인데
海山人眼橫　바다와 산은 눈앞에 빗겨 있네
伊余今何晩　너와 나, 지금은 어찌 늦었나
晨昏曠闕情　아침 저녁의 감정이 어긋났네[3]
度郊漸蒼峭　교외를 지나자 점점 가파르며
雲岑拱復擎　구름낀 산은 맞잡아 떠받쳤네
難攄憂意盡　근심스런 마음 다 털어놓기 어려운데
展拜吾親塋　나의 친영에 절을 올렸네
復路恣幽尋　돌아온 길에 일부러 그윽한 곳 찾으니
塵襟爽更淸　속된 마음[4]이 상쾌하고 맑아지는데
閒處吾所適　한적한 곳이 나에겐 적당하나니
欲以永餘生　여생에 영원토록 하고 싶네

1 추행(楸行): 조상의 산소에 성묘하러 감
2 후(堠): 도로의 이수(里數)를 표시하는 돈대. 이정표.
3 원문의 '광궐(曠闕)'은 "벼슬아치가 자리를 오랫동안 비우다"는 뜻인데, 여기서는 "오래 떨어져 있어서 사이가 멀어졌다."라는 뜻으로 쓰였다.
4 원문의 '진금(塵襟)'은 속된 마음이나 평범한 생각을 뜻한다.

산행하다가 '마麻'자로 짓다

山行得麻字

俗愁亂如麻　세상의 근심은 삼처럼 난잡하고
余意頓無佳　내 마음은 전혀 아름다움 없는데
維摩幾示痂　유마[1]는 몇 번이나 상처를 보였는가
靈運欲忘家　사영운[2]은 집을 잊고자 하네
遂爲西出闍　마침내 서쪽으로 성문을 나가서
石逕一笻斜　돌길에 지팡이 하나 빗겨 들고
更無小牽拏　끌고 당길 작은 소지품도 없는데
名山不我遐　명산은 나를 멀리하지 않네
爽心莫以加　상쾌한 마음 더할 바 없고
山鳥弄淸笳　산새는 맑은 피리를 조롱하는데
巨峯或參差　거대한 산봉우리 간혹 들쑥날쑥하고
秀巖復谽呀　빼어난 바위가 텅빈 골짜기[3]를 살렸네
澗苔走嚙豭　시냇물 이끼에 멧돼지 달리고
谷風起暮鴉　골짜기 바람에 저녁 까마귀가 나는데
木葉蒸紫霧　나뭇잎은 붉은 안개에 쪄지고
巖石堆靑碬　바위에는 푸른 돌이 쌓였네
近家逐豝麚　가까운 집에선 멧돼지 사슴을 좇고

1 유마(維摩): 부처의 속제자
2 사영운(謝靈運): 중국 남북조 시대 송나라의 시인
3 원문의 '함하(谽呀)'는 계곡이 텅빈 모양을 형용한 말이다.

來牟已播畬　올보리는 이미 밭에 뿌렸는데
怪獸深谷呀　기이한 짐승들 깊은 계곡에서 입벌리고
小鵲飛楂楂　작은 까치가 살금살금 날아다니네
落葉滿乾窪　낙엽은 마른 웅덩이에 가득하고
雜以斤削杈　혼잡하여 도끼로 가지를 치니
汲澗路通沙　시냇물이 모래로 통하는 길인데
峽婦笄垂珈　협곡 아낙네는 비녀를 꽂았네
空門訪釋迦　공문[4]에선 석가를 방문하면
出迎着袈裟　가사 입고 나와서 맞아주고
清晨誦法華　맑은 새벽에 법화경을 암송하는데
大道言何誇　대도를 어찌 과장하여 말하겠는가
楸下路不賒　고향 가는 길은 멀지 않고
情喜如着爬　정과 기쁨이 서로 얽힌 듯한데
俗累無點些　속세의 번거로움은 조금도 없으니
佛耶又仙耶　부처인가, 또는 신선인가
不須御蹄車　말 수레를 탈 필요도 없는데
何庸佩緩緺　어찌 인끈을 느슨하게 찼는가
忘骸復誰嗟　잊혀진 유골은 누군가 탄식하게 하고
懷玉空爾▨　보석을 품은 가슴은 비어있는데
但將意所嘉　단지 마음을 기쁘게 할 뿐으로
詩效作琵琶　시경을 본받아 비파행을 짓네

4 공문(空門): '불교'를 달리 이르는 말

동미의 국화 화분을 차운하여[신사:1881년]
次東湄盆菊[辛巳]

主人愛爾便凌霜	주인이 너를 사랑함은 서리를 능가함 때문
盆畔栽來帶晚陽	화분에 심어 오니 석양을 띠었네
若使詩家無意看	시인에게 시킨다 해도 생각 없이 보리니
尋常花木一般香	보통 꽃나무와 같은 향기를 풍기고 있네

신풍 여행에서 주선을 만나다[갑신:1884년]

新豐旅會逢酒仙[甲申]

行橐空空水用錢	행탁은 텅 비고 물도 돈으로 사야 하는데
市人却謂蓬萊仙	시장 사람들은 봉래산 신선이라 하지만
高吟大醉君休笑	술 취해 크게 읊조려도 그대는 웃지 말게나
旅館孤懷當暮年	여관에서 외롭게 저문 해를 맞는다네

동미의 '고분叩盆' 운을 차운하다[무자: 1888년]

次東湄叩盆[1]韻[戊子]

定知不幸遭中年	불행이 중년에 닥칠 줄 알아야 했는데
鼎臼傷心空鎖烟	아내 잃은 슬픔에 허공엔 연기가 끼었네
莊叟有歌歌底意	장자의 노래 있고 그 안에 뜻이 담겼으니
忘情觀達順其天	감정을 잊고 달관하여 천리에 순종하게나

1 고분(叩盆): 고분지탄(叩盆之嘆)의 준말. 장자(莊子)가 아내의 죽음을 슬퍼하며 양동이를 두드렸다는 고사에 연유하여 "아내의 죽음으로 인한 한탄"이란 뜻의 고분지탄(叩盆之嘆)이란 성어가 나왔다.

실상동 성묫길 10칙[경인:1900년]
實相洞省行十則[庚寅]

1

雪水和泥步不輕　눈 물과 진흙이 섞여서 걸음이 가볍지 않고
冒寒終日峽中行　온종일 추위를 이겨내며 협곡을 걸었네
移塋經歲始來省　무덤을 옮기고 해를 지나 처음 온 성묘인데
自愧等閒追慕情　추모의 정을 소홀히 했음이 스스로 부끄럽네

2

開張峯壑鳳飛輕　산과 골짜기가 탁트여 봉황이 가볍게 날고
瞻望祥光久駐行　상서로운 빛 바라보며 오랫동안 길을 멈췄네
若使此山眞有蔭　만약 이 산에 진정으로 음덕이 있다면
我心只願子孫情　내 마음은 자손들의 정만 바랄 뿐이네

3

他山不可比重輕　다른 산과는 경중을 비교할 수 없고
其上白雲如太行　그 위에 흰구름이 태행산[1]과 같네
人固懷親無少異　사람들은 부모 생각에 전혀 차이가 없는데
此時我亦狄公情　이 순간 나도 적공[2]의 정을 느끼고 있네

1 태행산(太行山): 중국 하남성(河南省) 북부에 있는 산맥으로 산서성(山西省)·화북성(河北省)과 경계를 이룬다.

2 적공(狄公):중국 당(唐)나라의 정치인 적인걸(狄仁杰,630~700)을 지칭함.

4

光頭揖我擧衫輕　스님[3]이 내게 인사하며 옷을 가볍게 들고
直到如來殿上行　직접 여래전에 도착하여 위로 오르네
不是空門偏有僻　공문[4]이 치우쳐 있기 때문만은 아니고
山深隔遠世間情　산 깊어 세간의 정과는 멀리 떨어졌다네

5

夜宿禪房萬念輕　밤에 선방에 머무니 많은 생각이 가벼워지고
夢魂時逐佛仙行　몽혼은 때때로 부처와 신선의 행보를 따르네
清晨冷月圓初覺　맑은 새벽 찬 달이 둥근 것을 처음 깨닫고
銅磬聲聲爽客情　동경 소리마다 객의 마음을 상쾌하게 하네

6

山名實相意非經　산의 이름 실상의 뜻은 경전이 아니고
花雨門庭所次行　화우문 앞마당은 다음에 갈 곳인데
萬劫無生烏有得　만겁에도 나지 않은 것을 어찌 얻겠나
謾因幼悟易迷情　유치한 깨달음으로 쉽게 혼란에 빠지네

7

萬山疊疊一筇輕　수많은 산이 첩첩해도 한 지팡이로 가볍고
渡水穿雲行復行　물을 건너 구름을 헤치며 계속 나아가네
境到幽奇欲移去　그윽한 경계에 이르러선 옮겨 가고 싶은데
千思謾惱愚公情　수천 번 생각해도 우공[5]의 정을 고민하네

3 원문의 '광두(光頭)'는 "빡빡 깎는 머리"라는 뜻으로 스님을 지칭하는 말로 쓰인다.
4 공문(空門): '불교'를 달리 이르는 말

8

靈境深尋步輒輕　신성한 곳을 찾아다니니 걸음이 가벼워지고
玲瓏幽邃睨忘行　아름답고 그윽한 곳을 바라보며 길을 잊네
廬山今日識眞面　여산의 진면목을 오늘에야 알겠는데
築室斯間終老情　이곳에 집을 짓고 늙음을 마치고 싶네

9

三間野色籠烟輕　세칸의 들판 풍경이 안개속에 가볍고
薄暮歸人忙步行　저녁무렵 돌아가는 사람들 걸음이 바쁘네
回首蓬山雲半出　돌아보니 봉산이 구름에 반쯤 드러났는데
箇中實相更關情　그 가운데 실상산이 다시 정이 끌리네

10

滿汀鳧鴈泛輕輕　물가 가득 오리와 거위 가볍게 떠다니고
相喚相呼拍水行　함께 부르고 물을 치며 다니는데
近岸驚人忽飛去　해안에 다가가자 놀라서 홀연히 날아가니
多因矰繳諳人情　증작[6]으로 인해 인정을 알게 되었네

5 우공(愚公):『열자(列子)』 우화에 나오는 인물로 우직하고 완고한 인물의 대표자로서 일컬어진다. 우공이산(愚公移山)의 고사가 있다.

6 증작(矰繳): 오늬와 시위를 잡아매고 쏘는 화살을 뜻하는데, 주살로 새를 잡아 맞으면 횡재(橫財)를 하듯이 만일(萬一)의 요행(僥倖)을 바라고 하는 무책임한 언론(言論)을 이르는 말을 '증작지설(矰繳之說)'이라고 한다.

남숙에서 이순중과 함께 바둑을 관람하다[계사:1893년]

南塾與李舜中觀碁[癸巳]

板門通敞置胡床	널문에 통창[1]을 내고 호상[2]을 놓고는
隨坐簷陰避爀陽	지붕 그늘 아래에 앉아서 햇살을 피하는데
對局觀碁消永日	판을 마주하고 바둑을 보며 온종일 보내니
澹然趣味箇中長	담담한 취미가 그 가운데 최고라네

1 통창(通敞): 넓고 밝아 시원하고 환함.

2 호상(胡床): 긴 네모꼴 가죽 조각의 두 끝에 네모진 다리를 대어 접고 펼 수 있게 만든 옛날 걸상.

서림정 옛터를 지나다

過林亭[1]古墟

物之興廢若相尋	사물의 흥폐는 서로 따라다니는 것 같고
亭已頹荒餘舊林	정자는 이미 퇴폐하고 옛 숲만 남았는데
但見小碑城畔路	단지 작은 비석 보고서 성곽 언덕길을 아니
行人讀字倍傷心	행인들은 글자를 읽으면서 더욱 상심하네

1 서림(西林): 부안 관아의 서쪽 숲이라는 뜻으로 붙여진 이름이며, 부안 관아의 후원(後園)에 해당하는 곳이었다. 1847년(헌종13) 부안현감 조연명(趙然明,1847~1849)이 황폐한 산으로 방치된 관아 주변의 성황산을 보고, 동네 유지 33인으로 구성된 '33인수계(三十三人修契)'를 조직하여 봄가을로 직접 나무를 심어 숲을 조성하고 서림정(西林亭)을 건립했다고 한다. 이후 이필의(李弼儀,1864~1869) 현감이 부임했을 때도 황폐해져 있어 이전의 '계'를 부활하여 다시 숲을 가꾸게 되면서 오늘의 서림공원이 되었다고 한다.[출처: 디지털부안문화대전]

글방을 보수하다

修文房

圖書澹泊一區房	도서는 조용한 한 구역의 방에 있는데
拙窄猶勝列室堂	좁고 소박하지만 다른 방들보다 낫다네
惟適之安頗有喜	적당히 편안함을 찾으면 자못 기쁨이 있고
愛居復得養生方	사랑하며 살면서 양생방[1]도 얻는다네

1 양생방(養生方): 먹을 것을 가리고 몸과 마음을 다스려 건강한 몸으로 오래 살게 하는 방법.

병중 한식[을미:1895년]

病中寒食[乙未]

寒食淸明好節時	한식과 청명은 좋은 절기로
詩樽花柳欲追隨	시와 술, 꽃버들이 따라가길 원하네
而今老病徒思想	하지만 지금은 늙고 병들어 생각뿐인데
寂莫田廬起我誰	적막한 시골집에서 누가 나를 일으키랴

운정의 초여름

雲亭初夏

沼荷出水竹圍籬　연은 물 위로 나왔고 대나무 울타리로 둘렀네
雲半高欄倚着棊　구름 반쯤 높은 난간에 기대어 바둑을 두는데
數局了如人換世　몇 판 지나면 인간이 세상을 바꾼 것처럼
不知歲月靜中移　세월이 정적 중에 옮겨진 것도 모른다네

정호곡
定湖曲

定湖綠水相生波	정호에 푸른 물이 파도를 일으키고
荷葉動搖風乍過	연잎을 흔들고 바람이 잠시 지나네
宛在中流庶可狎	완연히 중류에 있어 친압할 수 있는데
桓郞莫喚奈之何	환랑[1]은 부르지 말라. 어쩔 수 없다네

1 환랑(桓郞): 환이(桓伊)를 지칭함. 그는 모든 음악에 통달하여 강좌(江左)의 제1인이 되었는데, 평소에 채옹(蔡邕)의 가정적(柯亭笛)이라는 악기를 가지고 다니면서 불었다 한다. 또 사안(謝安)이 참소로 인하여 효무제(孝武帝)의 의심을 받고 있을 때 그가 초대되어 피리와 쟁(箏)을 연주하여 그들을 감동시킨 바 있다. 그 뒤로 환랑적(桓郞笛)이란 말은 악곡(樂曲)을 교묘하게 이용하여 자신의 마음을 전달하는 전고로 사용하게 되었다.《晉書 卷81 桓伊列傳》

운정에서 감회를 쓰다

雲亭感題

怊愴無聊獨上臺	처량하고 무료하여 혼자 누대에 오르니
老翁一去不重來	늙은이는 한 번 떠나면 다시 오지 않네
人亡池館渾依舊	사람은 없어도 연못과 건물은 그대로이며
惟有荷花冒雨開	오직 연꽃만 비를 무릅쓰고 피어났네

용추를 지나 내소사에 이르다

過龍湫至來蘇

絶壁攀登路險哉　절벽을 등반하는 길은 위험하니
行人莫向龍湫回　행인은 용추로 돌아가지 말게나
到得上方淸凈坐　정상에 올라 청정한 곳에 앉으니
宛然金粟現如來　완연히 금속[1]이 여래처럼 나타났네

1 금속(金粟): '금속여래(金粟如来)'의 준말. 금속여래는 유마힐거사(維摩詰居士)의 불명(佛名)인데, 성당(盛唐)시대 시인 왕유(王維)의 자가 또한 마힐(摩詰)이었으므로, 흔히 왕유를 가리키기도 한다.

웅연에서 성묘하다

省熊淵

楸下徊徨感舊心	묘소에서[1] 서성이며 옛 마음을 느끼나니
省來凡閱幾光陰	성묘 와서 몇 년의 세월을 보냈던가
欽惟先澤綿長在	선조의 음덕이 길이 남았음을 흠모하는데
虎島磋峨熊沼深	범섬처럼 드높고 곰소처럼 깊다네 [2]

1 원문의 '추하(楸下)'는 조상의 무덤이 있는 곳을 뜻한다.

2 호도(虎島)와 웅소(熊沼)는 부안군 진서면에 있는 섬과 못으로 '범섬' '곰소'로 부른다.

동지 새벽에 짓다

冬至曉作

暖帳微開透曉寒	따뜻한 장막 살짝 열려 새벽 찬기가 들어오고
小婢明燈進粥盤	하녀가 등불을 들고 죽 그릇을 가져왔네
披衾飽喫臥仍念	이불 덮고 배불리 먹으며 누워서 생각하니
齒漸添衰減少歡	치아는 점점 빠지고 즐거움은 줄어든다네

원고를 산정하다

刪藁

詩文隨著集成秩　시문을 지은 순서대로 모아 정리하고
閒輒有時披閱看　한가할 때마다 수시로 펴서 살펴보는데
舊作間多不稱意　옛 작품 중에 마음에 들지 않는 것 많아
謾因性僻復刪刊　외곬 성격 때문에 다시 산정한다네

가친의 생신

家親晬辰

西山迫日漸愁新	서산에 해 저물면서 새 걱정이 생기고
略進盃盤稱慶辰	나아가 잔을 들어 생신를 축하하는데
小子慚違孝養職	자식으로 효도와 직무를 어기어 부끄럽고
不如烏鳥敢有人	까마귀만도 못하니 감히 사람이라 하겠는가

아우[약천]의 시를 붙임
附舍弟[若川]

獻壽高堂喜惧新	고당[1]에 헌수하며 기쁨과 두려움이 새롭고
世間難得屢回辰	세상에서 여러 번의 생신을 맞기는 어렵네
顧今不肖些些恨	돌아보니 지금 못난 자식 약간의 한이 되는 것은
彩服趨庭少一人	색동옷 입고 마당에 달리는 아이 한 사람뿐이네

1 고당(高堂): 높고 넓은 대청(大廳). 전의되어 남의 부모님을 높여 부르는 호칭으로 쓰인다.

입춘

立春

風喚雪消天氣新　바람이 눈을 녹여 천기가 새로워지니
羣生自始受陽春　모든 생명은 비로소 따뜻한 봄을 받네
強因傍囑試題帖　주변의 권유로 제첩을 해보았는데
筆涉還爲取笑人　필적은 도리어 사람들 웃음거리 되었네

생일
初度[1]

自念今生百恨新　지금 세상을 생각하니 온갖 한이 새롭고
四窮第末此何人　네 가지 궁핍[2]에서 끝은 어떤 사람인가
把樽邀客宜昏醉　술 마시며 손님 맞아 만취하기 마땅한데
終日不知過晬辰　온종일 생일이 지났음을 알지 못했네

1 원문의 '초도(初度)'는 맨 처음 닥치는 차례를 뜻하는 말로 전의되어 '생일'이란 뜻으로도 쓰인다.
2 원문의 '사궁(四窮)'은 네 가지의 궁한 처지라는 뜻으로 홀아비·과부·고아·자식 없는 늙은이[鰥寡孤獨]를 통틀어 이르는 말이다.

운정에서 읊조리다[병신:1896년]
雲亭口占[丙申]

竹老松青荷出水	오래된 대나무, 푸른 솔, 물 위의 연꽃
風欄曲曲敞高臺	바람 난간 굽이마다 높은 누대이네
橘枰仙客攜蒲伴	바둑판의 신선이 저포를 함께 하는데
爲是追遊冒雨來	비를 무릅쓰고 따라 놀기 위해서 왔네

추랑에게 주다

贈秋娘

相分杳若幾忘名	서로 멀어져 아득히 이름을 잊은 듯한데
邂逅春壚說舊情	봄날 주막에서 만나 옛정을 이야기하니
憐爾花容今已老	가여워라. 꽃 같던 얼굴 이제는 늙었구려
萍鄕零落度餘生	고향에서 영락[1]한 채로 여생을 보낸다네

1 영락(零落): 세력이나 살림이 보잘것없는 처지가 됨

초파일

燈辰

良辰八日與誰歡	좋은 계절 초파일에 누구와 함께 즐기나
獨酌臨風差意寬	혼자 바람 맞으며 생각에 따라 차이가 있네
亂後閭閻蕭索盡	병란 뒤에 여염집은 쓸쓸하기 그지없고
而今無處一燈看	지금은 한 개 등불도 보이는 곳이 없네

작약
芍藥

花開芍藥柔垂傾　꽃이 핀 작약은 부드럽게 늘어져 있고
亭老教施人巧擎　정자에선 뛰어난 솜씨를 가르쳐 주는데
朝日紅光渾滿砌　아침 해의 붉은 빛이 계단에 가득하고
入門先看一堂明　문에 들면 빛나는 건물을 먼저 볼 수 있네

추려에 쓰다

題楸廬[1]

壁上舊題非記游	벽 위의 옛날 시는 기유시가 아닌데
省行何日海江洲	언제쯤이나 강가 마을에 성묘를 갈꺼나
愧吾久闕掃塋壟	오랫동안 성묘하지 못해 부끄러운데
臥病東崖經幾秋	동쪽 절벽에 누워 몇 년이나 살았던가

1 추려(楸廬): 추사(楸舍)·재사(齋舍)와 같은 말로, 제사를 지내기 위해 묘소나 사당 인근에 지은 건축물을 말한다.

부숴진 절
敗寺

數間敗寺山之陽　몇 칸의 파괴된 절은 산 남쪽에 있는데
佛卓連藤繞壁蒼　불탁 위의 덩굴이 벽을 에둘러 푸르고
滿壑松風吹雨急　골짜기 가득한 솔바람이 비를 세차게 부니
五更客夢極清凉　오경[1]에 객의 꿈속은 매우 청량하다네

1 오경(五更): 오전 3시에서 5시까지에 해당하는 시각. 새벽에 해당함.

모친 묘소에 비석을 세우다
親塋立石

竪立貞珉具墓儀　비석을 세우고 묘의[1]를 갖추면서
碧山斜日祭澆危　푸른 산에 해 지니 제의 소홀할까 걱정이네
誰知一哭無窮恨　누가 아랴. 한 번의 곡에 끝없는 한이 있음을
已去今來又後時　이미 지나고 오늘이 왔으며 또 훗날이 있다네

1 묘의(墓儀): 묘역에 갖춰야 할 의례(儀禮).

초한

初寒

今年冬日雪初寒	올해 겨울 날 눈이 처음으로 차고
又作風威若撼山	또한 바람이 산을 흔들듯이 강력한데
久暖猝然人受冷	오래 따뜻했다가 갑자기 추위를 느끼니
思將廣廈庇千間	넓은 집이 천 칸처럼 생각되네

빗속에 그리운 사람[정유:1897년]

雨中懷人[丁酉]

江草青青江柳黄　강가의 풀은 푸르고 버들은 누런데
東風吹雨水雲長　동풍이 비를 불어와 물구름이 길어지니
遙思遠客留何處　먼 길 객은 어디에서 머물지 생각하며
應嘆半生勞未遑　반평생 수고하며 겨를 없음을 한탄하겠지

월암에서 밤에 앉아 청림사 선탄의 운을 차운하다
月庵夜坐 次青林寺禪坦韻

萬山踏盡渡千溪	수많은 산을 다 밟고 수많은 시내를 건너서
歸臥孤庵夜更凄	돌아와 암자에 누우니 밤은 다시 처량한데
塔院西邊深樹裏	탑원 서쪽은 깊숙이 나무 속에 자리하고
有時靜聽異禽啼	이따금 조용히 기이한 새소리를 들린다네

전동농의 시를 붙임
附田東農

看了青山又聽溪	푸른 산을 보고 시냇물 소리를 들으니
東風吹斷雨凄凄	동풍이 그치자 비가 끊임없이 내리는데
杜鵑不識行人困	두견새는 행인이 피곤함을 알지 못하고
偏向禪窓盡夜啼	선창 한쪽만 향해 밤새도록 운다네

기억

記憶

浮生一樂遽無由	인생의 한때 즐거움이 갑자기 허무해지고
事事塵寰多絆留	일마다 세상에서 수없이 얽혀져 머물렀네
記憶去年風雪夜	지난해 눈바람[1] 치던 밤을 생각하니
開巖寺裏作仙游	개암사 속에서 신선놀이 했었다네

1 원문의 '풍설(風雪)'은 세상살이의 온갖 고난을 비유적으로 이르는 말이다.

꿈속의 신선

[밤에 침향각에 들어가 옥병풍을 보니 수십 첩이 빙 둘러 있었다. 병풍을 열어 보니 홍백 매화꽃이 영롱하고 여러 신선이 모여 있었으며. 그 가운데 한 신선이 시체 아래에 누워 있다가 은병을 내 입에 대고 입을 닫았다. 나는 매우 이상해서 깨어나 이 시를 지었다.]

夢仙

[夜入沈香閣 見玉屛 數十疊環繞替 開屛面 紅白梅花玲瓏 列仙會集 而中有一仙 臥在尸下 以銀柄 對余含口 余甚異之而覺 賦此]

疊疊屛開會列仙　겹쳐진 병풍을 펴니 신선들이 모여 있고
沈香閣上夜如烟　침향각 위로 밤은 연기처럼 흐르는데
對含銀柄惱情極　은병을 입에 물고 느꺼운 정 지극하니
定是前生有夙緣　분명 전생에 숙연[1]이 있었으리라

1 숙연(夙緣): 전생의 인연을 뜻하는 숙연(宿緣)과 같은 말임.

봄날 낮에 후원에 들어가 살펴보다가 우연히 짓다

春晝入後園觸覽偶成

梅發蘭香菊葉矬	매화, 난초 향기, 키 작은 국화가 있는
日暄墻角午風和	담 모퉁이에 햇볕 따뜻하고 남풍이 온화하네
淸貧我屋本無有	가난한 내 집엔 원래 아무것도 없지만
此得春光最所多	이곳에서 봄빛을 가장 많이 얻는다네

매화

梅花

1

梅花爾發野人家	매화가 야인의 집에서 꽃을 피웠는데
我是野人嫌過奢	나는 야인으로 지나친 사치를 싫어하네
亶合公侯卿相宅	실로 귀족 고관의 집과 부합하지만
排盆置帳品香誇	화분을 장막에 두어 향기를 자랑하네

2

更思花喜在窮家	가난한 집에서 꽃피는 기쁨을 생각해보면
素儉天其故我奢	검소함이 천성인 것은 나의 사치 때문이네
骨格幻如樵隱子	골격은 마치 초은자[1]와 같으며
孤貞真可對芳誇	곧은 절개는 참으로 향기와 자랑할 만하네

3

人不知花在我家	사람들은 꽃이 내 집에 있음을 모르고
著名理必奪豪奢	명성이 나면 반드시 호사를 빼앗기 마련인데
平生所以吾爲隱	평생 나는 은둔하였기 때문에
物亦同然恐世誇	사물도 똑같이 세상의 과시를 두려워하네

1 초은자(樵隱子): 초은(樵隱)은 작자의 호로, 자신을 지칭하는 말임.

딸의 결혼

女婚

血肉平生此婚女	혈육은 평생 이번에 출가하는 딸 뿐인데
辛勤白首笑經營	고생으로 머리 세어도 웃으며 경영하였네
雖然玆事利成了	비록 이번 일은 잘 이루어졌지만
翌日名山惟意行	내일은 명산에서 마음대로 행하려 하네

산행
山行

擺脫塵埃方外行　속세에서 벗어나려 밖으로 나가는데
懶携短策步還輕　짧은 채찍 잡으니 발걸음은 도리어 가볍네
食衣酬用常無假　음식과 옷은 평소대로니 빌릴 것 없는데
揀得今閒幾日營　지금의 한가함을 며칠이나 즐길 수 있을까

청련암

靑蓮庵

崎嶇嶺路接靑天　험준한 고갯길은 하늘에 근접해 있고
一綫信尋蓮刹前　한 줄의 편지로 청련암을 찾아가는데
寂寂禪房門盡閑　고요한 선방은 문이 모두 한가하고
紅桃花發小階邊　홍도화가 작은 계단 주변에 피어 있네

운정의 윤달 봄

雲亭閏春

1

雲亭獨上寂無人　운정에 혼자 오르니 사람 없이 적막하고
霽日風欄倍爽神　개인 날 바람 부는 난간이 더욱 신선하네
墻畔一株珍果樹　담장 두둑엔 한 그루 귀한 나무 있는데
晩花初發殿餘春　철 늦은 꽃이 펴서 정자에 봄을 남겼네

2

物色斯新老是人　물색은 새로운데 늙은 건 사람뿐이고
江山草木摠精神　강산과 초목은 정령 신이 거느린다네
流光誰道朱陽近　밝은 빛[1]에 주양[2]이 가깝다 하는데
別有東風作閏春　별도로 동풍이 윤달 봄을 만든 것이네

1 유광(流光): 흐르는 물결에 비치는 달빛. 밝은 빛. 또는 세월을 뜻하는 말로 쓰인다.

2 주양(朱陽): 음력 5월의 다른 이름.

접시꽃
蜀葵花

葵花初發媚斜陽	접시꽃이 처음 피어 석양을 매혹하고
無數妍葩高出墻	수많은 예쁜 꽃이 담장 위로 솟아올랐네
幹弱風剛搖不定	줄기 약해서 바람에 강하게 흔들리는데
恰如婀娜舞紅粧	마치 아가씨가 단장하고 춤추는 것 같네

장마비

霖雨

甘雨仍成霖雨來	단비가 곧 장마비 되어 내리니
從知旱澇極還灾	가뭄 뒤에 홍수가 극심한 재난임을 알겠네
天如造化借人用	하늘이 조화에 인간을 빌려 쓴다면
惠澤均分豊屢回	혜택을 고루 나눠 풍년이 거듭되기를

추석 전야

秋夕前夜

一天洗澈碧琉璃　온 하늘이 씻어낸 푸른 비취인데
月彩加如鏡照之　달빛이 보태어 거울처럼 비추네
連屋山村砧杵亂　산촌 집마다 다듬이질과 방아소리 뒤섞이고
青紅染擣節衣資　청홍 염색으로 계절 옷을 마련한다네

만국
晩菊

重陽過後一旬來　중양절을 지난 뒤 열흘이 되니
園裏黃花始盛開　정원 속의 국화가 비로소 활짝 피었는데
正對寒香有眞趣　찬 향기를 마주하니 참맛이 있고
不辭頻到淵明盃　도연명[1]의 술잔 빈번해도 사양하지 않네

1 도연명(陶淵明): 중국 송대(宋代)의 대표적인 시인. 이름은 잠(潛)이며, 자는 연명(淵明) 또는 원량(元亮)이다. 평생 은둔하며 시를 지었다. 술의 성인으로 불리며, 전원시인의 최고봉으로 꼽힌다.

서림정에 오르다

登林亭

偶然信步到西城	우연히 발길대로 걸어 서쪽 성에 이르니
萬樹霜楓錦繡明	많은 나무에 서리맞은 단풍이 비단처럼 밝네
勝地名亭咫尺在	경승지에 이름난 정자가 가까이 있는데
不須勞力楚山行	힘들게 초산[1]을 오르지 않아도 된다네

1 초산(楚山): 굴원(屈原)이 조정에서 쫓겨나 실의에 잠겼던 초(楚) 나라의 산야를 말한다.

막내 동생의 묘를 지나다

過季弟墓

宿草空山夕日明	묵은 풀숲 하늘에는 석양이 밝은데
今來寂寞自傷情	이제 와보니 적막하여 마음 아파지네
胡然天理送人事	어찌 그런가. 천리에 사람 보내는 일이
吾墓爾行吾反行	내 무덤에 네가 가야지 내가 되려 가누나

화분에 심은 파초

盆蕉

紅蕉根採栽盆中	홍초[1] 뿌리를 캐서 화분에 심고
移得春光藏屋東	봄 햇살 맞게 옮겨서 집 동쪽에 두었더니
莖葉青青不受雪	줄기와 잎은 푸르러 눈을 맞지 않았는데
玄冥難奪勤培工	겨울[2]도 부지런한 솜씨는 뺏기 어렵다네

1 홍초(紅蕉): 파초과(芭蕉科)에 딸린 여러해살이풀. 파초(芭蕉)와 비슷한데 잎이 조금 작으며, 잎몸의 길이는 1~2m이고, 긴 잎꼭지가 있음. 칸나.

2 원문의 '현명(玄冥)'은 북방의 신(神)인데, 전의되어 '겨울'을 뜻하는 말로 쓰인다.

창주군에게 주다

贈滄洲君

却憐寂莫海濱居	문득 적막한 바닷가 집이 가련한데
夙有心靈通悟如	옛부터 마음이 통하는 깨달음 있었네
也到此生終了盡	이번 생은 여기서 다했음을 알았는데
非君從我復誰歟	그대가 아니면 나를 따를 자 누구인가

사동 재실에서 자다[기해:1899년]

宿獅洞楸舍[己亥]

峯峯雲覆夜沉沉　봉우리마다 구름이 덮여 밤엔 침침하고
疎雨三更響滿林　큰 빗방울이 삼경에 가득한 숲에 울리는데
久旱霈然人固喜　오랜 가뭄에 세찬 비처럼 사람들 기뻐하건만
只料歸路更關心　돌아갈 길 생각하니 걱정이 생기누나

그리운 사람

懷人

1

以我之心知子眞	나의 마음으로 그대의 진실을 아는데
此時懷憶政如新	이 순간에도 회억은 새롭기만 하네
分明天上半輪月	분명 하늘 위에 반달이 비치고
應照兩邊瞻望人	양쪽에서 바라보는 사람을 비추리라

2

艷濃姿態玉生烟	어여쁜 자태는 옥이 연기에서 나온 듯하고
心目娟娟常在前	마음속엔 아름답게 항상 앞에 있는데
願仗春風就鴦枕	봄바람에 의지해 원앙금침 누리며
得成一體與齊肩	한 몸으로 어깨를 나란히 하고자 하네

춘일을 보내며 친구를 만나다

餞春日逢舊

黃鸝求友燕雙回	꾀꼬리는 친구 찾고 제비는 쌍으로 돌며
客趁芳陰更上臺	객은 꽃그늘 따라 다시 누대에 올랐네
此日不知春盡去	오늘에야 봄이 다 갔는지 몰랐는데
西風醉倒故人盃	서풍에 취해 친구와 술잔을 기울이네

호수 언덕을 지나다

過湖岸

曈曈紅日曉光開	붉은 해가 떠오르고[1] 새벽빛이 열리니
烟水渺然湖上臺	연수[2]가 호수 위 누대에 아득한데
憶昔滄溟如夢裏	옛날 바다의 추억이 꿈 같이 떠오르고
漁歌數曲耳邊來	어부 노래 몇 곡이 귓가에 들려오네

1 원문의 '동동(曈曈)'은 동틀 때 해의 밝은 모양을 형용한 말임.

2 연수(烟水): 수증기가 자욱한 수면을 말한다.

청림 집에서 자다

宿青林舍

月影林陰覆石臺	달빛이 숲 그늘과 석대를 덮고 있으며
屋廬隱約畫中開	살림집 희미하게 그림 속에 열렸는데
矇朧曉睡曙窓畔	새벽잠에 몽롱한데 창가에 날이 밝으니
無數禽聲聒耳來	무수한 새 소리가 귀에 시끄럽게 들리네

성묫길 도중

省行路中

溪山慣面如相迎	시내와 산은 익숙한 듯 반겨주는데
此地行過十稔更	이곳을 지난 지 스무 해가 지났네
嗟我而今衰老至	나도 이제는 늙어서 쇠해졌지만
還愁莫及晨昏情	아직도 효성[1]이 미치지 못해 근심하네

1 원문의 '신혼(晨昏)'은 '혼정신성(昏定晨省)'의 준말로 "저녁에 잠자리를 깔아드리고, 아침에 문안 인사를 드린다"는 뜻으로, 자식이 부모에게 행하는 효성을 뜻하는 말이다.

‘시사의 우울한 소식은 어떻게 생겼는가’ 운을 차운하다
次時事鬱報烏有生韻

云是先生出世姿　선생은 출세할 자태라고 말하지만
知非碌碌丈夫兒　녹록한 대장부가 아님을 알았기에
胸中抱負無經濟　가슴속 포부엔 경제는 없고
筆舌徒然論說時　필설로 공연히 시사를 논하였네

산행 뒤에 짓다
山行後作

一笻踏盡萬山雲	지팡이 하나로 수많은 산과 구름을 답사하고
歸卧蓬廬靜掩門	초가집으로 돌아와 조용히 문을 닫았는데
好是江南寒食節	좋을씨고, 강남의 한식절에
杏花欲發雨紛紛	살구꽃 피려 하고 비가 분분히 내리네

춘일을 보내며 짓다

餞春日作

雲亭獨上小徘徊　운정에 혼자 올라 잠시 서성이는데
晝靜風簾捲不開　낮에도 고요해 바람막이는 말아 열지 않았네
誰道春光今日盡　누가 봄빛이 오늘로 끝난다고 말하는가
勝花時節詰朝回　꽃 피는 계절에 아침 돌아옴을 꾸짖네

두견화에 쓰다

題鵑花

軟紅花朶兩三柯　부드러운 붉은 꽃가지 두세 가지가
特地添奇題品多　특별한 곳에선 기제[1]가 많이 첨가되지만
寂寞深山窮峽裏　적막하고 깊은 산 좁은 골짜기 속에선
自開自落無人何　스스로 피고 지니 사람이 할 일 없네

1　원문의 '제품(題品)'은 사물의 가치나 우열을 문예적 표현으로 평하는 일을 뜻한다.

비 온 뒤 경치
雨後景

冠劍大臣廷立議	관검은 대신이 의견을 내세우는 듯
[松筍挺立]	[소나무 대나무가 우뚝서다]
半茸處女簾間窺	반쯤 피어 처녀가 주렴 사이를 엿보듯
[芍藥方綻]	[작약이 방금 꽃을 터트리다]
水融珠顆綠氈泛	물과 녹아 진주알이 녹색 담뇨에 떠있고
[荷葉浮水]	[연꽃잎이 물에 뜨다]
雨脫粉衣青卵垂	비에 벗겨져 분의에 푸른 알이 드리워졌네
[桃實脫粉]	[복숭아 열매가 분을 벗다]

초당

草堂

篁陰松翠暎荷塘　대숲 그늘 푸른 솔이 연못에 비치는데
精灑三間一草堂　맑고 깨끗한 세 칸의 초가집에는
四達軒窓盡開闢　사방에 뚫린 창문은 모두 열려져 있어서
薰風恰受自成凉　훈풍[1]이 불어도 저절로 시원해지네

1 훈풍(薰風): 첫여름에 부는 훈훈한 바람

추전을 초하다

草鄒傳[1]

四十年前讀此書	사십 년 전에 이 책을 읽을 때는
不知文義即何如	글의 의미를 전혀 알지 못하였네
而今一筆草成覧	지금 붓으로 베껴서 보는데
其奈桑楡已老余	어찌 상유[2]가 나를 이미 늙었다 하나

1 추전(鄒傳): 사서(四書)의 하나인 맹자(孟子)의 다른 이름.

2 상유(桑楡): 뽕나무와 느릅나무. 해 저물 때 빛이 뽕나무나 느릅나무 가지 끝을 비추는 것에서 해가 지는 것을 지칭하는 말로 쓰인다. 또한 일의 마지막 단계를 비유하는 말로 인생의 만년(晩年)이나 전원(田園)에 은거하는 뜻으로 쓰인다.

송첨

松簷

三柱作蓋遮赫陽　세 기둥을 세워서 햇빛을 가리니
一軒陰覆自生涼　작은 집에 그늘 생겨 저절로 시원하네
有時風度松香聞　가끔 바람이 솔향기를 실어오는데
習得仙翁午夢長　신선에 익숙해져 대낮 꿈을 꾼다네

중양
重陽

重陽佳節雨霏霏	중양절에 비가 부슬부슬 내리는데
與客無由上翠微	객과 함께 무심코 산 중턱에 올랐다가
黃菊茱萸拋却了	황국과 수유를 던져 버리고
靜中獨卧掩柴扉	고요한 곳에 혼자 누워 문을 닫았네

김도사를 애도하다[중기. 신축:1901년]

輓金都事[中基 辛丑]

1

操行淸愼度平生　행실을 청신[1]하게 평생을 보냈으며
切不踰規騖外營　절대 규율을 벗어나 바깥일에 힘쓰지 않았네
經籍先爲子孫計　경서를 우선하여 자손 계획으로 삼았으며
拋他時俗謀金籯　다른 시속 버리고 금영[2]만 도모했네

2

耆堂昔日對紋枰　기당[3]은 지난날 바둑판을 마주하며
一着幾番輸與嬴　한 수에 몇 차례 졌다 이겼다 하였네
花木亭臺渾如舊　화목정 누대는 여전히 예전과 같은데
未聞落子響丁丁　탁탁 알을 던지는 소리는 들리지 않네

3

春風春雨踏環瀛　봄바람과 봄비가 바다를 밟고 오는데도
嗟我靡遑仍阻迎　애석하게 나는 황당하여 맞이하지 못했고

1 청신(淸愼): 청렴하고 삼가함

2 금영(金籯): 한(漢)나라 때 위현(韋賢)이 네 아들을 잘 가르쳐 모두 현달하게 하였으므로, 당시에 "황금이 가득한 상자를 자식에게 남겨주는 것이 한 경서를 가르치는 것만 못하다.[遺子黃金滿籯 不如一經]"라고 했던 데서 온 말로, 전하여 자식을 잘 가르쳤음을 의미한다.

3 기당(耆堂): 조선시대, 나이 칠십이 넘어 기로소(耆老所)에 든 정이품 이상의 벼슬아치. 또는 기로소를 지칭함.

况是蒼茫問訛斷	하물며 창망하여 거짓인가 물었는데
來書今憶最關情	글을 받으니 그리운 마음 크게 떠오르네

집거위

宅居羽

脛短頂高毛雪明	다리는 짧고 머리는 높으며 털은 눈처럼 흰데
曉昏相應作并行	아침 저녁으로 서로 응답하며 함께 다니네
門庭宛似江湖境	집 앞은 마치 강물이 펼쳐진 곳 같아서
拍水羣鴻動叫聲	물을 튕기며 기러기떼 소리가 들려온다네

난을 그리다

畵蘭

紙紅墨淡引毫長　붉은 종이에 묽은 먹으로 붓을 당기니
披玩玲瓏高掛堂　아름다워 집안에 높이 걸어 감상할 만하네
花葉根光皆酷似　꽃과 잎, 뿌리까지 매우 닮았지만
臭之只欠乏清香　맡아보면 다만 청향이 부족하다네

경승을 찾다
搜勝

1

聖女祠高闢海門　성녀 사당은 바다 입구에 높이 열려져 있고
湘南不盡蒼梧冤　상남[1]은 창오[2]의 애환을 다하지 못했네
滿山苦竹愁寒雨　온 산의 고죽은 찬비를 근심하는데
猶見當年灑淚痕　아직도 당시의 눈물 자국을 볼 수 있네

[수성당(水聖堂)]

2

江中彩石不須奇　강 가운데 채석이 기이한 것 아니고
江上惟同明月期　강 위에서 밝은 달을 기다림이 같은데
李白當時何似者　이백은 당시 어떤 모습이었을까
我今一斗百遍詩　나는 지금 한 말 술에 백편 시를 살피네

[채석강(彩石江)]

1 상남(湘南): 중국 상수(湘水)의 남쪽. 상수는 광서성(廣西省) 흥안현(興安縣)에서 동정호에 흘러드는 강의 이름이다.

2 창오(蒼梧): 본래 중국 광서성 오주(梧洲)의 지명인데, 순(舜)임금이 창오에서 죽은 데에서 유래하여 임금의 죽음을 이르는 뜻으로 '창오지망(蒼梧之望)'이란 성어가 생겼다.

3

欲尋古事此江頭　옛일을 찾기 위해 강머리를 찾았는데
笑矣乾坤那可愁　우스워라, 천지를 어찌 걱정하겠는가
一世之雄復安在　일대의 영웅들은 어디에 있는가
但看江水滔滔流　그저 강물이 도도히 흘러감을 볼 뿐이네

[적벽강(赤壁江)]

4

千箱萬帙疊堆墩　천 상자와 만 권의 책이 쌓여 있는데
歷代諸家賢聖言　역대의 제가와 성현의 말씀이라네
吾今老矣未能讀　나는 지금 늙어서 읽지 못하지만
欲換籯金教子孫　금영[3]과 바꿔 자손을 가르치고 싶네

[책바위(冊巖)]

5

雞峯一點精神抽　닭이봉은 한 점 정령신이 솟은 것으로
天作高標鎮海頭　하늘이 높게 표시해 바다를 진압했다네
何日宮家復毁堰　왕궁이 다시 둑을 파괴한 것인 언제이던가

3 금영(金籯): 한(漢)나라 때 위현(韋賢)이 네 아들을 잘 가르쳐 모두 현달하게 하였으므로, 당시에 "황금이 가득한 상자를 자식에게 남겨주는 것이 한 경서를 가르치는 것만 못하다.[遺子黃金滿籯 不如一經]"라고 했던 데서 온 말로, 전하여 자식을 잘 가르쳤음을 의미한다.

欲令堂水汪洋流　당수[4]가 힘차게 흐르도록 하려고 하네

[닭이봉(雞峯)]

6

高臺廣廨化爲田　높은 누대 넓은 관아가 밭으로 변하고
創革從知俄忽焉　변화가 갑작스러움을 본래 알았지만
請看海上蜃噓氣　바다 위의 신기루 보기를 권하노니
起樓作市亦如然　누대를 세워 시장을 이룸이 또한 같다네

[진지(鎭址)]

7

烽臺山屹無烽烟　봉수대 산 우뚝하나 봉수 연기는 없고
守望良規五百年　파수 보는 좋은 제도 오백년이나 되네
始設邦家非不美　처음 나라 세웠을 땐 아름답지 않았으나
至今廢閣胡其然　지금은 폐지된 것은 어째서인가

[봉대(烽臺)]

4 당수(堂水): 명당수(明堂水)의 준말. 풍수지리에서 물이 형성하는 형국을 뜻한다.

김영북[방선]을 애도하다

輓金瀛北[邦善]

1

金蘭之契昔同隣	금란지계[1]는 이웃에 살 때부터였고
磨杵聯床秋復春	같은 침상에서 노력하며[2] 세월 보냈다네
窈嫺平生尚氣節	평생 절개를 소중히 여김에 익숙하지만
可能蹈刃忘其身	칼날을 밟고 자신을 버림이 가능할까

2

自瀛歸寓瘴江濱	바다에서 돌아와 습한 강변에 살았는데
豈意微痾遽返眞	작은 병에 갑자기 죽음[3]을 어찌 생각했나
寂寞無人問生死	적막하여 아무도 생사를 묻지 않는데
至今一憶百懷新	지금 한 번 생각하니 온갖 회포가 새롭네

1 금란지계(金蘭之契): 다정한 친구 사이의 정의(情誼)를 뜻하며, 금란(金蘭)은 주역(周易)의 "두 사람이 마음이 같으면 그 예리함이 쇠를 끊고, 마음이 같은 말은 그 향기가 난초와 같다[二人同心 其利斷金 同心之言 其臭如蘭]"에서 유래한 말이다.

2 원문의 '마저(磨杵)'는 '마저성침(磨杵成針)'의 준말임. "쇠공이를 갈아서 바늘을 만들다."라는 뜻으로 정성을 다하여 노력하면 아무리 힘든 목표라도 달성할 수 있음을 나타내는 말이다.

3 반진(返眞): "참된 나에게로 돌아간다"는 뜻으로, 여기서는 죽음을 뜻하는 말로 쓰였다.

저포 놀이

樗蒲

猶賢乎已猶之禁　몸에 현명한 듯하나 금지해야 될 것 같은데
一擲況爲千百金　한 번 던져 하물며 천백금을 얻는다네
雜戲固非人所習　잡희는 본래 사람들이 익숙하지 않는데
投江可見陶公心　강에 던지니 도공[1]의 마음을 볼 수 있네

1 도공(陶公): 도연명(陶淵明)을 지칭한다.

칠서
七書

七書細抄卷爲九	칠서[1]를 초록하여 아홉 권으로 만들고
日實之工不自休	매일 실천하는 공력을 멈추지 않는데
支枕卧看精捷好	잠자리에서도 보며 정첩[2]을 즐기나니
西洋鏡又明昏眸	서양 안경 또한 흐릿한 눈을 밝게 해주네

1 칠서(七書): 일곱 가지 책이라는 뜻으로, 유교 경전인 사서(四書:논어 · 맹자 · 중용 · 대학)와 삼경(三經:역경 · 서경 · 시경)을 합쳐 부르는 말임. 삼경에 예기 · 춘추를 추가하여 오경(五經)이라 하고, 모두 합쳐 구서(九書)라고 한다.

2 정첩(精捷): 정밀하고 민첩함.

고깃배 불[임인:1902년]

漁火[1] [壬寅]

天邊日沒暗江村　하늘 가에 해 지니 강촌이 어둡고
浩淼滄波萬里奔　넓고 깊은 파도는 만리를 달리는데
遠望帷檣針似細　멀리서 돛대를 보니 바늘같이 가늘고
一時漁火報黃昏　일시에 고깃배 불이 황혼을 알리네

1　어화(漁火): 고기잡이배에 켜는 등불이나 횃불.

토끼섬

[바다 위의 형상이 한 둘이 아닌데 특별히 토끼 닮아서 지었다]

兔嶼

[海上物形不一二 而兔爲特肖 故作]

典型突凡酷相同　전형적인 것이 돌출되어 매우 똑같은데
顧望滄波杳不窮　바라보면 푸른 파도는 아득히 끝이 없고
肇闢神工狀物妙　조물주가 모습을 기묘하게 만들어서
宛然一幅畫圖中　마치 한 폭의 그림 속에 있는 듯하네

빗속

雨中

營營役役欲何求　그렇게 일에 얽매여 무엇을 구하려 하는지
旅夢三旬隨白鷗　여몽[1]에서 한 달 동안 백구를 따라다녔네
搖落瘴江風雨裏　습한 강가에 떨어져 비바람 속에 있는데
自憐白髮臥孤舟　가여워라. 백발로 외로운 배에 누워 있누나

1 여몽(旅夢): 여행길에서 꾸는 꿈.

고향에 돌아가는 곽안성[기서]을 송별하다

送郭安城[基瑞]還鄕

烟波千里送君歸	바닷길[1] 천리에 귀향하는 그대를 보내니
指點鄕山帆末微	고향 산 가리키는 곳엔 돛대 끝만 희미하네
此世紅塵滄海甚	이 세상의 티끌은 푸른 바다보다 심하니
從今莫復着蓑衣	이제부터는 다시 도롱이를 입지 말게나

1 원문의 '연파(烟波)'는 안개 따위가 자욱한 수면으로 곧, '바닷길'을 뜻한다.

바다 위에서 자다

宿海上

文星夜夜動江湖	밤마다 문성[1]이 강호를 흔들고
光氣連天潮吸呼	빛살이 하늘에 이어져 조수를 빨아들이네
自笑蓬山舊詩老	우스워라. 봉래산의 옛 시인 늙은이가
小舟漂泊作漁徒	작은 배는 표류하여 어부가 되었네

1 문성(文星): 문곡성(文曲星)의 준말. 과거(科擧)나 문학을 관할하는 성수(星宿)이다.

진사를 지나다

過鎭舍[1]

朱門高閣出江濱	붉은 문 높은 누각이 강변으로 나와 있고
園木森陰夏始春	정원 나무숲 그늘은 여름이 첫봄인데
沿革隨時民就業	시대의 흐름에 따라 백성들은 취업하고
至今鎭卒盡舟人	지금은 진졸 모두가 뱃사람 되었네

1 진사(鎭舍); 관아(官衙)에 딸린 건물로 진졸(鎭卒)이 묵는 곳이다.

집에 돌아오다

還家

1

滄浪昨日謝鷗盟	어제는 창랑에서 구맹[1]을 사양하고
歸臥蘇陽意更清	소양[2]에 돌아오니 마음이 다시 맑은데
四月山深屋廬靜	사월 깊은 산속의 집은 조용하고
門前綠樹黃鸝鳴	문 앞의 푸른 나무엔 꾀꼬리가 울고 있네

2

研匣書床次第陳	연갑과 서가를 차례대로 늘어놓고
又將舊稿校讎新	옛 원고를 고쳐서 새로 바로잡네
而今自作一寒士	지금은 스스로 한미한 선비 되었으니
不是桐江垂釣人	동강의 낚시꾼이 아니라네

3

何處微風送棹歌	어디서 실바람이 뱃노래를 보내주나
杳然聲少似人多	아득히 소리는 적은데 사람은 많은 듯하네
習於耳目致如此	귀와 눈에 익숙해서 그런 것인지
不記門庭與碧波	문 앞의 뜰과 푸른 파도가 기억나지 않네

1 구맹(鷗盟): 갈매기와 사귄다는 뜻으로, 속세를 떠나 숨어 살면서 자연을 즐김을 이르는 말.

2 소양(蘇陽): 내소산(來蘇山)의 남쪽.

배로 가다

舟行

夜色蒼茫月欲傾	밤빛은 창망[1]하고 달은 기울려 하는데
梢工不寐待潮生	사공은 잠 못들고 조수를 기다리다가
三更載網五更發	삼경[2]에 그물 싣고 오경[3]에 출발하니
水鳥驚飛格格鳴	물새들은 놀라 날아가며 깍깍 우짖네

1 창망(蒼茫): 넓고 멀어서 아득함.

2 삼경(三更): 하룻밤을 다섯으로 나눈 셋째의 시각. 밤 12경에 해당한다.

3 오경(五更): 새벽 3시에서 5시까지에 해당함

감회를 적다

書感

較量天地物之居	천지와 만물의 삶을 비교하여 헤아리니
最大中間惟海於	가장 큰 것은 바로 바다에 있다네
儘覺古人先獲意	옛사람들이 먼저 의미 얻었음을 깨달았는데
浮生一粟杳然如	덧없는 인생은 한 알의 좁쌀처럼 아득하네

뱃속에서 밤에 운자를 집어들다
舟中夜拈

鴈嶺岧嶢月下遲	우뚝 솟은 안령은 달도 더디 내려오는데
江村寂寞夜何其	적막한 강촌은 밤에는 어떠한지
東船西舫人皆睡	동서에 배뿐이고 사람들은 잠들어 있는데
水到岸邊帆自移	물이 강가에 이르면 돛이 스스로 옮기네

조상서[진재, 주응]의 운정 운을 차운하다

次趙尙書[晉齋 柱應]雲亭韻

1

鶴髮仙人顔不凋　학발[1] 신선의 얼굴로 늙지 않았고
一逢如昨卅年遙　어제 만난 것 같은데 삼십년이 지났네
優容蟠木情相近　반목[2]의 뛰어난 용모로 친근했는데
認是擒文內閣寮　금문원[3] 내각의 관료였다네

2

某水某山從某墟　어느 강과 산이 어느 마을에서 오는지
重來見似昔來初　다시 돌아와 봐도 처음처럼 보이네
碧紗籠裏分明字　청사초롱 안에는 분명한 글씨가 있는데
記得當年月榭書　당시 어느 달에 정자에서 쓴 기억이 나네

3

詔庭幾度奏章成　조정[4]에서 얼마나 주장[5]을 작성했던가
庶績咸熙頌太平　여러 공적을 모두 기뻐하며 태평을 칭송했네

1 학발(鶴髮): 학의 머리처럼 하얀 머리털이란 뜻으로, 노인의 백발을 비유적으로 이르는 말
2 반목(蟠木): 땅에 붙을 정도로 구불구불 자라는 나무
3 금문원(擒文院): 조선후기에 규장각(奎章閣) 학사들이 야직(夜直)하던 곳임.
4 조정(詔庭): 조서(詔書)를 작성하는 부서.
5 주장(奏章): 천자에게 올리는 문서

重到湖鄉訪詩老　다시 호향에 와서는 늙은 시인을 찾아와
新詞唱和天機鳴　새로 지은 시를 화답하며 천기를 울렸었네

4

江南絕唱竹枝詞　강남의 절창인 죽지사[6]를
夢得千年今復誰　꿈에서 얻은 지 천년인데 지금 누가 복원했나
他日校讎新樂府　훗날 교정하여 새 악부로 짓는다면
正音盡是去來詩　정음은 이 귀거래시라 할 것이네

5

雲亭時到款荊扉　운정에 도착해서 가시나무 문을 두드리니
飄若仙姿塵累稀　신선처럼 날리는 자태는 속세에선 드무네
竹翠荷香松翠裏　푸른 대나무 연꽃 향기가 푸른 솔 안에 있고
憑欄涼透六銖衣　난간에 기대니 시원함이 육수의[7]에 드네

6

勝區依舊好亭臺　경승지는 변함없고 정자 누대를 즐기는데
人事年光俱變催　인생사는 세월과 함께 변화를 재촉하네
往蹟杳然多寫感　지난 자취 아득하여 많은 감회를 적는데
時將瓊帖送詩來　때마침 송별시 경첩[8]을 가지고 왔네

6 죽지사(竹枝詞): 중국의 악부 〈죽지사〉를 모방하여 우리나라의 경치·인정·풍속 따위를 노래한 가사(歌詞). 조선시대 12가사 중 하나이다.

7 육수의(六銖衣): 신선이 입는다는 극히 얇고 가벼운 옷.

8 경첩(瓊帖): 시의 원고를 엮은 첩(帖).

7

每說名途一夢悠	명도[9]를 말할 때마다 아득한 꿈이었고
不嫌甘混漁樵儔	어부와 나무꾼 함께 있어도 싫어하지 않네
文章又是古誰比	문장은 또한 옛스러우니 누가 비교할 것이며
長笛聲中趙倚樓	피리소리 속에서 조상서가 의지해 살고 있네

8

餘生齒髮已驚殘	여생에 치아와 머리카락은 벌써 쇠약해지고
幾十光陰更暑寒	몇십년 세월에 더위 추위가 번갈아 지났네
欲和瓊琚把砥礫	옥구슬과 어울리려 조약돌을 잡았지만
滿腔難寫徒情闌	가득찬 가슴의 감정을 표현하기 어렵네

9 명도(名途): 명예로운 벼슬길.

황사군 화암[관수]의 팔경 운을 차운하다

次黃使君華庵[觀秀]八景韻

1

千尋聳直萬圍延　천길 솟아올라 만겹으로 에둘러 뻗었고
下半坼開雙孔懸　아래 반은 갈라져 두 구멍이 매달려 있는데
一自將軍游去後　한 번 장군이 놀러 나간 후부터
不知來者幾愚賢　오는 사람이 모두 얼마나 될지 모르겠네

[우금암(禹金巖)]

2

絕壁千尋飛莫超　절벽은 천길로 날아서 넘을 수 없고
碧湫長接破山條　푸른 호수는 길게 이어져 산줄기를 뚫었네
蟄龍恰受天河水　잠복한 용이 천하수[1]를 받는 듯한데
噴送滄溟盡作潮　파도를 뿜어내서 호수를 다 만들었네

[실상용추(實相龍湫)]

1 천하수(天河水): 하늘에 떠 있는 은하수. 실제 물이 아니라 물처럼 보이는 우주, 별빛 같은 것을 말한다.

3

源頭落下九天高　원천에서 떨어져 구천[2] 하늘 높이 오르고
掛作長川春作濤　긴 하천 걸어서 파도를 빻아내는데
絕唱廬山謫仙句　여산을 절창[3]한 적선[4]의 시구야말로
超人氣格是詩豪　초인적인 기격[5]으로 시의 거장이네

[영은폭포(靈隱瀑布)]

4

落照峯前壯觀多　낙조봉 앞에는 장관이 많은데
愚宜下淚達且歌　내가 눈물 흘리며 노래하기에 적합하네
消長生沒理如此　살고 죽는 이치가 이와 같은데
怪古齊公意獨行　옛날 제공[6]의 뜻 이상하여 홀로 행하네

[월정낙조(月精落照)]

2 구천(九天): 가장 높은 하늘을 뜻함.

3 절창(絶唱): 비할 데 없이 뛰어난 시문(詩文)

4 적선(謫仙): 하늘에 죄를 짓고 인간계에 유배된 신선이란 뜻으로, 시선(詩仙) 이백(李白)을 지칭하는 말로 쓰인다.

5 기격(氣格): (인품 · 시문 따위의) 기품(氣品)이나 격조(格調)

6 제공(齊公): 숙제(叔齊)를 지칭함. 고죽국(孤竹國)의 왕자로 형 이공(夷公)과 함께 주(周)나라의 녹을 받은 것을 부끄럽게 여겨 수양산에 들어가 고사리만 뜯어 먹다가 굶어 죽었다는 고사가 있다.

5

如卯如拳品極嘉　달걀 같고 주먹 같아서 매우 좋은데
玲瓏五色暎明沙　영롱한 오색이 밝은 모래에 비치네
當時太白醉吟月　이태백이 술에 취해 달을 읊던 당시엔
夜向江天片影斜　밤은 강천[7]을 향해 그림자를 기울였다네

[채석강(彩石江)]

6

大海西南鵲峽傍　큰 바다 서남쪽 작협 옆으로
茫然暮色極蒼凉　아득히 저녁빛이 매우 창량[8]한데
黃昏漁火一時起　황혼에 고깃배 불이 일시에 켜지고
的歷松明照峭檣　선명하게 솔불이 높은 돛대를 비추네

[작당어화(鵲堂漁火)]

7

矗峯削嶺危乎驚　치솟은 봉우리 깎아낸 고개는 위태로운데
勢又開翔飄若輕　기세 또한 날개를 펴면 가볍게 나는 듯하네
靈鷲元來天竺在　영취는 본래부터 천축에 있었는데[9]

7 강천(江天): 멀리 보이는 강 위의 하늘.

8 창량(蒼凉): 해 뜰 때의 신선함을 형용한 말임. 공자(孔子)가 길을 가는데 두 아이가 해[日]를 두고 변론하는 것을 들었다. 한 아이가 말하기를 "해가 처음 뜰 때에는 창창량량(滄滄凉凉)하다가 하늘 가운데 와서는 뜨거우니, 그것은 가까우니 더웁고 멀리 있을 때에는 서늘한 것이다."라고 하였다.

禪家比謂世仍名　선가에서 세상을 비유하여 이름졌다네

[취영봉(鷲嶺峰)]

8

山盡湖開一麓青　산 끝나고 호수가 열려 있어 한 자락이 푸르고
江千列屋似江亭　강가에는 집들이 벌려 있어 강물 위 정자 같네
名雖熊沼龍爲宅　이름은 곰소이지만 용이 사는 곳 되었는데
祈雨他時多驗靈　비를 기도하면 훗날 종종 영험을 보여준다네

[곰소(熊淵)]

9 영취는~있었는데: 영취산(靈鷲山)은 석가모니가 마지막으로 설법한 산으로 인도의 명산이다.

삼종형 직천[풍희]의 운정잡영을 차운하다
次三從兄直川[豊熙]雲亭雜詠

1

秋池日午澹風烟　가을 못에 햇살 비치고 바람 안개 담백하여
立立紅粧照宛然　붉은 단풍 하나하나 완연하게 비치는데
腸斷何人歌採曲　누가 채련곡[1]을 불러 애를 끊는가
吾將愛說贈爲傳　나는 사랑한다 말해주고 전해주리라

[부용(芙蓉)]

2

三間葡架接松關　세 칸의 포도 시렁이 송관[2]에 닿아있고
馬乳新嘗客解顔　말젖을 처음 맛본 객이 웃음 짓는데
移憶唐家貢荔日　당나라에서 여지 받치던 날을 생각하면
應愁偏寵在妃鬟　후궁을 편애함이 응당 걱정되리라

[포도(葡萄)]

1 채련곡(採蓮曲): 연밥을 따면서 부르는 노래. 당(唐)나라의 시인 이백(李白)의 〈채련곡〉이 유명하다.

2 송관(松關): 산골 마을에서 집안으로 들어오는 입구에 늘어선 소나무가 자연적으로 이루는 문.

3

微根初種小階西　작은 뿌리를 작은 계단 서쪽에 처음 심었는데
養得何時一丈齊　언제쯤 한 길 정도로 자랄 수 있을까
他日高莖多雨露　훗날 큰 줄기엔 비와 이슬 많으리니
主人不可說今低　주인은 지금 낮다고 말할 수 없다네

[파초(芭蕉)]

4

乍開乍落飄輕塵　잠시 피었다가 떨어져 먼지처럼 가볍게 날리며
桃李爭華盡小人　복사꽃 오얏의 화려함 다투다 소인들 사라지네
及到歲寒君見否　세모 추위 닥쳤을 때를 그대는 보지 못했나
青青獨得雪中春　청청하여 홀로 눈 속에서도 봄을 얻는다네

[반송(盤松)]

벼슬길에 나가는 동미를 송별하다[계묘;1903년]

送東湄旅宦[癸卯]

風塵南北此分離	속세[1]에서 남북으로 이별하나니
斜日江橋馬去遲	해는 강가 다리에 기울고 말은 더디 가네
白首爲郎還可累	흰머리에 벼슬해서 다시 얽매이지만
莫將歲月老於斯	세월 따라 여기서 더 늙지는 말기를

1 원문의 '풍진(風塵)'은 세상의 어지러운 일을 비유적으로 이르는 말임. 전의되어 '어지러운 세상' '속세'를 뜻하는 말로 쓰인다.

한식일에 짓다

寒食作

去年此日泛滄洲　지난해 오늘 창주에 배를 띄웠는데
今歲玆辰蕭寺遊　올해 이때엔 쓸쓸한 사찰을 유람하네
節序相催人易老　절기는 재촉하여 사람을 쉬이 늙게 하고
因循都惱世間愁　온통 머릿속엔 세상의 근심만 반복하네

추석 시를 차운하다

次秋夕詩

衰草墳前一路沙　시든 풀 무덤 앞은 모랫길인데
素娥哭似恨悲歌　소아[1]가 슬픈 노래하듯 곡하네
農誰謂作棄吾去　내가 농사를 버리고 갔다고 누가 말하는가
縱獲那堪飯黍禾　수확한다 해도 어찌 기장을 먹겠는가

원운을 부록함

附原韻

十里平原岸上沙　십리 평원 언덕 위는 모래밭으로
白衣青女哭如歌　흰옷 입은 청녀[2]가 노래하듯 곡하네
可憐寂寞墳前酒　가엾어라. 적막한 무덤 앞의 술이여
釀得阿郎手種禾　술은 언덕에 직접 심은 벼에서 얻은 것이네

[무명(無名)]

1 소아(素娥): '달[月]'을 달리 이르는 말.

2 청녀(靑女): 서리[霜]를 관장하는 여신(女神).

중양

重陽

九秋佳節重陽回	구월 아름다운 계절에 중양[1]이 돌아오니
園裏黃花爛漫開	정원 안에 국화가 흐드러지게 피었네
寂莫田廬閒自遣	적막한 시골집에서 한가롭게 보내는데
無人起我更登臺	나를 일으키는 사람 없어 다시 누대에 오르네

1 중양(重陽): 음력 9월 9일로 중구(重九)라고도 한다. 중양일에 시인묵객들은 술과 음식을 마련하고 국화를 술잔에 띄워 마시며 시를 읊거나 그림을 그리며 하루를 즐겼다.

큰 바람

大風

大風之發自何機	큰바람은 무엇에서 발생하는지
聲出于虛其始微	소리는 허공에서 나와 처음에는 약하고
及到熾焉無不動	강해지면 움직이지 않을 수 없는데
氣能衝盪又奔飛	기세는 부딪히고 날아다니게 할 수 있네

관아의 차인을 탄식하다

[이때 머리 깎는 일이 성행하였는데 부백 이용신이 여러 고을에 가르치고 향약이라고 칭하며 저들로 하여금 보게 하여 교화하고자 하였다. ○갑진 ;1904년]

歎府差[1]

[時薙髮 當盛行 府伯李公容愼 敎列郡 稱鄕約 使彼見之 欲其化時○甲辰]

云參約長是何名　약장[2]에 참여한다는 것이 어떤 이름인가
思義顧名還不輕　뜻과 이름을 생각해도 도리어 가볍지 않네
時際紛紜徒薦望　시대의 혼란 속에서 헛된 천망[3]일 뿐인데
那能化俗底文明　어떻게 속된 것을 문명으로 바꿀 수 있는가

1 부차(府差): 관아의 차인(差人). 관아에서 임시로 고용한 하급 관리를 지칭함.
2 약장(約長): 조선시대에 향약(鄕約)을 주관하는 사람을 가리켜 이르는 말.
3 천망(薦望): 후보자를 추천(推薦)함.

생강을 먹다
食薑

鳳翔土利腴而秀	봉상[1]은 흙이 비옥하고 뛰어나서
畝種生薑天下名	그곳에서 재배된 생강은 천하에 유명하네
聖若宣師猶不撤	성현이 선사라도 오히려 폐지하지 않았으며
爲能去惡通神明	악을 버리고 신명과 통할 수 있게 하였네

1 봉상(鳳翔): 전북 완주군의 지명. 옛날부터 '봉상생강(鳳翔生薑)'이라고 하여 완주군에서 나는 생강이 유명하였다.

패상행
沛上行

1

二十年前沛上過　이십년 전에 패상[1]을 지나갔는데
重來今日意如何　오늘 다시 오니 마음은 어떠한가
蓬山無用一樵者　봉래산은 나뭇꾼 하나 소용없는데
謾被招公行役多　부질없이 초청받아 행역[2]만 많네

2

怪見華山西一阿　이상하여 화산[3] 서쪽 언덕을 보니
瓦墻雕築當前嵯　기와 담장을 쌓아 앞에 우뚝하네
伊川已有百年驗　이천[4]이 이미 평생 증험한 바 있는데
不道其由言更拖　이유를 말하지 않고 말을 다시 꺼내네

3

黑樣繽紛滿路過　검은 열매가 뒤섞여 지나는 길에 가득한데
拾如一陣動兵戈　수습하니 한 바탕 전쟁[5]을 치른 것 같네

1 패상(沛上): 한(漢)나라 고조(高祖)의 고향.
2 행역(行役): 여행으로 인한 피로와 괴로움.
3 화산(華山): 중국 협서성(陝西省) 화음시(華陰市)에 있는 명산.
4 이천(伊川): 중국 북송(北宋)시재의 학자 정이(程頤:1033~ 1107)를 지칭함.
5 원문의 '병과(兵戈)'는 싸움에 쓰는 창이라는 뜻으로 무기를 이르는 말임. 전의되어 '전쟁'을 뜻하는 말로 쓰인다.

文明化域半千禩　문명화된 지역 오백년 동안에도
其奈民心靡定何　민심이 정해지지 않았음은 어찌하랴

4

繁華減盡寂寥多　번화함은 줄고 고요함은 많아지는데
亂後名都奈變何　전란 후 이름난 도시는 어떻게 변했을까
八夜青樓月初上　여덟 번째 밤, 청루에 달이 처음 떠오르니
猶聞戛玉娼娥歌　아직도 고운[6] 아가씨의 노래가 들리네

5

棠軒講約果云何　당헌[7]의 강약 결과를 어떻게 말하는지
半是教他半無他　반은 교화하고 반은 교화하지 못했네
自識大人申重意　스스로도 대인의 신중한 뜻을 아는데
欽惟體聖爲民多　성인 본받아 백성 위함 많음을 흠모할 뿐이네

6

公干草草勘焉過　공무를 대충 마감하고[8] 지나가는데
歸路蕭蕭驢背馱　돌아가는 길엔 쓸쓸히 나귀를 탔네
顧念匪材那可得　돌아보면 재목이 아니니 어데다 쓸 것인가
慚之不已笑呵呵　부끄러워 하하 웃음소리 그치지 못하네

6 원문의 '알옥(戛玉)'은 "옥이 가볍게 부딪히다"는 뜻으로 옥을 굴리듯 아름다운 소리를 뜻하는 말로 쓰인다.

7 당헌(棠軒): 관찰사가 공무를 보는 '선화당(宣化堂)'을 예스럽게 이르는 말임.

8 원문의 '초초(草草)'는 간략하게, 걱정하는 모양, 초목이 무성한 모양, 편지 끝에 붙여 겸양을 나타내는 상투어 등 다양하게 쓰이는 말이다.

후당의 절구

後唐絕句

祝天一語已堪嘉	하늘에 비는 한 마디는 이미 아름다웠고
雖在漢唐難以加	비록 한·당 시대이나 더 보태기 어렵네
觀主當論賢不肖	임금을 보며 어질고 못난 것을 논해야겠지만
何須胡越與中華	어찌해서 호월[1]과 중화가 필요한가

[오대 뒤의 당나라 명종(五代時後唐明宗)]

1 호월(胡越): 중국 북쪽의 호(胡)나라와 남쪽의 월(越)나라.

악부
樂府

1

昨日青年君不見	어제 젊은이를 그대는 보지 못했나
今朝白髮我如斯	오늘 아침 백발인 내가 이 같다네
東園春色休相問	동원의 봄 풍경은 묻지 말게나
桃李花開亦片時	복숭아 오얏꽃 피는 것도 잠시뿐이니

2

高堂明鏡李青蓮	고당의 밝은 거울엔 이청련[1]이요
江上琵琶白樂天	강 위에서 비파는 백낙천[2]인데
及到人間憔悴老	인간 세상에서 초췌해 늙어지면
腸雖鉄石皆悽然	간장이 철석 같아도 모두 처량해지네

1 이청연(李青蓮): 당(唐)나라 시인 이백(李白)을 지칭함. 청련(靑蓮)은 그의 호임.

2 백낙천(白樂天): 당(唐)나라 시인 백거이(白居易)를 지칭함. 낙천(樂天)은 그의 자(字)임.

생일날 감회

睟懷

1

恨徹西河忘已難　한이 서하에 깊은데 기억하기 어렵고
貧同北阮慶奚歡　가난한데 북원[1]과 함께 어찌 기뻐하랴
猶爲草率田家供　아직도 풀로 시골집을 이끌고 부양하면서
只看飮羹排一盤　단지 국 마시고 한 수저 물림을 볼뿐이네

2

親年八耋最爲難　부친의 나이 팔십으로 가장 어려운데
不肖於斯已足歡　못난 자식은 만족하며 기뻐하며
嗣子成人餘一事　자식들 성인 됨이 남은 일이고
更教周誥與殷盤　다시 주고와 은반[2]을 가르칠 뿐이네

1 북관(北阮): 진(晉)나라의 완함(阮咸)은 숙부인 완적(阮籍)과 성의 남쪽에 살았고, 다른 완씨 일가는 북쪽에 살았다. 사람들은 완함과 완적을 남완(南阮)이라 부르고, 북쪽의 완씨 일가는 북완(北阮)이라 불렀다. 북완 사람들은 다 부유했는데 남완 사람들은 가난했다.

2 주고은반(周誥殷盤): 주(周)나라의 글과 은(殷)나라의 글을 함께 지칭한 말임. 주고(周誥)는 '주나라 시대의 고시문'이라 하고 은반(殷盤)은 "은나라 시절 임금이 백성들에게 고한 글"이라 한다.

수은집을 보고 감회가 있어

見睡隱集[1]有感

丹忱一片忠於國	한 조각 붉은 마음[2]으로 나라에 충성하고
夷賊奸情備細錄	오랑캐의 간사한 뜻을 상세하게 기록하였네
莫歎當時無見褒	당시에 포상받지 못했음을 한탄하지 말라
至今公議勝恩渥	지금까지의 공론은 은총보다 더 낫다네

1 수은집(睡隱集): 조선중기의 학자인 강항(姜沆, 1567~1618)의 시문집

2 원문의 '단침(丹忱)'은 '붉은 정성'이라는 뜻으로, 마음속으로부터 진심으로 우러나오는 뜨거운 정성을 이르는 말이다.

樵隱詩集

卷二

마른 언덕에 물을 대어 심다[을사:1905년]
乾坂注秧[乙巳]

1

巨坪乾曝播乾秧　큰 들판이 메말라 마른 모를 심는데
野說猶云歲可穰　밖에선 오히려 풍년이 될것 같다 말하네
吾亦爲之待之是　나 또한 그것을 기대하며 기다리나니
不須預斷今時量　지금 수확을 미리 단정할 필요 없다네

2

下種過時大惜乾　뒤늦게 심는데다 메말라서 매우 안타깝고
非無三雨作油然　삼우[1] 없는 것도 아닌데 뭉게구름 만드네
霏霏瀾得立苗止　가랑비 내려 멈춘 싹이 나왔으나
一勺難爲槹引川　한 술도 두레박으로 하천에서 이끌기 어렵네

3

蒼生大命係于天　사람의 목숨은 하늘에 달린 것으로
雨露惟如長養焉　비와 이슬만이 잘 자라게 해줄 듯한데
豈是陰陽無變易　어찌 음양의 변화가 없는 것인가
資舟資轍理昭然　배와 수레의 이치[2]는 확연하다네

1 삼우(三雨): 3일간 계속 내리는 비를 말함. 또는 계속 비가 내린 것을 말함.

2 『사기(史記)』「화식열전(貨殖列傳)」의 "가뭄이 들면 배를 준비하고, 수해가 나면 수레를 준비함이 사물의 이치이다[旱則資舟，水則資車，物之理也]"에서 원용한 구절임.

월명암에서 차운하여 짓다
月明庵拈韻

1

名山信宿喜于心　명산에서 이틀 밤 자며 마음속에 기뻐서
不省人間都陸沈　인간이 모두 어리석음을 깨닫지 못하였네
五夜雙仙峯上月　오경에 쌍선봉 위에 달이 떠오르니
怳疑笙鶴來相尋　생학[1]이 와서 찾는가 의심이 들 정도이네

2

佛香銷盡淨心香　불향이 소진하니 심향이 정결하고
靜閒沙門卧夕陽　한가한 스님은 석양에 누워 있는데
寥亮笙音黃鳥囀　요량한[2] 생황 소리에 황조롱이 지저귀고
滿山松樹作垂楊　온산엔 소나무가 버드나무처럼 드리웠네

3

客裏端陽把酒盃　단오절에 객 속에서 술잔을 들고
西風醉上雙仙臺　서풍에 취해 쌍선대에 오르니
滿山藥草異香動　온산에 약초의 기이한 향기 진동하는데
惟見仙翁多採來　신선이 채취해 온 것으로 보이네

1 생학(笙鶴): 생황을 즐겨 불던 왕자교(王子喬)가 신선이 되어 백학을 타고 구씨산 정상에 올랐다는 고사가 있다. (출전: 劉向, 〈王子喬〉『列仙傳』,卷上,)

2 요량(寥亮): 소리가 높고 맑게 울리는 모양

돼지와 뱀

豕蛇[1]

豕蛇薦食甚秦春	돼지와 뱀의 잠식은 진나라 봄에 심했는데
盍用切鈎誅卽休	어찌 낫으로 베지 않고 곧바로 멈췄나
竟把山東六侯土	결국은 산동 여섯 제후의 땅을 가지고
一時分作嘉平州	단번에 나누어 가평주를 만들었네

1 시사(豕蛇): 봉시장사(封豕長蛇)의 준말. 탐욕을 부리며 난폭하게 덤벼드는 큰 멧돼지와 뱀이란 뜻으로, 악당(惡黨)이나 침략자를 뜻하는 말로 쓰인다.

박덕재[재순]가 보여준 시운을 차운하여

次朴德齋[載淳]示韻

休言富貴與封侯	부귀와 벼슬에 대해 말하지 말게
萬事而今雪滿頭	만사가 지금은 눈만 머리에 가득하다네
願向名山深處去	바라는건 명산 깊은 곳에 가서
不聞世事與君遊	세상일 듣지 않고 그대와 노니는 것뿐이네

매창 묘

梅窓墓

1

古墓荒凉有短碑　고분은 황량하고 작은 비석만 있는데
香今二字半陵夷　향금 두 글자는 반이나 사라졌다네[1]
荷花荷葉滿前沼　연꽃과 연잎이 앞 연못에 가득한데
盡是當年餘粉脂　전부 당시의 분과 연지가 남은 것이네

2

天才誰許曹娥碑　천재에게 누가 조아비[2]를 허락했나
余日過之非等夷　나는 매일 지나도 같은 무리가 아니네
記得刊編膾炙句　유명한 구절만 기억해 간행하였는데
文章骨髓去腴脂　문장은 골수만 남기고 기름은 제거하였네

1 원문의 '능이(陵夷)'는 구릉이 세월이 지나면 점점 평평해진다는 뜻으로, 처음에는 성하다가 나중에는 쇠퇴함을 이르는 말이다.

2 조아비(曹娥碑): 후한(後漢) 시대 효녀 조아(曹娥)의 비석. 효녀 조아가 강물에 빠진 아버지의 시신을 찾지 못하자 자신도 강물에 몸을 던져 죽고 말았는데, 사람들이 효성을 기려 비석을 세우고 한단순(邯鄲淳)에게 비문을 쓰게 하였다. 이 비문이 훌륭한 문장이라고 소문이 자자하였으며, 채옹(蔡邕)도 직접 가서 읽어보고는 감탄하여 '황견유부외손제구(黃絹幼婦外孫虀臼)'라는 여덟 글자를 비석 뒤에 새겨 놓았다고 한다.

포고문
布文

布文以示春秋義　포고문으로 춘추대의를 보이는데
倡討能扶萬古常　성토하여 만고의 떳떳함을 부지할 수 있네
縱不成焉言則壯　이루지 못한다 해도 그 말은 장엄하며
其人也一見東方　그 사람은 동방에서 한때 보일 것이네

춘사[하나는 버드나무 색채, 하나는 심는 시기]

春詞[一柳色 一秧時]

1

純色黃金塗抹了　순수한 색깔의 황금으로 발라서[1]
嫩明溪側與山根　시냇가와 산기슭이 예쁘고 밝은데
一時受氣春偏重　한때 기운 받아 봄이 편중되니
不用陳郎四萬斤　진랑의 사만 근[2]을 쓸 필요가 없네

2

杏花紅勒柳黃垂　살구꽃은 붉게, 버들은 누렇게 드리웠고
物色東風弄晩曦　물색은 봄바람에 저녁 빛을 희롱하는데
春水哇鳴石魚出　춘수[3]가 울리는 곳에는 조기가 나오며
農人徵驗注秧時　농민은 못자리 시기를 징험한다네

1 원문의 '도말(塗抹)'은 "칠을 발라서 드러나지 않게 함"을 뜻한다.

2 진랑(陳郎): 진평(陳平)을 지칭함. 한(漢)나라 고조(高祖)가 진평(陳平)에게 황금 4만 근을 하사하였다고 한다. 진평은 초패왕 항우(項羽)의 책사였으나 후에 유방(劉邦)을 도와 한나라를 건국하는 데 큰 공을 세웠다.

3 춘수(春水): 봄철에 눈이나 얼음이 녹아 흐르는 물

백낙천의 시를 차운하여 뜻을 적다
次白樂天詩寫意

[본시[1]에 이르길, "잔치하고 놀아도, 잠자고 먹어도 맛이 없어지고/ 술 마시고 노래하는 것도, 다만 내 몸만 얽어맨다./ 손님은 즐거워하고, 종들은 배불러 하노니/ 이제야 알겠다, 관직은 남을 위해 하는 것임을"이라 하였다. ○평자가 말하길, "내가 말한다. 어찌 관작만 많이 쌓이면 나에게 이용되는 것은 좋지 않다. 한갓 남을 위하고 자신에게는 때 묻게 하여 오직 원망과 보복을 초래한다고 하겠는가" 하였는데, 이 역시 경계할 말이다.]

[本詩曰 宴游寢食漸無味 盃酒管絃徒繞身 賓客歡娛僮僕飽 始知官職爲他人 ○ 有評者曰 予謂豈惟官爵凡多積 而不善爲我用者 徒爲他人 造孼于己 惟招怨報 此亦警語]

不論榮利與滋味	영리와 재미를 논하지 않고
只欲安閒適此身	단지 이 몸의 평안과 한적만 원하는데
老去細思終末事	늙어가며 사소하게 죽을 일만 생각하며
多般勞費爲他人	대부분의 수고비가 남을 위한 것이네

1 '본시'라고 한 백낙천의 작품 제목은 〈자탄(自歎)〉이다.

엄자릉의 조대 운을 차운하다
次子陵釣臺[1]韻

[본시에 이르길 "생애는 천길 수운처럼 드넓은데/모였다 흩어졌다 세상에서 낚싯대 하나로 지냈네/ 꿈속에서 우연히 한 발을 펴다가/ 천자의 지위가 무엇인지 알게 되었네"라 하였다.]

[本詩曰 生涯千頃水雲寬 舒卷乾坤一釣竿 夢裏偶然伸隻脚 渠知天子是何官]

九州何似片磯寬　구주가 어찌 작은 낚시터 같겠는가
高蹈朋時隱釣竿　친구일 때 고귀한 자취를 낚시대에 숨겼네
臣佑隆興君許去　신하로 융흥을 돕고 임금은 떠남을 윤허했는데
風雲豈是在爲官　풍운이 어떻게 관직으로 여기게 되었나

1 자릉조대(子陵釣臺): 엄자릉조대(嚴子陵釣臺)에서 온 말로 엄자릉(嚴子陵)은 동한(東漢) 시대의 은둔지사(隱遁之士)인 엄광(嚴光)을 말하며, 자릉(子陵)은 그의 자(字)이다. 동한을 세운 광무제(光武帝) 유수(劉秀)의 절친한 친구로, 유수가 군사를 일으켰을 때 그를 도왔으나 그가 황제에 즉위하자 이름을 바꾸고 부춘산(富春山)에 은거했다. 훗날 광무제가 그를 불렀으나 나오지 않고 낚시로 소일하였으며 후세 사람들은 부춘산을 '엄릉산(嚴陵山)'으로 부르고, 그가 낚시하며 앉았던 돌을 '엄자릉조대(嚴子陵釣臺)'로 불렀다.

전가
田家

1

一樹梧桐曉窓下　한 그루 오동나무 새벽 창문 아래에서
老夫喜聽雨聲多　노인은 빗소리 듣는 것을 좋아하는데
霔灑均霑苦心望　장마비 고루 적시길 고심하며 바라나니
昕時復見晴虹何　해 뜰 때 무지개를 보면 어떠할까

2

濃雲連日作陰翳　짙은 구름이 연일 그늘[1]을 만들고
爭道秧時雨意多　빗기[2]가 많아 모심을 때라 다투어 말하는데
午後西風一掃盡　오후에 서풍이 불어 모두 쓸어버렸으니
旱天氣侯奈晴何　가뭄 날씨에 개이면 어떻게 되는가

3

田家麥出未能飽　농가에선 보리 나와도 배불리 먹지 못하며
斗米升租懇者多　쌀 한말에 한되 세금이라도 간절한 사람 많네
普濟仁恩莫如雨　어진 은혜로 널리 구제해도 비만 못한데
蒼天旱甚食天何　하늘도 가뭄 심하니 하늘은 무엇을 먹는가

1 원문의 '음예(陰翳)'는 "하늘에 구름이 끼어 어두움"을 뜻하는 말이다.
2 원문의 '우의(雨意)'는 "비가 올 기운"을 뜻하는 말이다.

4

休論兵病與他事	군사와 질병, 다른 일도 논하지 말라
旱是爲凶憂最多	가뭄이 흉사로 가장 걱정이 많다네
不後不先當節序	늦지도 빠르지도 않고 절서 맞아야 하는데
差而至晩奈之何	차질 있어 늦게 오면 어찌해야 하는가

권사군[익상]을 이별하다

別權使君[益相]

兩年作宰今西行　두 해 재직한 수령이 지금 서행하는데
琹鶴蕭然歸橐輕　금학[1]은 쓸쓸하고 귀탁[2]은 가볍네
教掃花園耘雜草　화원을 청소하고 잡초를 뽑게 하니
可知不二去留情　가고 머무는 정이 똑같음을 알겠네

1 금학(琴鶴): 거문고와 학이라는 뜻으로, 관리의 청렴함을 비유적으로 이르는 말. 중국 송나라의 조변(趙抃)이 관리가 되어 부임할 때 거문고와 학만 싣고 갔다는 고사에서 유래한다.

2 귀탁(歸橐): 예전에, 고을의 수령이 임기를 마치고 돌아갈 때 가지고 가는 짐을 이르던 말

태종우
太宗雨[1]

[금년에는 오래 가물었는데 마침 때맞춰 비가 내렸다. 어떤 이가 어제시를 외워 말하길, " 해마다 오월 열흘에는 인간세상에 비를 만드시네"하였는데, 과연 어제가 정확한 지는 알지 못한다. 그래서 일부러 기록하고, 또한 한 편의 절구를 지었다]

[今年久旱 適期有雨 或有誦御製曰 年年五月旬 去作人間雨 果未詳 其的爲御製 而姑錄之 而且成一絕]

年年此日雨爲驗　해마다 이날엔 비가 증험이 되는데
驗則其豐否則歉　증험되면 풍년이고 아니면 흉년이라네
今歲蒼生追感頌　올해도 백성들은 감송[2]을 생각하는데
神功一夜即收斂　신공이 하룻밤에 즉시 달성되었네

1 태종우(太宗雨): 음력 5월 10일에 내리는 비를 말함.『동국세시기(東國歲時記)』 5월조에 보면 조선 3대 임금 태종의 기일인 매년 이날이 되면 비가 내리는데 이 비를 태종우라고 했다. 태종이 숨질 때 아들 세종에게 말하기를 "현재 가뭄이 극심한데 내가 죽어 영혼이 있다면 비가 오게 하겠다."고 한 것으로 전해졌다. 이날 비가 내리면 풍년이 들 징조라 해 태종우를 반겼다.

2 감송(感頌): 고맙게 여겨 칭송함.

동미의 운을 차운하다
次東湄

1

仁人必壽余深知　어진 사람은 반드시 장수한다고 알고 있고
又值秋風蘇病時　또한 가을바람에 병이 나을 때이니
莫自悲傷云永訣　스스로 슬퍼하며 영결이라 말하지 말게
更須身健共吟詩　더욱 건강하여 함께 시를 지어야 하네

[그 마음을 위로함(右慰其意)]

2

淚看字字感相知　글자마다 눈물 보여 친분을 느끼는데
多病猶吟意到時　병에 시달려도 여전히 시를 읊는 마음이 있네
今古浮生都是夢　예나 지금이나 허망한 인생은 모두 꿈이니
夢中還說夢中詩　꿈속에서라도 다시 꿈속의 시를 말하게나

[또한 깨우침을 겸하여 전달함(又兼達諭)]

3

如云訣也有推知　영결이라 말한다 해도 예측한 것으로

姪亦人間衰老時　조카도 인간이니 노쇠할 때가 있으며
畢竟其歸應未免　결국 돌아감은 피할 수 없는데
相逢他日可無詩　훗날 다시 만나도 시가 없을 수 있나

[자신을 슬퍼함(右悲自己)]

원운을 부록함

附原韻

短札壽年初不知　짧은 생을 살아도 어려움을 알지 못하고
人生終有竭來時　인생은 결국 떠날 때가 있다는데
北邙路急西河淚　북망길 급해 서하에서 눈물 짓나니
未暇雲亭更說詩　운정에서 다시 시를 말할 겨를이 없네

동미를 애도하다

輓東湄

1

惟公訣意已先知　공은 영결하는 마음을 이미 알았으며
病席丁寧指我時　병석에서 진심으로 나를 가리키던 때에
今日雲亭諸老會　오늘 운정의 여러 노인들 모임에서
愴吟自輓寄來詩　슬프게 보내온 애도시를 읊조리네

2

世間不復有吾知　세상에는 내가 아는 이 더 이상 없고
獨向秋風灑淚時　혼자 가을바람 향해 눈물 흘리는 때에
從此楠堂月明夜　이후로는 남당의 달 밝은 밤에
何人更誦東樵詩　누가 다시 동초[1]의 시를 읊어줄까

3

人生寄世了難知　세상에 맡긴 인생은 알기 어려운데
五十八年如暫時　오십팔년이 잠시인 듯이 흘렀네
一片佳城何處是　어디에 아름다운 도성이 있는 것인가
秋雲秋雨不堪詩　가을 구름과 비를 시로도 감당 못하겠네

1 동초(東樵): 신관열(辛觀烈)을 지칭함. 그의 호는 초은(樵隱), 해동노초(海東老樵), 초은산인(樵隱散人)으로도 불렀다.

눈 내리는 달밤에 시 친구를 맞이하다[경진;1880년]
雪月夜邀詩伴[庚辰]

田舍風流酒戶寬	시골집 풍류가 술집처럼 넓고 편한데
逢君今夜不勝歡	그대를 만난 오늘 밤은 기쁨이 넘치네
求名皆說齊門瑟	명성을 위해 모두 제문슬[1]을 말했지만
醒世堪彈楚士冠	세상을 깨우치는 초사관[2]을 연주했다네
蟋蟀空堂催歲暮	귀뚜라미 빈방에서 연말을 재촉하고
鴈鴻長渚叫宵寒	기러기는 긴 섬에서 추운 밤에 우는데
雪花增月光如玉	눈송이가 달빛에 보태져 옥같이 빛나고
潔合心兮皎合看	맑은 마음을 합해 밝음을 함께 바라보네

1 제문슬(齊門瑟): 세상과 맞지 않으면 아무리 유능해도 쓰임을 받을 수 없음을 비유한 말임. 당(唐)나라 때 진상(陳商)이란 사람이 세인(世人)들에게 맞지 않는 난해한 문장을 즐겨 썼다. 그러자 한유(韓愈)가 〈답진상서(答陳商書)〉에서 "제왕은 피리를 좋아하는데, 제나라에 벼슬자리를 구하는 사람이 비파를 가지고 가서, 궁궐 문에 서서 3년 동안 있었으나 문에 들어가지 못했다.[齊王好竽, 有求仕於齊者操瑟, 而往立王之門, 三年不得入]"라는 이야기를 하여, 세상과 맞지 않으면 아무리 홀로 유능하여도 쓰임을 받을 수 없다고 그에게 충고해 주었다.

2 초사관(楚士冠): 춘추시대 초(楚)나라의 악관(樂官)이었던 종의(鍾儀)를 가리킨다. 종의가 진(晋)나라에 잡혀가 포로로 있을 때 초나라의 관[楚冠]을 쓰고 있었으며, 진의 경공(景公)이 그에게 음악을 연주해 보라고 하자 초나라의 음악을 연주하였다고 한다.

동미 집에서 밤에 모이다

東湄堂夜會

出門小路慣城邊	집 밖의 작은 길은 익숙한 성벽 주변으로
樂處行吟夜夜連	즐거운 곳에서 읊조림이 밤마다 이어지네
竹樹清風数畝地	대나무와 맑은 바람이 몇 이랑 땅에 있고
梅花明月五更天	매화와 달빛이 오경에도 하늘에서 빛나네
雅音自發詩成後	우아한 소리는 시 완성된 뒤에 저절로 나오고
歡意難如酒到前	기쁜 마음은 술 오기 전처럼 어려운데
欲辨忘言仍坐久	망언[1]을 변명하려고 오래 앉아 있는데
孤村難唱也無眠	외딴 마을은 노래하기 어렵고 잠들 수도 없네

1 원문의 '망언(忘言)'은 "뜻을 얻으면 말은 필요가 없어 잊게 된다."는 '득의망언(得意忘言)'을 원용한 것이다.

눈과 달 가운데 시 친구와 함께하다
雪月中與詩伴

放眸大界即平沈	큰 세계를 둘러보니 곧 평온해지고
剩破宵昏地不陰	캄캄한 밤을 깨도 땅엔 그늘지지 않네
冷薄還爲憐歲色	차가움은 세월 형편을 불쌍히 여김이며
通明直是照氷心	투명함은 맑은 마음을 비춤이라네
仍携談柄交揮玉	화제[1]를 잡아 주옥을 휘두르며[2]
復送詩筒頻擲金	시통[3]을 보내면 금성이 빈번하네[4]
好酒慇懃成一醉	좋은 술 은근하여 흠뻑 취했는데
賴君起我此同臨	그대가 일으켜줘서 여기에 함께 했네

1 원문의 '담병(談柄)'은 '이야깃거리' '화제(話題)'와 같은 말임.

2 주옥을 휘두르며: 옥과 같이 아름다운 시를 경쟁한다는 뜻임.

3 시통(詩筒): 시객이 한시의 운두를 얇은 대나무 조각에 써서 넣어 가지고 다니던 작은 통.

4 금성(金聲)이 빈번하네: 금같이 귀한 시가 빈번하게 나온다는 뜻임.

전동농을 만나다
逢田東農

靜室閒談頓悟圓	고요한 방에서 한담하며 깨달음 얻고
博山香爇細分烟	박산[1]에 향 사르니 가는 연기 나는데
依依遠夢月明夜	먼 꿈속에서 달 밝은 밤을 그리며[2]
落落孤懷歲暮天	낙락[3]하여 쓸쓸히 세모의 하늘을 생각하네
凍墨数升題帖面	굳은 먹을 몇 차례 종이 위에 쓰고
喚醪一斗醉樽前	한 말 술 시켜 술동이 앞에서 취했는데
中原時事休相問	중원의 일은 묻지 말게나
山水中間豐樂年	산수 중에서도 풍년을 즐긴다네

1 박산(博山): 박산은 중국의 전설에 나오는 산 이름인데, 여기서는 박산의 모습을 본 따서 만든 박산 향로를 지칭한 말이다.

2 원문의 ‘의의(依依)’는 연약한 나뭇가지가 바람에 한들거리는 모양, 아쉬워하는 모양, 사모하는 모양 등을 형용한 말이다.

3 원문의 ‘낙락(落落)’은 “(다른 사람과) 어울리지 못하다.” 또는 “많은 모양” 등을 형용한 말이다.

제석 종을 칠 때 전동농이 찾아와 회포를 풀다
歲除[1]隔數鍾 田東農委訪敍懷

1

朱門一念已灰殘	붉은 문[2] 한때 생각은 이미 사라졌고
歲暵高松肯受官	세밑에 높은 솔만 관직을 받아들이네
買得青山修舊屋	푸른 산을 사서 낡은 집을 고치니
長留明月照層欄	오래 머물던 밝은 달이 난간을 비추네
詩題鵝帖墨初滑	아첩[3]에 시를 쓰니 먹이 처음으로 매끄럽고
客醉鸚鵡酒不乾	객은 앵무주에 취했어도 술이 마르지 않네
幸得芳隣仙洞近	다행히 좋은 이웃이 선동 근처에 있어
唔言頻暇喜相看	자주 짬내 말하고 서로 만남을 기뻐한다네

2

世人笑我號東樵	세상 사람은 나를 비웃어 동초[4]라고 부르고
欲小吾心遠更遙	내 마음은 작아지려 하고 더욱더 멀어지네
短耒耕於數頃郭	짧은 쟁기로 몇 이랑의 밭을 갈지라도
扁舟泛彼五湖潮	작은 배를 저 오호의 조수에 띄우려네
梅村雪霽詩情動	매화 마을에 눈 개자 시정이 꿈틀대고

1 세제(歲除): 제석(除夕)과 같은 말로 '섣달그믐날 밤'을 뜻한다.

2 원문의 '주문(朱門)'은 '붉은 문'이란 뜻으로 '고관(高官)의 집'을 뜻하는 말로 쓰인다.

3 아첩(鵝帖): 왕헌지(王獻之)의 서첩(書帖)인 아군첩(鵝群帖)의 준말.

4 동초(東樵): 동쪽에 사는 나뭇꾼. 함께 시를 짓는 전재풍(田載豊)의 호가 동농(東農)이어서 빗대어 작자 자신을 나타낸 말이다.

板屋寒生酒氣銷　판잣집에 찬기 돌아 술기운이 사라지는데
古洞仙歸挽不得　옛 골짜기 신선이 돌아가도 막을 수 없고
更愁泥滑路迢迢　더 걱정인 것은 멀고 먼 진흙 길이라네

3

送君寂寞掩松關　그대 보내고 적막하여 소나무문을 닫으니
落落參商仰欲攀　멀리 떨어져 있어[5] 더 높이 오르고 싶네
半世無人和白雪　반세기 동안 사람 없이 백설과 화답하고
一生作友對青山　평생 친구 삼아 청산을 마주하였다네
隱居幸得長隣近　은거하며 다행히 좋은 이웃이 가까워서
游泳何妨空暇還　떠돌다가도[6] 방해 없이 한가해졌네
昨夜新詩多絕唱　어젯밤의 새로운 시엔 절창도 많지만
題成牛軔堆床間　우인[7]이라 써서 책상 사이에 밀쳐두었네

5 원문의 '낙락(落落)'은 어울리지 못하여 홀로 떨어져 있음을 형용한 말이며, '참상(參商)'은 서쪽의 '참성(參星)'과 동쪽의 '상성(商星)'을 함께 이르는 말이다. 참상은 전의되어 사이가 나쁜 형제, 감정이 서로 맞지 않음, 지인을 오래도록 만나지 못함을 뜻하는 말로 쓰인다.

6 유영(游泳): 본래 "물속에서 헤엄치며 놀다"는 뜻인데, "자유롭게 이리저리 떠돌다."는 뜻으로도 쓰인다.

7 우인(牛軔): 소가 끄는 수레.

제석에 동미 집에서
除夕東湄堂

一村風雪聯筇回	온 마을이 풍설로 뒤덮여 나란히 돌아와서
不寐那堪此夜催	잠 못 이루니 어떻게 이 밤을 재촉할꼬
添齒同庚憐去去	동갑 친구들 나이 먹어감을 안타까와하는데
迎春穉子喜來來	어린아이는 오는 봄 맞이함을 즐거워하네
半生閱歷醒梁枕	반평생 경험으로 양침[1]에서 깨어나고
千古情懷把酒盃	천년의 사무친 정회로 술잔을 들었네
遙望宸居高北極	멀리 임금의 거처를 바라보니 북극이 높은데
鳳龍騰翥幾人才	봉황과 용으로 날아오른 인재가 몇이나 되나

1 양침(梁枕): 한단지몽(邯鄲之夢)의 고사에서 원용한 말임. 인생과 영화의 덧없음을 비유적으로 이르는 말로 쓰인다. 노생(盧生)이 객사(客舍)에서 신선 여옹(呂翁)을 만났더니 베개 하나를 주었다. 노생은 그 베개를 베고 곧 잠이 들어 꿈에 50년 부귀영화를 누리다가 깨어보니, 자기 전에 솥에 넣어 끓이던 누른 좁쌀[黃粱]이 미처 익지도 않은 잠깐 동안이었다고 한다.

신정에 사람을 만나다[신사;1881년]

新正逢人[辛巳]

淸談留客已多時	고상한 말 나누며 머문 객이 많은 때에
倏忽還同一局碁	갑자기 돌아와 함께 바둑판에 앉았네
苦海爲生依泛芥	고해에서 살며 작은 배에 의지하는데
名山欲往覓筇枝	명산에 가고 싶어 지팡이를 찾는다네
竇窓暎雪宵光淨	창문엔 눈이 비쳐 밤빛과 다투고
短燭點花春色持	짧은 촛불로 꽃을 비추며 봄빛을 지키네
得句更呼田舍酒	시구를 얻고나서 시골집 술을 부르는데
斯間淸味少人知	이곳의 맑고 깨끗한 맛을 아는 이 없네

대보름 밤에 소암에서

上元[1]夜蘇庵

微吟劇醉臥諸天　나즉이 읊조리다 취해서 하늘에 눕고
出世眞如不食烟　진여[2] 세계로 나오니 속세가 아니네
市游竟夜誇燈設　시장 돌며 밤에 자랑스레 등불을 설치했는데
巷俗占豊看月圓　세속에선 둥근달을 보고 풍년을 점치네
緣業今多三宿地　인연과 업으로 지금 삼일간 잔 곳[3]이 많고
光陰忽送二毛年　세월 흘러 홀연 삼십이세[4]를 보내고 있네
何處來僧桂子句　어디서 온 스님이 계자구[5]를 보이는데
拭眸重對與無邊　눈을 씻고 다시 마주하니 끝이 없네

1 상원(上元): 한 해의 첫 보름이자 보름달이 뜨는 날로 음력 1월 15일에 지내는 대보름 명절을 말한다.

2 진여(眞如): 우주 만유의 실체로서 현실적이며 평등 무차별한 절대의 진리를 말함,

3 원문의 '삼숙(三宿)'은 "잠을 세 번 잔다"는 뜻으로『사십이장겨(四十二章經)』의 뽕나무 밑에서 3일 밤을 자면서 도(道)를 닦은 승려가 그곳을 잊지 못하여 그리움이 생겼다는 구절에서 유래하였다. 한 곳에서 3일을 지내면 그곳을 잊지 못하여 그리워하는 마음이 생긴다는 의미로 쓰인다. 여기서는 소암(蘇庵)이 인연 깊은 곳임을 나타낸 것이다.

4 원문의 '이모(二毛)'는 "흰 머리털이 나기 시작하는 나이"라는 뜻으로, 32세(歲)를 이르는 말임.

5 계자구(桂子句): '계수천향구(桂子天香句)'의 준말. 송지문(宋之問)의 〈영은사(靈隱寺)〉에 "계수나무 달에 떨궈 놓았으니, 하늘 향기 구름 밖에 나부끼네 [桂子月中落 天香雲外飄]"라는 구절이 있다.

동미 집에서 다시 모이다
東湄堂更會

江雪初消水漲濱	강의 눈이 처음 녹아 물가에 물이 불어나고
倚欄晴景入眸新	난간에 기대니 맑은 풍경이 눈에 들어오는데
苦吟轉到三竿日	고뇌하며 읊조리다 보니 해가 높이 떠 있으며
和氣先回萬木春	온화한 기운에 봄이 먼저 많은 나무에 맴도네
憶昨名山遊夢界	어제는 명산에서 놀던 꿈의 세계를 생각하고
伊今佳節挽詩人	오늘은 아름다운 계절이 시인을 끌어당기는데
貪看詞格仍投轄	시구의 격조를 탐내어 빈객을 만류[1]하며
信宿重爲托契神	이틀 밤 자고도 거듭 계신[2]을 부탁하네

1 원문의 '투할(投轄)'은 "빈객을 만류하여 못 가게 하는 것"을 뜻하는 말이다. 한(漢)나라 때 진준(陳遵)이 빈객을 모아놓고 술 마시기를 좋아하여 빈객들과 술을 마실 때마다 타고 온 수레 굴대의 비녀장을 뽑아서 우물에 던져버렸으므로, 빈객이 아무리 급한 일이 있어도 끝내 가지 못했다는 데서 온 말이다. 〈『漢書』 卷92〉

2 계신(契神): 정신을 합침. 정신적인 교유를 맺음.

삼월 초하루에 전동농을 만나다

三月初吉[1] 逢田東農

1

春山處處可登游	봄산 곳곳마다 올라가 유람할 만한데
上巳明朝客共留	상사일[2] 아침에 객과 함께 머물렀네
便欲聽鸎携酒榼	문득 앵무새 소리 듣고자 술통을 휴대하니
若將待燕揭書樓	제비가 서루[3]에 걸기를 기다림 같네
至今風俗永和世	지금까지 풍속이 화평한 세상에 이어지고
愛此勝區良買州	이같은 경승지 사랑하여 좋은 땅 샀네
聞說花辰將渡錦	삼월[4]에는 금강을 건넌다고 들었는데
那堪送別剌輕舟	어떻게 어그러진 가벼운 배를 송별하랴

2

詩能窮己反工無	시는 궁핍하게 한다는데 되려 기술도 없고
纔就新篇若捷吳	겨우 새 시를 짓고서 오나라를 이긴 것 같네
駟馬歸来吾有望	빠른 말로 돌아오는 것이 나의 바람이고
鷺鷗留約子何孤	해오리도 약속 지키는데 그대는 외롭게 하네
楊柳數株仙洞屋	선동 집에는 수양버들 몇 그루 있고

1 초길(初吉): 음력으로 매달의 첫날을 이르는 말.
2 상사일(上巳日): 정월 십이지일(十二支日)의 하나로 첫 번째 뱀날.
3 서루(書樓): 서재로 쓰거나 책을 넣어 두는 다락
4 원문의 '화진(花辰)'은 3월을 달리 부르는 명칭임.

杏花三月洛陽途	낙양 길에는 살구꽃 피는 삼월인데
客散堂空時夜靜	객이 떠난 빈방은 밤엔 조용해지니
小燈檠下夢樵夫	작은 등불 아래서 나뭇꾼은 꿈꾸네

전동농이 낙방하고 찾아오다

田東農下第[1]而來訪

一春寂寞掩書堂	봄날 적막하여 서당을 닫고서
忽謾逢君故意長	갑자기 그대를 만난 것은 뜻이 깊기 때문
濩落終多由隱士	떨어져[2] 결국은 은사의 빌미가 되는데
功名肯數作仙郎	공명이 어찌 선랑이 되는 것뿐이랴
正當芳草清和節	꽃이 피어 화창한 시절을 맞았는데
惡說殘花爛漫香	시든 꽃이 향기 넘친다 악설을 하네
會晤喜玆閒靜際	만나서 한정[3]한 가운데 이를 즐기며
賴君可得攄詩心	그대 덕분에 시심을 펼칠 수 있었네

1 하제(下第): 과거 시험에서 떨어짐. 낙방(落榜)과 같은 말이다.

2 원문의 '확락(濩落)은 "전락하여 실의에 빠지다"는 뜻이다.

3 한정(閒靜): 한가하고 조용함.

중양절 다음 날 여러 동료와 함께 산에 오르다

重陽翌日與諸伴登高

山行一日脫塵軀	산행하며 하루를 속세에서 벗어나고
過了重陽病強扶	중양을 지나 병으로 겨우 부지하는데
黃葉空林留客榻	텅빈 숲의 낙엽은 객탑[1]에 머물고
蒼崖古井近禪廚	푸른 절벽 옛 우물은 선주[2]에 가까이 있네
潭稜詩意無人解	못가의 시의를 아무도 이해하지 못하고
寥落秋懷與子俱	적막한 가을 회포를 그대와 함께하는데
聞說龍門新得捷	과거[3]에 새로 급제[4]했다고 들었기에
賀君進酒傾金壺	축하주 그대에게 건네며 금잔을 기울이네

1 객탑(客榻): 손님을 위해 마련한 자리

2 선주(禪廚): 사찰의 부엌.

3 용문(龍門): 본래 중국 황하 중류의 급한 여울목인데, 전의되어 '과거 시험장의 문'을 뜻하는 말로 쓰인다.

4 득첩(得捷): 과거에 급제함. 싸움이나 경쟁에서 이김.

전동농의 조카 학포와 함께 하다[종두, 임오; 1882년]

與田東農族侄鶴圃[鍾斗 壬午]

夕陽漠漠燕飛飛	막막한 석양에 제비가 날고 있는데
客趁晩晴輕拂衣	객은 저녁 무렵에 이르러 가볍게 옷을 떨치네
漫浪塵間惟我在	속세에서 제멋대로 사는 사람은 나뿐이고
才名宇内似君稀	우주에서 재명 있는 사람은 그대뿐인 듯하네
紅罇白酒頻沽至	붉은 술통에 흰 술을 자주 사들이니
綠柳青門莫易歸	녹색 버들 푸른 문에 돌아가기 쉽지 않고
枳棘深巷茅舍靜	가시나무 깊은 골목 초가집은 조용한데
頭游靈境意中微	머리에 떠도는 영경[1]이 마음속엔 희미하네

1 영경(靈境): 신령이 머무는 신선한 곳.

금릉 명사인[오정]과 함께 산에 오르다

與金陵明詞人[梧亭]登高

興廢名樓誰識先	이름난 누각의 흥폐를 누가 먼저 알았나
靈泉嘉木似曾年	영천의 아름다운 나무 지난해와 같은데
碧紗鳥篆翻成古	푸른 비단의 조전[1]은 도리어 옛스럽고
紅酒燕毛堪賀前	홍주[2]와 연모[3]는 앞에서 축하할 만하네
漠漠湖山淼郡界	막막한 호수와 산은 주군의 경계를 이루고
駸駸歲月端陽天	세월이 서서히 흘러 단양[4] 하늘인데
金陵詞伯新詩健	금릉 사백[5]의 새로 지은 시는 건장하고
慢浪我懷牽復連	차분한 파도가 나의 마음을 다시 이끄네

1 조전(鳥篆): 전서(篆書)의 일종. 새 머리로 장식된 획이 긴 벌레 같다는 의미로 조충전(鳥蟲篆)이라 부르기도 한다.

2 홍주(紅酒): 홍국을 찐 쌀에 배양하여 만든 홍곡(紅穀)으로 담근 술.

3 연모(燕毛): 잔치에서의 모발(毛髮). 종묘 제사 후 베푸는 연회에서 두발(頭髮)의 색으로 장유(長幼)의 차례를 정하여 백발인 분이 상석에 앉던 일. 『중용(中庸)』의 "잔치에서는 모발의 빛깔을 나이 순서로 삼는다.[燕毛所以序齒也]"에서 연유한 말이다.

4 단양(端陽): 1년 중 양기가 가장 왕성한 날이라 하여 음력 5월 5일에 지내는 우리나라의 명절. 일명 수릿날[戌衣日 · 水瀨日] · 중오절(重午節) · 천중절(天中節)이라고도 한다.

5 사백(詞伯): 시문(詩文)에 능(能)한 사람. 시문(詩文)의 대가(大家)를 높이어 일컫는 말.

단오절 길사
端午吉事[1]

柳陰枳翠水如盈	버들 그늘 푸른 탱자가 물에 꽉찬 듯하고
晝箪微凉覺體輕	광주리 시원한 바람에 몸이 가벼워지네
樓賜漢盤紅有子	누각에서 준 한반[2]에는 붉은 열매가 있고
竹沉楚水綠無情	대나무는 초수[3]에 잠겨 푸르나 무정하네
偶當佳節客相過	우연히 좋은 계절에 객이 서로 지나는데
細數塵寰誰復淸	속세 먼지 자세히 살펴 누가 맑음을 회복하리
小屋深深午巷靜	작은 집 깊숙하여 대낮 골목이 조용하고
管絃一派到西城	악기 소리 한 가락이 서쪽 성에서 이르네

1 길사(吉事): 결혼이나 환갑 따위와 같은 즐겁고 경사스러운 일.

2 한반(漢盤): 한무제(漢武帝)의 승로반(承露盤)을 말함. 한무제는 신선을 좋아하여 이슬을 모아 목가루를 섞어 마시어 신선 되기를 바랐다고 한다. (『漢書』 卷6, 孝武帝紀 三輔故事)

3 초수(楚水): 초(楚)나라 땅의 강과 호수. 지금의 호북성(湖北省) 일대 강과 호수를 지칭함.

학포와 함께 절에 오르다

與鶴圃登寺

勝地尋常歲月流	경승지에도 보통의 세월이 흘러가는데
千年留在此名樓	천년 동안 이곳에 이름난 누각이 있었네
水雲孤釋猶青眼	수운 스님은 여전히 반가운 눈길[1]인데
蔥竹游朋已白頭	어릴 적 놀던[2] 친구들 이미 흰머리라네
桑海曾聞三變改	뽕나무 바다가 세 번 변화했다고 들었는데
人生何歎一沉浮	인생에 한 번의 부침을 어찌 한탄하는가
奇緣今夜寺中宿	기이한 인연으로 오늘 밤 절에서 머무니
雨滴空林客意幽	텅빈 숲에 비가 내려 객의 마음 그윽해지네

1 청안(青眼): '따사로운 눈' '사랑이 어린 눈길' '반가운 눈길'을 뜻함.

2 총죽(蔥竹): 파피리를 불고 대말[竹馬]을 탐. 어렸을 때 함께 놀던 친구를 뜻하는 말로 쓰인다.

한가한 날 운정에서
暇日雲亭

沉吟不覺到斜陽	읊조리다 해가 기운지도 모르고
隔樹隨陰移小床	나무 사이로 그늘 따라 침상을 옮기는데
酒瀉淺樽酥作氣	술을 얕은 병에 따르니 술 냄새가 풍기고
詩題華帖墨生香	시를 화첩에 쓰니 먹 향기가 피어나네
深蒼木葉受霜變	짙푸른 나뭇잎은 서리 맞아 변하고
寥廓秋天共水長	드넓은 가을 하늘은 물과 함께 장구한데
可見昇平今在此	태평 시대가 여기에 있음을 볼 수가 있고
門前野壟稻秔黃	문 앞 들판엔 벼가 누렇게 익었다네

세모에 감회를 풀다

歲暮敍懷

樂事相逢醉共扶　즐거운 일로 만나서 함께 취하니
浮生一笑出塵途　덧없는 인생 한 번 웃으며 속세에서 벗어나네
韻高客有評梅句　운치 높은 객이 매화시 평하는데
境僻堂開繪雪圖　외진 방에서 눈 그림을 펼치네
歲色駸駸何處去　세월 형편은 빠르게 흘러 어디로 가는가
世情擾擾此間無　세상 물정은 혼란해도 이곳에선 없다네
請君莫道月朝品　그대는 달 뜨는 아침을 논하지 말게나
達觀人同賢與愚　달관한 사람도 모두 어질거나 어리석다네

호중 여사에서 제석에 동미 운을 차운하다
湖中旅舍除夕次東湄

五更鍾落卽春天	오경에 종소리 울리니 봄철인데
錦北青山立蔚然	금북의 청산이 우뚝 서 있네
齊士當年歌是缺	같이 노래한 선비들 이제는 없는데
越娘何日載於船	월랑[1]은 언제 배에 타는가
客中齒髮渾如改	객 중에서 치아와 머리카락이 다 바뀌고
夢裏鄕音曾未傳	꿈속에도 고향 소식 전해지지 않는데
悵望湖南驛路遠	호남 역로 멀어짐을 슬프게 바라보나니
也應今夜不成眠	오늘 밤은 잠들지 못할 것 같네

1 월랑(越娘): 전등신화(剪燈新話)에 나오는 미인. 진경부(陳敬夫) 형의 애첩(愛妾)이었는데, 형이 죽자 진경부가 시로써 유혹하여 취하였다.

명오정, 김동산[방항]과 함께 산에 오르다[계미;1883년]
共明梧亭金東山[邦恒]登高[癸未]

鶯聲忽報上樓初	꾀꼬리 소리가 알려줘 누대에 처음 오르니
其友相求欣可書	친구와 서로 좋은 글을 찾아 기뻐하는데
日晩滄江茆瘴濕	창강에 해가 지니 묘장[1]으로 습하고
風生搭院槐薰疎	사찰에 바람 부니 괴목 훈기는 드무네
雲山望極金陵地	구름과 산이 보이는 끝이 금릉 땅으로
歲月閒多蓬島居	한가한 세월 속에 봉래섬에 사는데
詩意奚須較工拙	시의에서 어찌 꼭 우열을 비교하랴
漁人取適不徒魚	어부가 취하는 것이 물고기만은 아니네

1 묘장(茆瘴): 8·9월 경 축축하고 더운 땅에서 생기는 독기(毒氣).

9일에 산에 오르다

九日登高

登臨爲是作重陽　산에 올라보니 이날이 중양절인데
一種秋懷謾復長　한가닥 가을 회포가 부질없이 길어지네
南國黃花持晩節　남국의 국화는 만년의 절개를 유지하고
西風白髮感年光　서풍의 백발은 세월을 느끼게 하네
秋深林榭堪題句　숲속에 가을 깊어 시 지을만하고
酒熟江村可泛觴　강촌에 술이 익어 잔을 띄울 만한데
北鴈一聲何處至　북쪽의 기러기 소리 어디서 들려오는가
滿天霜意杳蒼蒼　서리 가득한 하늘은 창창하여 아득하네

가을 끝자락에 산에 오르다

秋盡登高

扶醉登登山更高	취하니 오를 때마다 산은 더욱 높아지고
西風拂袂意全豪	서풍이 옷깃을 스쳐 호방함을 느끼네
龕燈明滅當孤寺	등잔불 깜빡이는 곳이 외로운 사찰인데
浦屋蒼茫接暮濤	갯가집은 창망[1]하게 저문 파도에 접해 있네
籬菊團團宜作酒	울타리의 국화는 단단[2]하여 술 담을 만하고
江風落落可題毫	강바람은 낙락[3]하여 붓으로 쓸만하네
浮生遊樂無如此	헛된 인생에서 이보다 좋은 놀이가 없는데
塵世何人謾自勞	속세에서 어떤 사람이 부질없이 수고하는가

1 창망(蒼茫):넓고 멀어서 아득한 모습을 형용한 말임.

2 단단(團團):겹겹이 둥근 모습을 형용한 말임.

3 낙락(落落):울창한 모양을 형용한 말임. 또는 (다른 사람과) 어울리지 못하다는 뜻으로 쓰이는 말이다.

시월 보름날 박독연재의 시 모임
十月之望 朴獨蓮齋詩契

秋盡江南夢未成	가을 다 가도록 강남 꿈은 이루지 못하고
郵亭相見雪初晴	우정에서 만났을 때 눈이 비로소 개였네
百年離合緣重半	평생의 중반은 이별과 만남의 인연인데
日留連酒政平木	계속 술 마시다 보니 해는 평목에 머물렀네
落孤村青嶂出鴻	외딴 마을 푸른 산에 큰기러기 날아오르고
飛遠渚暮雲生蘇	먼 섬에서 저녁 구름이 날아 소생하는데
蘇仙往跡丹江冷	소선[1]의 옛 자취 차가운 단강에 남았으니
明月今宵奈客情	달 밝은 오늘 밤에는 나그네 정회 어찌하랴

1 소선(蘇仙): 소식(蘇軾)을 지칭함.

여러 동료와 함께 소암에서 수세하다

與諸件蘇庵守歲[1]

浮生謾自惜今宵	헛된 인생 부질없이 오늘밤을 애석해하고
来坐上方塵世遥	상방에 와서 앉으니 속세가 멀리 있네
塔院燈明詩境大	사찰의 등불 밝아 시경이 커지는데
天風磬落客心寥	풍경 소리에 나그네 마음 쓸쓸해지네
三餘殘雪寒留寺	삼여[2]의 남은 눈이 차갑게 사찰에 머물고
一樹新梅春入橋	한 그루 새 매화가 봄이라 다리에 들어오네
又過今年添白髮	올해도 지나면서 흰 머리가 더해지는데
笑乎公道不曾饒	우스워라, 공평한 도리로 넉넉하지 않네

1 수세(守歲): 음력 섣달그믐날 밤에 잠을 자면 눈썹이 센다고 하여 등불을 밝히고 밤을 새움. 세밑의 해 지킴.

2 삼여(三餘): 세 가지 여분이라는 뜻으로, 겨울은 한 해의 여분이고, 밤은 낮의 여분이고, 비오는 날은 한 때의 여분이라는 뜻이다.

약천당 시회[갑신;1884년]

若川堂詩會[甲申]

却看節序似流波	절기를 보니 흐르는 물결 같은데
一笑相逢不醉何	웃으며 만나서 취하지 않으면 어찌하랴
射鵠寧爲學武早	고니를 쏘려면 무예를 일찍 배워야 했고
雕出奚益工詩多	꾸미는 것이 어찌 시 공부에 보탬이 되랴
西風丹葉題邊落	서풍에 단풍잎이 주변에 떨어지고
九日黃花夢裏過	중양절의 국화는 꿈속에 지났네
半世心琹從子得	반평생 심금[1]을 그대 따라 얻었는데
不須聒耳聽笙歌	시끄럽게 생황을 들을 필요 있겠나

1 심금(心琴): 외부의 자극에 미묘하게 움직이거나 감동하는 마음을 거문고에 비유하여 이르는 말

가을날에 김금하[영채]와 전동농을 만나다
秋日逢金錦霞[永彩]田東農

小樓夜靜市塵空	작은 누각이 밤에 조용하니 시진[1]도 비었고
園木時過獵獵風	동산 나무엔 때마침 쓸쓸히[2] 바람이 지나네
世情日見爭趍下	세상 물정 매일 보니 다툼이 심해졌는데
友契年來樂在中	친구 모임은 금년 들어 즐거워졌네
菊過重陽花不老	국화가 중양절 지나서도 꽃이 시들지 않고
楓因晚雨葉逾紅	단풍은 저녁 비에 잎이 더욱 붉어졌는데
漠北陣雲長海暗	먼 북쪽의 구름은 길게 바다에 어둠을 떨치고
謾將匣劍氣全雄	부질없이 갑속의 검으로 기세가 웅장하네

1 시진(市塵): 거리에 이는 티끌과 먼지. 전의되어 '도시' '거리'를 뜻하는 말로 쓰인다.

2 엽렵(獵獵): 깃발 따위가 바람에 나부끼는 소리. 가을의 쓸쓸한 정취를 형용하는 말로 쓰인다.

백청전·이간재[학서]와 함께하다
共白青田李艮齋[鶴緖]

艮齋別後二過春	간재와 이별 후 두 번이나 봄을 보내고
此夜相看白髮新	오늘 밤 서로 보니 백발이 새롭네
只可談時無俗事	얘기할 때 속세의 일은 없을 뿐인데
何堪對酒作醒人	어떻게 술을 놓고 술 깬 사람 대하랴
梅花格冷偏宜雪	매화는 추위에 어울리고 눈에도 적합하며
竹樹風清不起塵	대나무는 바람이 맑아 먼지가 일지 않네
浮世今遊誠未易	헛된 세상 지금의 놀이도 실로 쉽지 않은데
百年托契寫吾眞	평생 모임에 의지해 진실을 적을 뿐이네

소래사에서 수세하다
蘇寺守歲

大地蒼蒼耀夜燈	대지는 드넓은데 야간 등불이 빛나고
俯看快我躡雲登	굽어보면 상쾌해 구름 위를 걷는 것 같네
百千萬劫如斯去	백천만겁이 이처럼 지나가는데
三十七年何所能	삼십칠년이 어디에 쓸모가 있을까
壽富康寧禪說轉	수부강녕[1]은 선사의 설법으로 변하고
是非憂樂客心澄	시비우락[2]하는 나그네 마음 맑아지네
凝然不寐時逾靜	진중하여[3] 잠 못 이룰 때 더욱 고요한데
紺院深深塔影層	검푸른 사찰은 깊어 탑 그림자 층을 이루네

1 수부강녕(壽富康寧): 장수·부귀·건강·평안.

2 시비우락(是非憂樂): 옳고·그름·근심·즐거움.

3 원문의 '응연(凝然)'은 태도나 행동거지가 단정하고 진중한 모습을 말함.

맏아들의 죽음을 당한 뒤 문을 닫고 병을 치른 지 오래였는데 가을 되자 약천 아우가 나를 위로하기 위해 시회를 열다[을유;1885년]

遭胤下殤後 杜門養病者久 秋來 若川[1]弟爲慰我 設詩會[乙酉]

1

招朋酌酒破愁城　친구 불러 술 마시며 근심을 잊으니
今日始吾心思清　오늘에야 비로소 내 마음이 맑아지네
天上光陰流水去　천상의 세월은 물 같이 흘러가고
人間榮辱一毛輕　인간의 영욕은 터럭처럼 가볍다네
黃花晩節陶家色　늦은 절기의 국화는 도가[2]의 색깔이며
落葉秋生歐老聲　가을에 생긴 낙엽은 구노[3]의 소리인데
回憶曾年詩社盛　지난해 시사의 성대함을 돌이켜 보니
名山幾處共遊行　명산 몇 곳이나 함께 유람했던가

2

碧落沉陰霜氣寒　푸른 하늘은 음침하고 서리 기운이 찬데
夜深人倚曲欄干　깊은 밤 사람들은 굽은 난간에 기대었네
連綿山水秋光暮　연이은 산수엔 가을빛이 저물었는데
淡泊庭軒詩境寬　담박한 정헌[4]엔 시경으로 관대하네

1 원문에는 '약(若)'자가 빠졌는데, 아우의 호가 약천(若川)이므로 보완하였다.
2 도가(陶家): 도연명(陶淵明)을 지칭함.
3 구노(歐老): 구양수(歐陽脩)를 지칭함.

往惕滄桑還似夢	지난 세월의 변화[5]는 다시 꿈만 같고
浮生泡芥強爲歡	헛된 인생의 하찮은 것을 억지로 기뻐했네
昔時梅老君知否	옛날의 매화 노인[6]을 그대는 아는가
去向東門却掛冠	동문 향해 가다가 관을 걸어두었네

4 정헌(庭軒): 정원에 있는 작은 방.

5 원문의 '창상(滄桑)'은 세상이 크게 변하는 것을 이르는 말임.

6 매화 노인: 중국 송대의 시인 육유(陸游)를 지칭함. 매화를 매우 좋아하여 매화옹(梅花翁)이라고 불렸다.

동미 집에서 눈 내리는 밤에

東湄堂雪宵

一醉無妨而已歌	취했어도 방해 없이 노래 부르니
未全埋没氣稜峨	아직 잠기지 않은 기운이 솟구치네
朱門先達親知少	붉은 문[1]엔 먼저 도착한 친지 적은데
白髮相看晩契多	백발로 바라보는 만년의 친분은 많네
雪片菍牕催歲去	눈송이는 창가에 닿아 세월을 재촉하고
梅香透逕引人過	매화 향기는 길을 통해 사람을 유혹하네
世緣會使詩緣淺	세상 인연은 시의 인연을 얕게 하는데
携到離亭可奈何	이별하는 정자에 이르러선 어쩔 수 없네

1 붉은 문: 원문의 '朱門'은 "벼슬이 높고 부귀한 사람의 집"을 나타내는 말로 쓰인다.

동미가 보내준 운을 차운하다[병술;1886년]

次東湄寄示韻[丙戌]

1

聞道名亭在完山　완산에 이름난 정자가 있다고 들었는데
也應仙境非人間　응당 신선계로 인간 세계 아니겠지
輞川庄合同年語　망천장[1]과 같은 해라고 말하고
綠野堂宜休暇還　녹야당[2]은 돌아와 휴가 보내기 적합하다네
簾角蒼嵐呈淑氣　주렴 끝의 산안개는 맑은 기운을 보이고
檻前淸澗洗塵顔　난간 앞 맑은 시내에서 찌든 얼굴[3]을 씻네
主人誰否意先獲　주인이 누구인지 마음이 먼저 얻었는데
我欲登臨共占閒　나도 올라가서 한가함을 차지하고 싶네

[김씨산정(右金氏山亭)]

2

藥圃春深藥草香　약초 밭에 봄이 깊어 약초가 향기로운데
詩愁漠漠離懷長　시인의 근심 막막하여 이별 회포 오래가네

1 망천장(輞川庄): 중국 섬서성(陝西省) 종남산(終南山) 기슭에 있었던 산장으로 왕유(王維)는 만년에 이곳에서 대부분의 시간을 보내며 한가롭게 생활했다고 한다.

2 녹야당(綠野堂): 당(唐)나라 중기의 재상인 배도(裴度)의 별장으로 백거이(白居易), 유우석(劉禹錫) 등 문인들과 모여 시주(詩酒)로 소일하였다.

3 진안(塵顔): 티끌에 찌든 얼굴. 여기서 티끌이란 홍진(紅塵), 즉 속세에서 묻혀 온 티끌을 말한다.

柳花亂落迷孤店	버들꽃 난만히 떨어져 외딴 가게를 미혹하고
萍水蒼茫渡遠鄉	부평초[4]는 아득히 먼 고향을 건너가네
沛舘應多三宿夢	패관에선 응당 세 번 자며 꿈을 꾸겠지만
林亭虛負一春光	서림정에선 헛되이 한 줄기 봄빛을 저버리네
今年寒食好時節	올해 한식날 좋은 시절에도
不見東農堪斷腸	동농을 보지 못하니 마음이 아프네

[약포에서 동농을 이별하다(右 藥圃別東農)]

4 평수(萍水): 물 위에 뜬 개구리밥이라는 뜻으로, 이리저리 떠돌아다님을 비유적으로 이르는 말.

벽지 수령 조석초의 '풍성야음'을 차운하다
次碧池倅趙石樵豐城夜吟

鍾落城樓問夜何	종소리 끊긴 성루에서 밤이 어떤가 묻는데
清游又得詩緣多	고상한 놀이로 또한 시연을 많이 얻었네
紛忙世事黃粱夢	분망[1]한 세상일은 헛된 꿈일 뿐으로
磊落高懷白雪歌	탁트인[2] 고상한 마음으로 백설을 노래하네
沛上青山迷曉色	제철 만난 청산에 새벽빛이 혼미하고
碧池明月醮春波	푸른 못의 밝은 달은 봄물에 담겨 있네
佳篇膾炙人爭看	훌륭한 시는 회자하여 사람들 다투어 보는데
詩擲金聲字玉磨	뛰어난[3] 시로 글자를 잘 연마했기 때문이네

1 분망(紛忙): 혼잡하고 바쁨.

2 원문의 '뇌락(磊落)'은 '용모가 준수함' 또는 '기개와 도량이 넓음'을 뜻하는 말이다.

3 원문의 '척금성(擲金聲)'은 '척지금성(擲地金聲)'의 준말로 매우 뛰어난 문장을 비유하는 말이다. 진(晉)나라의 문장가인 손작(孫綽)이 〈천태산부(天台山賦)〉를 지은 뒤에 친구인 범영기(范榮期)에게 "그대는 시험 삼아 이 부(賦)를 땅에 던져 보게나, 의당 금석 소리가 날 것일세.[卿試擲地, 當作金石聲.]"라고 한 데서 유래하였다.《晉書 卷56 孫綽列傳》

봄날 성안의 사찰[무자;1888년]

春日城寺[戊子]

客從塵界到諸天	객이 속세에서 하늘에 이르렀는데
勝日風光極望邊	화창한 날 풍경을 멀리 끝까지 바라보네
野渡春潮晩帶雨	들 건너 봄날의 조수는 저녁 비를 띠고
江南芳草綠生烟	강남의 향기로운 풀엔 푸른 연기 피어나네
詩隨眞境心還靜	시가 진경을 따르자 마음은 조용해지고
禪說前生夢復圓	스님이 전생을 말하자 꿈이 복원되는데
自笑踈慵來倚席	스스로 웃나니, 게을리 와서 자리에 기대고
名山共得做仙緣	명산을 함께 얻어 신선과 인연을 만들었네

부친이 첫생일인 아이에게 관례를 올려주다[기축;1889년]

家君初度[1]良兒加冠[己丑]

吾家疊慶際時淸	우리 집 경사 겹친 때에 날씨조차 맑고
初度今朝瑞日明	처음으로 오늘 아침 상서로운 해가 빛나네
兒能獻壽彩衣舞	아이는 헌수하며 색동옷 입고 춤추며
孫又加冠賀酒傾	손자는 관을 쓰고 축하주를 기울이네
從此成人期望大	이제부터 성인으로 큰 기대를 갖지만
而今衰老憂心生	지금은 노쇠하여 걱정이 생기네
更把華箋庸記實	다시 화전지에 사실을 기록하는데
滿堂喜氣自和平	집안에 기쁨 가득하니 저절로 화평하네

1 초도(初度); 맨 처음의 의례. 전의되어 '생일'을 뜻하는 말로 쓰인다.

금성 도중에 은난정[송렬]과 함께 짓다[경인;1890년]

錦城路中共殷蘭汀[松説]作[庚寅]

客路多愁雨濕衣	여행 길에 근심도 많은데 비는 옷을 적시고
強因信宿似忘歸	억지로 이틀 밤 자니 갈 길을 잊은 것 같네
郵亭花發人南去	우정에 꽃이 피니 사람들은 남쪽으로 가고
江國春來鴈北飛	강촌에 봄이 오자 기러기 북쪽으로 날아가네
偶着詩緣欣共欲	우연히 시의 인연으로 함께 하니 기쁘고
暫抛塵累事還稀	잠시 속세를 던져두니 일도 드물어졌네
萍逢易致陽關別	우연히 만나[1] 쉽게 양관[2]의 이별하는데
欲永今宵無小違	오늘 밤 오래도록 작은 실수 없기를 바라네

1 원문의 '평봉(萍逢)'은 물에 뜬 개구리밥처럼 이리저리 떠돌아다니다가 만난다는 뜻으로, 우연히 만남을 이르는 말이다.

2 양관(陽關): 중국 돈황(敦煌)에 있던 당(唐)나라의 서남쪽 경계이다. 그 북쪽에 있던 옥문관(玉門關)과 함께 서역(西域)을 향해 나갔던 마지막 국경 관문(關門)이다.

남한 김풍남[영조]를 만나 읊다

逢南漢金豊南[英肇]吟

偶着如緣惜焂分	우연히 인연처럼 만나 홀연 헤어짐이 아깝고
歎君才氣出於羣	그대의 재기 무리에서 뛰어남을 감탄하네
一榻論懷開霽月	침대에서 회포를 논하니 맑은 달이 열리고
卄年憶舊杳浮雲	스무해 옛날을 생각하니 뜬구름처럼 아득하네
菊英移盎秋猶在	국화꽃 옮겨 심었는데 가을에도 여전하고
木葉飛牕雨忽聞	나뭇잎 창문에 날고 빗소리 홀연 들리네
詩情攪我仍爲飮	시정이 나를 흔들어 술을 마시게 하기에
不覺傾樽成大醺	나도 모르게 술통을 비우고 매우 취하였네

약천 집에서 양석치[종린]를 만나다

若川堂逢梁石癡[鍾麟]

良辰會話卯君堂　좋은 날 아우[1]집에서 모여 이야기하니
千載蘇仙一夢長　소선[2]의 한바탕 꿈이 천년동안 이어지네
江山不改餘風月　강산은 변하지 않고 풍경도 그대로 남았는데
節序如催飛雪霜　계절은 눈 서리 날리듯이 빠르게 지나네
邇間縱酒還爲崇　요즈음 술에 취함[3]을 존중하게 되고
造次題詩難就章　시를 지으면서 글을 쓰기엔 벅차네
冷薄書窓透夜氣　차가운 서창에 밤기운이 스며들기에
龍團喫煎歃薰香　용단[4]을 달이며 훈훈한 향기를 마시네

1 원문의 '묘군(卯君)'은 '토끼 해에 태어난 사람'이란 뜻인데, 소식(蘇軾)과 아우 소철(蘇轍)은 형제간의 정의가 좋았는데, 소철이 토끼띠여서 소식이 늘 묘군(卯君)이라고 썼다. 그 이후 '아우'를 가리키는 대명사처럼 쓰인다.

2 소선(蘇仙): 소식(蘇軾)을 지칭함.

3 원문의 '종주(縱酒)'는 "몸을 가누지 못할 정도로 많은 술을 마심"을 뜻한다.

4 용단(龍團): 말차[抹茶]의 한 종류.

김풍남에게 주다

贈金豊南

羈旅江鄕有夙緣	나그네는 강변 마을에 오랜 인연 있는데
看今不是舊青年	지금 보니 옛날의 청년이 아니네
南漢文章爲世仰	남한의 문장은 세상에서 우러러보고
倉山何法放人傳*	창산은 어떻게 방인[1]을 본받아 전했나
重逢他日那期否	다시 만나는 날을 어찌 기대하겠는가
相識晩來非偶然	알고보니 만년에 온 것은 우연이 아니네
贈君蕪語存微意	그대에게 주는 거친 말에 작은 의미 담겼는데
明月吳州照一天	밝은 달이 오주에서 같은 하늘을 비추리라[2]

* [20년 전에 수원시화에 전파되었다(二十年前 以隨園詩話 傳播)]

1 방인(放人): 산야(山野)에 숨어 속세(俗世)의 구속을 받지 아니하고 자기 뜻대로 사는 사람.

2 이백(李白)의 〈송장사인지강동(送張舍人之江東)〉에 나오는 "오주의 달을 보거든 천리 밖의 나를 떠올려주기를[吳州如見月 千里幸相思]"이란 시구를 원용한 것이다.

소한 밤에 약천 집에서 눈을 읊다[신묘;1891년]

小寒夜若川堂詠雪[辛卯]

茫茫浩浩潔光均	넓고 끝없는 깨끗한 빛이 모두를 비추고
一氣之成四海隣	한 기운으로 사해가 이웃이 되게 하였네
熱士受寒多醒夢	열사는 한기를 받아 대부분 꿈에서 깨고
静時觀白小凝神	조용한 때 흰것을 보면 덜 집중[1]한다네
千門霽景渾如晝	여러 문의 개인 경치 낮처럼 흐리고
萬樹開花摠是春	많은 나무에 꽃이 피니 온통 봄이네
我愛青松特立巷	나는 청송을 사랑해 홀로 거리에 섰는데
卯君志節期斯人	아우는 지절이 있어 그 사람을 기약하네

1 원문의 '응신(凝神)'은 정신을 집중하다. 또는 깊이 생각하다는 뜻이다.

김계파에게 주다[신집, 임진; 1892년]

贈金桂坡[信執 壬辰]

桂坡不見已多春	계파를 못 본 지 이미 여러 해인데
白首今來似厭貧	흰머리로 지금 와서 가난을 싫어하는 듯하네
滿架琴書是隱者	서재에 거문고와 책이 가득한 은사이며
繞堂松竹即高人	집에 송죽이 에워싼 고인[1]이라네
語及先師還感舊	이야기가 선사에 이르자 옛날 생각 나고
契從晩歲可圖新	만년에 시계를 따르며 새로운 계획 가능했네
一曲峨洋君記否	한 가락 아양곡[2]을 그대는 기억하는가
蓬山明月夢仍頻	봉래산 밝은 달이 꿈속에 빈번하다네

1 고인(高人): 뜻이 높고 지조가 굳은 사람

2 아양곡(峨洋曲): 춘추(春秋)시대 거문고의 명수 백아(伯牙)가 친구 종자기(鍾子期) 앞에서 뜯은 곡(曲).

이한초[태호]에게 주다

贈李漢樵[泰鎬]

高人淪落已三年	고인이 떠돈 지 이미 삼년이 되고
散跡寓耕湖上田	떠돌던 자취 호숫가 밭에 머물렀는데
却看畫圖能澹泊	도리어 그림에선 담박함을 볼 수 있고
不妨尊酒此留連	술통이 계속 머물러도 괜찮아 했네
山樓秋氣渾如水	산 다락의 가을 기운은 물과 같고
野屋晴光半雜烟	초가집에 햇빛은 연기와 섞여 있는데
一見吾知子之意	처음 볼 때 그대의 의도를 알았으며
名心早付笆籬邊	공명심은 일찍이 울타리가에 버렸다네

동미 집에서 이향농[한용]을 만나다
東湄堂逢李香農[漢容]

市塵咫尺小堂明	도시가 지척인데 작은 집이 밝게 비치고
秋士相看意更清	가을 선비들 만나니 마음이 다시 맑아지네
憶昔聲名一世仰	명성을 세상에 떨쳤던 옛날을 기억하니
歎今衰髮千莖生	지금의 쇠한 백발 수천 가닥을 탄식했네
巖畔青楓受霜艷	바위 언덕엔 푸른 단풍이 서리에 빛나고
簾間霽峀冪烟輕	발 사이로 맑은 산엔 가벼운 안개 덮였네
人事半多詩上感	인사의 반 이상은 시에 감동을 주는데
大家曾道五言城	대가가 일찍이 오언성[1]을 이야기했네

1 오언성(五言城): 오언금성(五言金城)의 준말. “오언(五言)이 만리장성(萬里長城) 같다.”는 뜻으로, 오언시(五言詩)에 능숙함을 비유하는 말이다.

이향농과 함께하다

共李香農

文章易老髮垂垂　문장은 점차 늙은이 머릿발을 바꾸고
落拓人間秋又悲　낙척[1]한 인간은 가을 되자 또 슬퍼지네
盤谷新書懷隱士　반곡의 새 책이 은사를 품는데
襄陽佳句歎明時　양양의 아름다운 시구는 현세를 한탄하네
三盃酒氣青霞起　세 잔의 술기운에 푸른 노을이 일고
一局碁聲百日遲　한 판의 바둑 소리에 백일이 늦어지네
聯袂欲遙遊五嶽　손을 잡고 멀리 오악을 여행하고 싶은데
妻留子挽就知其　아내와 자식이 만류함을 알고 있다네

1 낙척(落拓): 불우한 환경이나 역경에 빠짐

오성재[규희]와 함께하다

共吳性齋[奎熙]

夜向城南每款扉	밤마다 성남을 향해 문을 두드리고
課詩爲事事還稀	시 공부 일삼는데 일이 다시 드무네
幻而學志青雲在	헛되이 학문의 뜻을 청운에 두었지만
隱不求名碧嶂歸	명성을 구하지 않고 푸른 산으로 돌아왔네
月白山村犬吠吠	달빛 밝은 산골 마을에선 개가 짖고
霜寒江國鴈飛飛	서리 차가운 강촌에선 기러기 나는데
笑吾四十琴書客	우스워라, 내 나이 마흔으로 금서객 되어[1]
虛擲年光老布衣	헛되이 세월을 낭비하는 늙은이라네

1 주자(朱子)의 〈무이정사잡영(武夷精舍雜詠)〉 12수 중 첫수에 "거문과와 책을 더불어 사십년인데 몇 번이나 산중 손님이 되었던가[琴書四十年 幾作山中客]"라는 시구가 있는데, 이를 원용한 것이다.

김시은[하술]과 함께하다

與金詩隱[河述]

詩能名世隱爲名　시로 명성 얻고도 은을 이름으로 삼았는데
衰鬢已看霜髮生　쇠한 귀밑털에 서릿발이 눈에 뜨이네
草野棲身何有得　초야에 깃든 몸을 어디서 찾을꺼나
江湖游志尚無成　강호에 노니는 뜻을 아직 이루지 못했네
枕夢初醒聽漏滴　꿈에서 깨어나니 물소리가 들리고
床書屢閱引燈明　책을 여러 번 보며 불을 밝혔는데
遙望琶山秋又盡　멀리 파산을 바라보니 가을이 끝나가고
西風怨別葉飛程　서풍은 이별을 원망하며 낙엽을 날리네

동미의 홍백매화 병풍 운을 차운하다

[그림은 허련[1], 시는 차천로[2]의 작품이다]

次東湄紅白梅屛韻[畵是許小痴 詩是車五山]

一屛濃淡兩梅粧　한 병풍에 농담으로 두 매화를 꾸미고
造化眞摸紅白香　조화롭게 진짜 붉고 흰 향기를 본떴는데
暎閤燈明橫瘦影　쪽문에 등불 밝아 날씬한 그림자 빗기고
晴牕雪照靜孤芳　창문에 눈이 비치어 홀로 핀 꽃[3] 조용하네
畵云許老爭看妙　허노인의 그림은 다투어 기묘함을 보이고
詩著車公倍有光　차공의 시는 두 배로 빛을 발하는데
我屋庭前一種樹　내 집 정원 앞에 한 그루 나무는
花開數朶潔林塘　몇 송이 꽃이 피어 임당을 정결하게 하네

1 허련(許鍊,1808~1893): 조선시대의 화가로, 추사 선생의 제자가 되고 싶어서, 삼고초려한 일화로 유명하기도 하다. 자(字)는 마힐(馬詰), 호(號)는 소치(小痴)이다. 이후 그의 남종화풍은 아들인 미산 허형, 손자인 남농 허건, 방계인 의제 허백련으로 이어진다.

2 차천로(車天輅,1556~1615):조선 중기의 문신. 본관은 연안(延安). 자는 복원(復元), 호는 오산(五山). 송도(松都) 출신으로 서경덕(徐敬德)의 문인이다.

3 원문의 '고방(孤芳)'은 홀로 뛰어나게 향기로운 꽃이란 뜻으로, 전의되어 '고상한 인품'을 뜻하는 말로 쓰인다.

소래사에서 수세하다

蘇寺守歲

出塵守歲強登城	속세 벗어나 수세[1]하려 짐짓 성에 오르고
來坐禪房百感生	선방에 와서 앉으니 온갖 생각이 나는데
不記携朋曾共樂	친구와 함께 즐겼던 일을 기억하지 못하니
差宜飮酒即忘情	술 마시고 생각을 잊는 것이 나을 것 같네
高低萬落遍燈影	높고 낮은 모든 마을에 등불 그림자 비치고
清冷諸天逗磬聲	맑고 차가운 모든 하늘에 경쇠 소리 울리네
公道人間髮漸白	인간 세상 바른길에 머리만 점점 세어가는데
商量已事有何成	이미 지난 일 헤아림이 무슨 도움 되겠는가

1 수세(守歲): 1년 중 마지막 달인 섣달에 행하는 세시행사. 음력 섣달그믐날 밤에 잠을 자면 눈썹이 센다고 하여 등불을 밝히고 밤을 새웠다.

동미 집에서 짓다[계사;1893년]

東湄堂作[癸巳]

補陰翠密座生寒	그늘에 푸른 풀이 우거져 찬기가 생기니
暑日此宜留客歡	더운 날 객이 머물러 즐기기에 적합하네
數頃稻田通遠野	몇 고랑의 논밭이 먼 들판까지 통해 있고
半邊山郭繞長官	반은 변산 성곽으로 관아를 길게 둘렀네
秋風悲老誰成賦	가을바람에 노인은 슬픈데 누가 시를 짓는가
畫境凝神客上欄	그림같은 풍경에 집중해 객은 난간에 오르네
欲挽詞人長進酒	시인을 달래기 위해 술잔을 길이 올리려는데
一吟一酌笑談香	한 번 읊고 한 잔 들며 우스갯소리 향기롭네

김영북 집에서 시회하다

金瀛北堂詩會

籬匏引蔓蔿成林	울타리에 박 넝쿨 뻗어 숲을 이루고
野意君家塵不侵	그대 집 시골 정취엔 먼지가 침범하지 않았네
平生所僻少陵句	평생 꺼리는 바는 소릉[1]의 시구이며
一世高尚安道琹	한 세상 고상한 것은 안도[2]의 거문고라네
潦水初清潦雨盡	고인 물이 비로소 맑아지고 장마비 그치니
霽天如掃火雲沈	씻어낸 듯 개인 하늘엔 화운[3]이 내리는데
此是童年讀書室	이곳은 어렸을 때 독서하던 방으로
伊今多感舊吾心	지금도 그때의 마음이 많이 남아있다네

1 소릉(少陵): 두보(杜甫)의 호임.

2 안도(安道): 진(晉)나라 문인 왕휘지(王徽之)의 지기(知己)인 대규(戴逵)를 지칭함. 안도(安道)는 그의 자(字)임. 그는 산음(山陰)에 은거하며 안빈낙도하였다고 한다.

3 화운(火雲): 여름철의 아름다운 구름을 지칭함.

함라 조연농[병관]을 만나 산에 오르다[갑오;1894년]

逢咸羅趙研農[秉觀]登山[甲午]

蓬壺八月繫仙舟	팔월에 봉래산[1]에 신선 배를 묶어두고
倚上西風山上樓	서풍에 기대어 산 위 누각에 오르니
亂後相逢眞可喜	전란 뒤에 만나서 정말 반가웠으며
別來多老共堪愁	이별 뒤에 많이 늙어 함께 근심하였네
汀葭露白方遷節	물가의 갈대 이슬 하얗게 계절이 바뀌고
野稻雲黃已熟秋	들녘의 벼와 구름이 누렇게 익은 가을이네
病客強登成暢意	병든 객은 억지로 올라 마음을 펼치는데
非君此地復聯疇	그대 아니면 이곳에 두둑이 이어졌겠나

1 봉호(蓬壺): 봉래산(蓬萊山)의 다른 이름. 영주(瀛洲), 방장(方丈)과 함께 중국 전설상에 나오는 삼신산의 하나이다.

월명암
月明庵

蓬山最擅此庵名　봉래산에서 이 암자가 가장 유명한데
怳若仙居接上清　신선의 거처처럼 하늘에 접해 있으며
牕外羣巒皆下止　창밖의 여러 산이 모두 아래에 멈추고
天邊大海遠臨平　하늘 끝엔 큰 바다가 멀리 펼쳐져 있네
暫爲過賞塵心醒　잠시 지나며 감상하니 속세 마음이 깨어나고
久似通靈道氣生　오랫동안 신령과 통한 듯 도기가 생기는데
搜閱玄門眞玅處　현문[1]의 진묘한 곳을 찾아 살펴보며
視之無色聽無聲　색이 없는 것을 보고, 소리 없는 것을 듣네

1 현문(玄門): '불교(佛教)'를 달리 이르는 말

토란을 처음 평정하고 칙서를 내리니 민생이 거의 안정되었다. 김만취[태권]를 만나 심정을 말하다

土亂初平 綸綍[1]又下 民生庶可奠安 適逢金晩翠[泰權]叙情

兵戈初息凈烟塵	전란이 잦아들어 연기와 먼지[2] 사라지니
劫後羣生復見春	재난 뒤에 모든 생명이 봄을 다시 보는데
動則皆爲失業者	움직이는 건 모두 일자리를 잃었으며
晏如確是有知人	편안함은 확실히 지인이 있어서이네
輯安聖德洽黎庶	온화한 성덕이 백성을 윤택하게 하고
殲釋皇威加海濱	섬멸하여 황제 권위가 해안에 보태지는데
白雪南齋逢晩翠	백설 내리는 남재에서 만취[3]를 만나니
以端取友可相親	진실로 친구 삼으면 서로 친할 수 있겠네

1 윤발(綸綍): 황제의 칙서. 조선시대 영조가 왕권 강화를 위해서 이를 윤음(綸音)으로 바꾸어 받아들여 사용함.

2 원문의 '연진(烟塵)'은 봉화(烽火) 연기와 전쟁의 먼지를 뜻한다.

3 만취(晩翠): 식물이 추위 속에서도 변함없이 푸르름을 나타낸 말로, 늙어서도 절개가 변하지 않음을 뜻한다. 여기서는 김태권(金泰權)을 지칭한다.

설날 아침[을미;1895년]

元朝[乙未]

元朝日出海天晴　설날 아침에 해 뜨니 바다 위의 하늘은 맑고
草舍新開春氣迎　초가집 새로 열어 봄기운을 맞이하는데
禮拜高年看俗古　어른에게 세배드리는 옛 풍속을 보며
掃除邪道喜時淸　사악한 길을 소제하고 깨끗한 시절을 즐기네
王謝諸兒皆穎異　왕도와 사안[1]의 자녀들 모두 뛰어나고
漢唐法服盡鮮明　한과 당의 법복이 모두 화려하게 빛나는데
外乏應門深有憾　밖으로 응문[2]이 없어 아쉬움이 깊지만
親年望八只欣情　부모님 팔십을 바라보니 단지 기쁜 마음이네

1　왕도(王導)와 사안(謝安): 왕도(王導)는 중국 동진(東晉) 때의 정치가로 사마예(司馬睿)를 도와 동진을 세우는 데 공을 세워 승상에 올랐다. 이후 명제(明帝)·성제(成帝)까지 승상을 지내며 제왕을 보필하였다. 사안(謝安)은 동진(東晉)의 재상으로 효무제(孝武帝) 때 전진(前秦)의 부견(苻堅)이 쳐들어오자 이를 패수강(淝水江)에서 무찔렀다.

2　응문(應門): 궁궐의 정문.

김윤문과 함께 실상동에 들어가다

共金潤文入實相洞

山疊巒兮水又溪	산들이 첩첩한데 물은 계곡으로 흐르고
綠流路轉抵庵西	푸른 물이 길을 돌아 암자 서쪽에 이르네
乘春氣木皆萌動	봄기운 타고 나무들 모두 싹이 트고
經歲寒松更翠齊	해를 넘긴 찬 소나무는 푸르름을 나란히 하네
風樹百年歎不在	평생 바람과 나무 탄식해도 계시지 않고
隴岡何日表爰題	묘소에는 언제나 표석을 쓸 수 있을까
省行信宿深幽勝	성묫길에 깊고 그윽한 승지에서 이틀 밤 묵고
賴有金君伴君行	김군의 도움으로 여행을 함께 하였네

청림별장
青林別庄

村容窈窕絶塵紛	마을 풍경 우아하고 속세와 떨어져 있어
精舍之居意儘欣	정사에 사는 마음 기쁘기만 하며
山連邱壟思親地	산과 이어진 언덕은 사친[1]의 땅으로
案積典經摸聖文	책상에 경서를 싸놓고 성현의 글을 본뜨네
一竿閒釣溪邊月	낚싯대로 한가롭게 시냇가 달빛을 낚으며
數畝時耕嶺上雲	몇 이랑 경작할 때 산마루에 구름이 오르네
久有擬營今始得	오래 계획한 일을 이제야 시작하게 되었는데
儉而要不分過云	검소하고 분수에 넘치지 말라고 이르네

1 사친(思親): 부모를 그리워하며 생각함.

완산 박긍농[준필]과 함께 절에 오르다
與完山朴肯農[準弼]登寺

1

朝霏歛盡午風和	아침 안개 모두 걷혀 한낮 바람이 온화하고
山徑夾林鸝送歌	산길 사이 숲에선 꾀꼬리가 노래를 전하네
詩見大家頗韻古	시를 보면 대가로 예스런 운율이 많은데
人如出世特緣多	사람은 출세하여 특별한 인연이 많은 듯하네
虛中生聽風吹塊	허공에서 바람이 땅을 부는 소리 들려오고
寰裏分區海匝波	세계는 구역으로 분할되어 바다로 이어졌네
向晩客彩還怕冷	저물녘 객의 모습은 도리어 추위를 타는네
禪牕煮酒醉無何	선창에서 술을 달여 취해도 어찌할 바 없네

2

斜陽不盡攄詩心	석양이 다하지 않았는데 시심을 털어놓고
纔了新題強復吟	겨우 새 시를 마치고 짐짓 다시 읊조리네
宿漲江橋青草没	밤새 불어난 강 다리에 푸른 풀이 잠기고
晩晴驛樹綠陰深	저물녘 개이니 역사의 나무 녹음이 짙네
枯釋與爾若相忘	야윈 스님과 그대를 서로 잊는다면
塵事於吾無所侵	세상일은 나에게 침범할 것이 없네
更好知音鍾子遇	더 좋은 지음 종자기[1]를 만나서
高山流水奏清琴	고산 유수에서 맑은 거문고를 연주하게나

1 종자기(鍾子期):중국, 춘추시대의 초(楚) 나라 사람. 거문고의 명인이었던 백아(伯牙)는 자신의 거문고 소리를 알아준 유일한 사람인 종자기의 죽음을 한탄하여, 현을 끊어 다시는 거문고를 타지 않았다고 한다.

청심헌에서 밤에 앉아[병신;1896년]

淸心軒夜坐[丙申]

淸心軒坐覺心淸	청심헌에 앉으니 마음이 맑아짐을 느끼고
幼作詩仙無俗情	어릴 때 시선이 되어 세속 감정 없는데
盆菊背燈欹瘦影	화분 국화 등잔 뒤에 파리한 그림자 기대고
砌梧入夜動寒聲	섬돌의 오동나무 밤 되자 찬 소리 내네
沈吟繞月續難就	달빛에 둘러싸여 읊조림을 계속하기 어려워
大酌臨風掃不平	바람 앞에 술 마시며 불평을 삭이는데
人世難逢如此樂	세상에서 이런 즐거움은 만나기 어렵지만
團圓要與度餘生	가족과 함께 원만하게 여생을 보내길 바라네

김동운[재호]·김율재[연관]와 함께 임정에서 짓다
共金東雲[在昊]金栗齋[烟寬]林亭作

少焉月色曲欄東	잠시 달빛이 굽은 난간 동쪽에 있으니
留醉更宜題葉紅	취한 채 붉은 잎을 쓰는 것이 마땅하리
今夕淸遊邂逅地	오늘 밤 고상한 놀이로 만나는 곳이
幾年勝境寂寥中	경승지 조용한 가운데 얼마만 인가
籬邊寒菊浥香露	울타리 주변 찬 국화[1]는 이슬에 젖어 있고
溪上殘楓搖晚風	시냇가 남은 단풍은 저녁 바람에 흔들리는데
抑想名亭客去後	이름난 정자에서 객이 떠난 뒤를 생각한다면
無窮景自隨時同	무궁한 경치도 스스로 동시에 따를 것이네

1 원문의 '한국(寒菊)'은 겨울에 피는 국화(菊花)를 말한다.

동미와 함께 전동농을 방문하다
共東湄訪田東農

山暉半昃野禽飛	산빛은 반쯤 기울고 들새가 나는데
來剝仙扉澹忘歸	선비[1]를 벗기고 조용히 돌아감도 잊었네
政好行吟隨意適	다니며 읊조리기 좋아 마음대로 가는데
莫言世事與心違	세상일 마음과 맞지 않는다고 말하지 말게
秋深短砌菊花老	가을 깊자 짧은 섬돌에 국화가 시들고
霜落疏籬橙葉疎	서리 내려 성긴 울타리에 등자 잎도 드문데
一飮端宜醉無已	한 번 마시면 다시금 취함이 끝이 없어
如空虎篋典吾衣	상자에 내 옷을 맡긴 것 같이 텅 비었네

[호자는 군자로도 쓴다(虎一作君)]

1 선비(仙扉): 신선이 사는 집의 문.

국사와 함께 절에 오르다
共菊史登寺

纔登数仞坐横城	겨우 몇 길을 올라서 횡성에 앉으니
境與胸通眼更明	경치와 가슴이 통하여 눈이 밝아지는데
野寺荒凉孤釋住	황량한 들판의 절엔 스님 홀로 머물고
秋山搖落詩人行	낙엽 지는 가을 산엔 시인이 다니네
晴雲籠日澹生色	맑은 구름 해를 가려 조용히 광채를 더하고
疎葉鳴風冷作聲	성긴 잎에 우는 바람 차갑게 소리 내는데
堪欲謫仙詩益健	감히 적선의 시를 더욱 힘차게 하고자
晩逢湖海仰高名	만년에 호수 바다를 만나 높은 명성 우러르네

인일 밤에 동미 집에서 여러 동료와 함께 짓다
人日[1]夜東湄堂共諸伴作

人夜相招小郭隈　인일 밤에 작은 골목으로 초청하였기에
遠看燈射認堂開　멀리 등불 비추는 곳을 보니 집이 열려 있네
聞君經歲今初至　그대가 몇 해를 지나 이제야 왔다고 들었는데
豈我冒寒寧不來　어찌 내가 추위를 무릅쓰고 오지 않겠는가
㬉帳臥宜聽雪墜　난장에 누워 눈 내리는 소리 들을 만하고
凍橋去欲探梅回　얼어붙은 다리 건너서 매화를 찾고 싶네
癡翁漫墨傳神畵　치옹[2]은 멋대로 전신화[3]를 그렸는데
踈竹屛間數點苔　성긴 대나무 병풍 사이에 몇 점 이끼가 있네

1 인일(人日): 음력 정월 초이렛날

2 치옹(癡翁): 소치(小痴) 허련(許鍊)을 지칭함.

3 전신화(傳神畵): 정신까지 전하여 받는 그림. '수염 한 올 한 올을 흐트러짐 없이 그려낸다.'라는 뜻으로 정확한 외모를 그려내면서, 그 사람의 성격과 정신까지 표현하려고 한 그림을 말한다.

상원일 밤에 화성 파범운과 함께 절에 오르다
上元[1]夜共華城波泛雲登寺

半山殘雪冒宵風	산 절반쯤 남은 눈에 밤바람을 무릅쓰고
纔到沙門月上東	막 사찰에 도착하니 달이 동쪽에 떠오르네
詩有奇緣今始遇	시에 있는 기이한 인연을 이제서야 만났는데
人將令節此相回	사람은 명절이 돼야 이렇게 돌아온다네
街童雜還來庵裏	거리의 아이들 뒤섞여 암자로 찾아오고
燈市迷離連郭中	등시[2]는 흐릿하게 외곽까지 이어졌네
閒看枯禪爾是好	마른 스님이 좋아하는 것을 한가롭게 보니
那吾塵累較分公	어찌 우리 속세와 비교함이 공정하겠는가

1 상원(上元): 한 해의 첫 보름이자 보름달이 뜨는 날로 음력 1월 15일에 지내는 대보름의 명절.

2 등시(燈市): 정월 대보름날에 등롱(燈籠)이 가득 켜진 시가(市街)

상사일 임정에서의 시 모임

上巳[1]林亭詩契

重三佳節陟西林　상사일 아름다운 계절에 서림에 오르니
惻惻春寒晩日陰　측측한[2] 봄 추위에 저녁 해 그늘지네
鄕士登欄修契事　시골 선비 정자에 올라 계사를 손질하고
使君題帖感詩心　사군[3]의 제첩은 시심을 감동시키네
籍來芳草茵猶穩　향기로운 풀을 까니 자리가 평온하고
種得奇花園復深　기이한 꽃 심어 정원은 더욱 깊어졌네
却向巖公碑畔路　문득 향암공[4] 비가 있는 둑길에서
蒼苔蝕篆舊痕尋　이끼가 글씨를 잠식해 옛 흔적을 찾는다네

1 상사(上巳): 음력 3월 초사흗날
2 측측(惻惻): 마음속의 비통함을 형용한 말임.
3 사군(使君): 주군(州郡)의 지방 수령(守令)을 지칭하는 말임.
4 향암공(向巖公):

상사일 밤에 임지은[수일]과 함께 짓다
上巳夜共林芝隱[守一]作

詩燈寂寂五更初	시등이 적적한 오경[1] 초에
仙客不來情似疎	선객이 오지 않아 마음이 멀어지는 듯한데
重把華牋欣共寫	다시 화전지에 기쁨을 함께 기록하니
爲酬佳節興猶餘	술 마시기 좋은 계절이라 흥이 넘치네
山樓夜雨飛江燕	산속 누각의 밤비가 강을 휩쓸고
湖水春風登石魚	호수 봄바람에 조기가 뛰어오르는데
借問讀書眞洞舍	독서하던 진동집을 물어보니
烟霞倘似舊居時	안개 노을은 옛날 살던 때와 거의 같네

1 오경(五更): 오전 3시에서 5시까지에 해당함.

한식일에 범운·동농과 함께 짓다
寒食日共泛雲東農作

江南寒食午天清	강남 한식절에 한낮 하늘이 맑으니
物色東風滿眼生	물색이 동풍 불어 눈에 가득 생기는데
一路橋邊楊柳嫩	길을 따라 다리 옆 버들이 부드럽고
數家籬落杏花明	몇 집 울타리에 살구꽃이 밝게 빛나네
芳樽酬節聊同座	술 마시기 좋은 계절에 함께 앉으니
短策游春欲上城	봄 경치 즐기고자[1] 성곽에 오르고 싶은데
古俗至今烟火冷	옛 풍속이 지금까지도 연화[2]는 냉냉하고
綿山不墜介公名	면산[3]에 개자추 이름은 잃지 않았네

1 원문의 '단책유춘(短策游春)'은 '짧은 지팡이 짚고 봄 경치를 유람한다'는 뜻이다.

2 연화(烟火): 연기와 불. 화식(火食).

3 면산(綿山): 중국 산서성에 있는 산. 개자추(介子推)가 절개를 지키려 숨어 있다가 불에 타 죽은 곳이다.

산에 들어가는 도중에

[3월 22일 동미·임지은·전동농과 함께 산에 들어가 놀다가 27일에야 돌아왔다]

入山途中

[三月念二 共東湄林芝隱田東農 入山遊 念七日 始返]

江風拍袖晩暉陰	강바람이 소매를 치고 저녁노을 그림자 지니
渡日橋橫春水深	해는 다리를 빗겨 건너고 봄물은 깊은데
芳草萋萋迷野路	향기로운 풀 울긋불긋 들길을 헤매게 하고
桃花灼灼暎園林	복숭아꽃 활짝 피어 정원 숲에 비치네
半生塵海空多累	반평생 속세에서 헛되이 얽혀 살았는데
此日雲山始喜心	오늘 구름낀 산에서 처음으로 기쁨을 느끼네
老不相游執何益	늙어서 놀지 않고 무슨 보탬 잡으려는가
迂回一路芝翁尋	돌아가는 길을 따라 지옹[1]을 찾는다네

[지은이다(芝隱也)]

1 지옹(芝翁): 지은(芝隱) 임수일(林守一)을 지칭함.

중계 도중에서 지주 민[광소]의 마천대 운을 차운하다
中溪途中次地主閔[光爀]摩天臺[1]韻

曲曲清溪復向東	굽이마다 맑은 시내는 동쪽으로 흐르고
桃花爭發夾途中	복숭아꽃이 길 가운데서 다투어 피는데
冷冷流水心如洗	차디찬 냇물은 마음을 맑게 씻어주고
矗矗高山意更雄	높고 높은 산은 생각을 웅장하게 하네
仙境暫遊源有記	선경의 잠시 여행은 기록에 근원하고
人間纔出路無窮	세상에서 겨우 나오니 길이 무궁하네
孤烟落日青林舍	한 줄기 연기는 석양의 청림 집인데
峽裏行人何太忽	협곡 안의 행인은 어찌 그리 급한가

1 마천대(摩天臺): 전북과 충남에 걸쳐 있는 대둔산(大芚山)의 정상. 마천대는 하늘에 닿는다는 뜻으로 원효대사가 붙인 이름이라고 전한다.

청림에서 묵으며 이상사[자화]의 마천대 운을 차운하다
宿青林次李上舍[子華] 摩天臺韻

入山幾日作淸閒	산에 들어와 며칠째 평온함을 느끼고
客意渾然忘世間	객의 마음은 세상을 완전히 잊어버리네
冉冉流光春似矢	느릿한 세월 속에 봄은 화살 같은데
蒼蒼曉色月如環	푸르른 새벽 빛에 달은 반지 같네
元來名利何邊物	원래 명예와 이익은 어디에나 있지만
不是神仙別有班	신선에 특별한 구별이 있는 건 아니네
遙望白雲西嶺屹	멀리 흰구름 보니 서쪽 산마루 높은데
孱孫拜壠故遲還	자손들 묘소에 절하고자 더디 돌아가네

동미 숙부가 남군에서 돌아오니 시 친구가 모두 찾아와서 기약하지 않았는데도 큰 모임이 되다

東湄叔自南郡還 詩伴皆來訪 不期而成巨集

莫說多時離合緣	오랜 시간의 이별과 만남을 말하지 말게
有君有酒醉長年	그대와 술이 있어 취해 오래 살고 싶네
常思三折瀑流上	자주 삼단 폭포 올라감을 생각했는데
却怕一分歧路前	문득 한 갈림길 앞에서 두려워한다네
刈麥登秋高築圃	보리 베어 가을 되면 밭에 높이 쌓고
插秧饁午翠生烟	모심기에 한낮 들밥으로 연기 푸른데
詩家鉅匠當誰許	시가 거장은 누구의 허락을 받았는가
我識東湄是謫仙	나는 동미가 적선이라 알고 있네

동농·범운과 함께 절에 오르다
共東農泛雲登寺

炎風吹雨暗江城	더운 바람 비를 불어 강성이 어둡고
一杖登高步輒輕	홀로 높은 곳에 오르니 걸음이 가볍네
分手幾時多阻濶	이별에는 언제나 막힘이 많은데
開胸今日始通明	가슴을 여니 오늘에야 비로소 훤히 통하네
忽看紫燕簾間語	어린 제비 주렴에서 지저귐을 보았는데
更有黃鸝樹裏鳴	게다가 황조롱이 나무 속에서 울고 있네
醉臥沙門如頓悟	취해서 절에 누우니 깨달음 얻은 것 같고
詩心幻作佛心清	시심은 환상적으로 불심이 되어 맑아지네

신추에 조지천[용하]씨·심범운[영]·전동농과 진동 임재에서 놀다

新秋共趙芝泉[庸夏]氏 沈泛雲[鑅] 田東農遊眞洞林齋

芝山南畔共尋期	지산 남쪽 두둑에서 함께 기약하고
閣似甄亭名揭思	집이 진정[1] 같아 이름에 사思를 붙였네
泉歃靈源爽愈酒	영원인 샘물을 마시니 술보다 상쾌하고
松垂倒幹恠宜詩	가지 거꾸로 드리운 솔은 시에 맞게 기이하네
空傷往跡夏工日	여름에 일하던 지난 행적을 아파하며
又值今游秋到時	가을에 이르러 다시 이번 여행하는데
曲檻清風人醉臥	굽은 난간의 맑은 바람에 취해 누우면
野程十里忘歸遲	들길 십리에 돌아갈 생각 없이 더디네

1 진정(甄亭): 송(宋)나라 때 진군(甄君)의 정자인 사정(思亭)으로, 조상을 추모하기 위한 정자를 가리킨다. 여기서는 무덤 아래에 지은 초막을 말한다. 진씨 집안은 원래 서주(徐州)의 부호였는데, 진군 때에 이르러 집안이 가난해졌다. 이에 부모 형제가 죽어도 장례를 치르지 못하는 형편이라 마을 사람들의 도움을 받아 간신히 영구(靈柩)를 여럿 마련하여 함께 장사 지내고 무덤가에 집을 지었다. 그러자 당시 문장가인 진사도(陳師道)가 그 내력과 조상을 사모해야 한다는 뜻으로 〈사정기(思亭記)〉를 지었다.

앞의 동료와 함께 또 개암사에 들어가다

共前伴又入開巖寺

寺門高出碧山深	절 문은 높이 솟고 푸른 산 깊은데
五馬斜陽一逕尋	오마[1]로 석양에 한 줄기 길을 찾네
净界留神圓佛夢	맑은 세계에 신이 머물러 원불의 꿈을 꾸고
清泉濯足爽塵心	맑은 샘에 발 씻으니 속세 마음 상쾌해지네
層雲半壁搭欹影	층운 반벽에 탑 그림자가 기울어 있고
積翠庭空檜覆陰	텅빈 정원엔 짙푸른 회나무 그림자 덮혔는데
天籟微凉林雨濕	천뢰[2]에 살짝 서늘하고 숲은 비에 젖으니
不知世外暑威侵	세상 밖의 더위 위세를 알지 못하겠네

1 오마(五馬): 사두마차(四頭馬車)에 보조 또는 예비의 말을 붙인 것으로 중국 한(漢)나라 때 태수(太守)에게 이것이 허용되었기에 태수를 지칭하는 뜻으로 쓰인다.

2 천뢰(天籟): 바람 소리나 빗소리와 같이 자연 현상에서 저절로 일어나는 소리.

범운·동농과 함께 절에 올랐다가 임정으로 내려오다

共泛雲東農登寺又下林亭

碧樹深陰人自還	푸른나무 깊은 그늘에 사람들 돌아오니
不須高境更躋攀	높은 경지에서 더 오를 필요가 없네
冷冷絶澗心神醒	차가운 계곡에선 심신이 깨어나고
寂寂空亭歲月閒	적막한 빈 정원엔 세월도 한가하네
一疋綠鋪經雨野	비에 젖은 들판은 한 필의 녹색 천이며
半邊紅襯照暉山	저녁노을 비친 산 반쪽은 붉은 물결이네
對君却笑朱門客	그대를 만나 주문객[1]에게 웃음 짓나니
萬事無如任所安	만사를 없는 듯이 멋대로 편히 맡긴다네

1 주문객(朱門客): 대문을 붉게 칠한 귀족과 부호의 집을 드나들며 친교를 맺는 사람을 말한다.

동미 집에서 전동농·조효봉과 함께하다

[벽성 사람으로 이름은 동길이며, 그림에 뛰어났다]

東湄堂共田東農趙曉峯[碧城人 名東洁 工畵]

摸書看畵澹懷長	서화를 보니 담담한 회포[1] 오래가고
粉墨暎於苔蘚蒼	분묵은 이끼에 비치어 푸르른데
非與塵人居惱熱	속세 사람과 함께 열기 속에 살지 않으며
恰同仙境受清凉	선경과 흡사하여 청량한 느낌 받는다네
菊英浥露集秋色	국화꽃 이슬에 젖어 가을빛을 모으고
稻穗照陽明野光	벼는 햇빛을 받아 들빛이 밝은데
何日共君携手去	언제쯤 그대와 손잡고 떠나서
蓬山購得一茅廬	봉산에 초가 한 채를 구할 수 있을까

1 담회(澹懷): 마음을 담박하게 하며 물욕을 적게함.

서정에서 9일의 시 모임

西亭九日詩契

小亭寂寞小邱西	적막한 작은 정자 작은 언덕 서쪽에 있고
樹裏泉鳴石路低	나무 사이에 샘물 소리 나고 돌길이 낮은데
芝老已歸依檻望	돌아간 지노[1]는 난간에 기대 바라보고
菊花未發傍籬齊	피지 않은 국화는 옆의 울타리와 나란하네
一天霜氣沉虛郭	하늘의 서리 기운이 빈 성곽에 깔리고
十里湖光暎曲堤	십리 호수 빛이 굽은 둑에 빛나는데
却怪詩情與去歲	시정이 지난 해와 비슷함이 괴이하여
停盃怊悵不成題	잔 놓고 슬퍼하며 시를 이루지 못하네

1 지노(芝老): 지은(芝隱) 임수일(林守一)을 지칭함.

앞의 동료와 함께 절에 올라가 하루 자다
共前伴登寺一宿

1

登登午日寺門寒	올라보니 한낮에도 절 문이 차갑고
老木風聲逗古壇	노목의 바람 소리 오래된 제단에 머무네
羣矗成山屛更列	여럿이 솟아 산을 이루고 병풍처럼 벌였는데
萬流爲海鏡如團	많은 지류가 바다 이루고 거울같이 둥그네
雙眼通明眞本畫	두 눈에 진본 그림이 환하게 보이기에
一身倚着別層欄	한 몸을 별층 난간에 기대었네
聊向碧城三老語	오로지 벽성 세 노인 향해 말하건대
何如今遇蓬仙看	어찌하면 지금 봉래 신선을 만나볼까

2

抵到宵深共不眠	밤이 깊어져도 모두 잠 못 이루고
偶然神契似曾年	우연한 신계가 지난 해와 같은데
俄間有得底歡意	갑자기 기쁜 뜻을 얻게 되었기에
造次無違終樂天	황당해도 어김없어 결국은 즐겁다네
霜雪凝寒侵座内	서리와 눈은 차가워져 안으로 침투하고
星河動彩亘樓邊	은하수[1] 빛을 발해 누대 주변에 뻗혔네
聯吟幸覩詞源大	함께 읊조리며 다행히 사원이 큼을 보았는데
晝夜奔瀾倒百川	주야로 흐르는 물살이 많은 하천을 되돌렸네

1 원문에는 '星何'로 되었는데, '星河'로 바로잡아 번역하였음.

김죽사[필상]을 애도하다

輓金竹史[弼相]

與君相識自童年　그대와 서로 아는 건 어릴 때부터인데
半百光陰今遽然　반백년 세월이 지금 갑자기 지나갔네
凰山同硯還如昨　황산에서 함께 공부한 것이 어제 같고
鷹閣論文倍憶前　응각에서 글을 논한 것이 전보다 더 생각나네
仁而未壽歎斯嗇　어질고도 수명이 이처럼 인색함을 한탄하며
窮且安貧欽益堅　궁핍해도 안빈[1]하니 기쁨이 더욱 굳건하네
永隔那無一辭訣　영원히 멀어지니 어찌 한마디 영결이 없으랴
以詩陳意寄重泉　시로 뜻을 진술하여 중천[2]에 보낸다네

1 안빈(安貧): 가난한 생활 속에서도 이에 만족하며 편안한 마음으로 지냄
2 중천(重泉): 황천(黃泉)과 같은 뜻으로 사람이 죽은 다음 그 혼이 가서 산다는 세상을 말함.

세초에 동농과 함께 응산재각에 가서 재숙 동미의 참담한 정황을 위로하고 하루 자고 돌아오다[무술년;1898]

歲初與東農往鷹山齋閣 慰再叔東湄慘景 一宿而返[戊戌]

洞仙初遇喜神淸　동선을 처음 만났을 때 정신이 맑아 기쁘고
聯到松齋由慰情　연이어 송재에 도착한 건 위로하기 위함인데
處世悲憂忍更道　처세함에 슬픔과 걱정 차마 다시 말하겠는가
逢筵劒筑假宜鳴　만난 자리에선 검축[1] 울림을 빌려야 하네
名山不及玆邱勝　명산도 이곳의 언덕에 미치지 못하고
好月無如今夜明　좋은 달도 오늘 밤처럼 밝지는 못한데
有酒飮須長進酒　술이 있다면 계속해서 마셔야 하니
莫教酒盡擧盃輕　술이 떨어지거나 잔을 가볍게 하지 말게나

1 검축(劒筑): 형가(荊軻)가 연(燕) 태자 단(丹)의 부탁으로 진시황(秦始皇)을 죽이기 위해 비수(比首)와 번오기(樊於期)의 머리, 연나라의 독항지도(督亢地圖)를 가지고 역수(易水)를 건널 때, 고점리가 축(筑)을 타자 형가가 "바람은 쓸쓸하고 역수는 차가워라, 장사는 한번 가면 다시 돌아오지 않으리.[風蕭蕭兮易水寒, 壯士一去兮不復還.]"라는 노래를 불렀다고 한다.(『史記』〈刺客列傳〉)

상원 전날 동농·동미와 함께 응산재각에 놀러가서 이틀 밤을 자고 돌아오다

上元前日 同東農東湄 遊鷹山齋閣 信宿而返

1

野老相尋不待晴　시골 늙은이 만남에 맑은 날 기다리지 않고
滑泥審愼小橋橫　진흙길 조심스럽게 작은 다리 건너네
正當此日立春節　때마침 이날은 입춘 절기인데
又聽明朝賣暑聲　또 아침에 더위 사라는 소리를 듣네
詩出性靈宗雅澹　시는 성령에서 나오고 아담이 으뜸이며
酒過聖藥效和平　술은 성약을 넘어 화평에 효험이 있네
餘生祗願如今樂　여생에 단지 지금처럼 즐겁길 바라는데
恐被要津騰令名　요직[1]에서 명성 높이게 될까 두렵네

2

誰爲其窄我爲寬　누구는 좁다 하고 나는 넓다고 하며
共宿山房夜雨寒　함께 산방에서 자는데 밤비가 차네
凹地開塘驗水聚　오목한 곳에 연못을 파고 물을 모으며
閒庭栽卉待花看　한가한 마당에 화초 심어 꽃을 기다리네
小燈達曙懸松屋　작은 등이 새벽에 빛나며 솔집에 매달려 있고
新帖題春耀閣欄　새로 붙인 입춘첩이 집 난간에 빛나는데

1 원문의 '요진(要津)'은 "중요한 길목이 되는 나루"라는 뜻인데, 전의되어 '요직' '높은 지위'를 뜻하는 말로 쓰인다.

老去異常佳節過	나이 들어도 특별히 아름다운 절기가 지나고
自知心事感無端	마음속 일에는 원인 없다는 것을 알게 되네

3

懸燈夜話舊情存	등불 아래 밤새 대화하던 옛정이 남아 있고
寂寞數家湖上村	적막한 몇 집이 호수 위 마을에 있는데
拜客山童知古禮	손님으로 온 산동은 옛 예절을 알고 있고
羞人野婦經新婚	수줍은 시골 아낙은 신혼을 맞이하네
夜深松壑寒風逗	밤 깊은 소나무 계곡에 찬바람이 닥치고
雨過田溝流水渾	비가 지나가 밭둑의 물이 흐르고 있는데
可惜良辰演清景	아쉽게도 좋은 날엔 맑은 풍경 보여야 하건만
一天雲翳月光昏	하늘을 구름이 가려서 달빛이 어둡네

4

信宿山房客未歸	산방에 이틀 묵은 손님 돌아가지 않고
松籬疎插不關扉	소나무 울타리 엉성해서 문에 관계가 없네
健丁舂米料輸稅	건장한 남자는 쌀을 빻아 세금을 내고
老嫗繅絲謀製衣	늙은 할미는 실을 짧아 옷을 만드네
共話今宵宜曙達	오늘 밤의 대화가 새벽까지 가야 되는데
相分明日又尋稀	내일 서로 헤어지면 다시 찾기 힘드네
此吾楸下地兼勝	이곳은 내 고향 아래로 경승을 겸했건만
去每遲遲來若飛	가는 것은 더디고 오는 것은 나는 것 같네

내소사에서 자다
宿萊蘇寺

霏霏春雨滿春山	촉촉한 봄비가 봄 산을 가득 채우고
借得禪房一宿閒	선방을 빌려서 하룻밤을 묵는데
上人眞若情相近	스님은 정말로 마음이 가까이 된 것 같고
遠客還無世與關	먼 여행객은 세상과는 관계가 없어지네
雪白棠梨明屋後	눈처럼 흰 팥배나무가 집 뒤에서 빛나고
燃紅躑躅暎林間	붉게 타는 철쭉은 숲 사이에서 비치는데
曉磬聲穿白雲逗	새벽 종소리는 흰 구름을 뚫고 머물며
此身渾是出塵寰	내 몸은 속세에서 벗어난 것 같네

중양일에 임정 시 모임의 운을 차운하다

次重陽日林亭詩契

病中無路登亭西	병중에 길이 없어 정자 서쪽에 오르고
獨卧田廬寂莫捿	혼자 시골집에서 적막하게 거처하는데
前輩風流時已遠	선배의 풍류는 이미 시절이 지났지만
今人詞賦格還低	지금 사람의 사부[1]는 격이 도리어 낮다네
丹楓稍早謾車駐	단풍이 조금 이른 때에 수레를 멈추고
黄菊未開難榼携	국화 피지 않아 술통 휴대하기 어려운데
非以賞秋專以稧	가을 즐김이 아니라 단지 시 모임을 위함이며
兼酬重九一爲題	술마시고 중양절에 함께 시 짓기 위함이네

[수재는 단풍 산행이 많았다(守宰多楓行)]

1 사부(詞賦): 한시의 양식인 사(詞)와 부(賦)를 합쳐서 이르는 말

산행하다가 '경輕'자를 얻어 짓다

山行得輕字

入山漸覺疲還輕　산에 들어가자 점차 피곤함이 가벼워지고
爲是離塵能爽情　이곳은 속세를 떠나 마음이 상쾌해지는데
蒼藤古寺依雲壁*　푸른 덩굴의 옛 사찰은 구름 벽에 기대었고
紅葉数家通澗程　붉은 단풍의 몇 집엔 시냇길이 통과하네
丁壯擔柴循脊下　장정은 땔나무 메고 등성마루 밑에서 돌고
婦姑種麥覆畬耕　부녀자는 보리 심고 흙을 덮어주네
信步黃昏到楸舍　발길대로 걸어 저녁에 고향집 도착했는데
只因石路慣低平　돌길이지만 낮고 평평함에 익숙하기 때문이네

* [영은사(靈隱寺)]

쌍 퉁소

雙簫

天生妙質玉雙童　묘한 자질을 타고 난 옥 쌍둥이로
早學淸簫音得工　일찍이 퉁소를 배워 소리가 뛰어난데
千仞鳳鳴融瑞靄　천길 봉황의 울음이 상서로운 안개에 퍼지고
一聲鶴戛杳蒼空　한 바탕 학의 울음이 하늘에 아득하네
楚兵散去雞山月　초병은 계산[1] 달 아래에서 흩어지고
秦女飄臨緱嶺風　진녀는 후령[2]의 바람에 날라와 임하였네
嘹亮逈超歌鼓外　요랑하여[3] 멀리 노래와 북소리 넘어서며
怳疑仙樂聞瑤宮　신선 음악이 요궁[4]에서 들리는 듯하네

1 계산(雞山): 계산은 중국의 하남성(河南省) 서주(徐州)에 있는 산.

2 후령(緱嶺): 중국 하남성(河南省) 언사현(偃師縣)에 있는 산. 주 영왕(周靈王)의 태자인 왕자 교(王子喬)가 신선이 되고 나서 7월 7일에 후씨산(緱氏山) 정상에 학을 타고 날아와 가족들을 만나고, 뒤에 후령(緱嶺)에서 신선이 되어 백학(白鶴)을 타고 갔다고 한다.《列仙傳》

3 요량(嘹亮): (소리가) 우렁차고 낭랑함.

4 요궁(瑤宮): 중국 곤륜산에 있는, 신선이 산다고 하는 궁전.

노인당 벽의 부거 운을 차운하다

次老人堂壁芙蕖[1]韻

小堂東畔一方池　작은 집 동쪽 언덕에 연못 하나 있는데
無數藕花皆入詩　무수한 연꽃 모두 시에 담겨 있다네
不以婢妍爲媚態　어여쁜 하녀의 아첨하는 태도가 아니라
自能净植似堅持　스스로 정갈하게 심어져 굳게 지키는 듯하네
尋常同物貴乎遇　보통 같은 물건을 만나기가 귀한데
零落非今盛亦時　영락함이 지금 아니고 번성함도 때가 있네
著說濂翁奚獨美　염옹[2]은 어찌 유독 아름답다고 말하여
後人見爱萃於茲　후세 사람들 사랑하고 여기에 모이게 하는가

1 부거(芙蕖): 연꽃

2 염옹(濂翁): 염계(濂溪) 주돈이(周敦頤)를 지칭함. 그는 〈애연설(愛蓮說)〉을 지었다.

세모에 소암에서 동봉·지은과 함께 짓다
歲暮蘇庵 共東農芝隱作

1

膺閣別來音信遙　응각에서 이별한 뒤 멀리서 소식이 왔는데
蘇庵今日始相招　소암에서 오늘에야 비로소 초대하였네
浮生暫覺金沙路　헛된 인생 잠시 금모래 길을 깨달았는데
世事眞驚桑海潮　세상일 실로 놀라운건 상해[1]의 물결이네
巷雪初殘寒序盡　골목의 눈이 조금 남아 한서[2]가 끝나고
山梅欲放詩情饒　산 매화 피려고 하니 시정이 풍부해졌네
對君倍憶東湄切　그대 대하니 동미[3] 생각이 더욱 간절한데
其奈雲林遠市朝　운림이 도시와 멀리 있으니 어찌하겠나

2

一片蘇山壓衆岡　한쪽 소산이 여러 언덕을 압도하고
登臨自覺渺茫茫　올라보면 스스로 아득함을 느끼는데
古木寒烟迷野屋　고목의 찬 안개는 시골집을 혼미케 하고
輕帆暮汐漲魚梁　돛배는 저녁 밀물에 어량[4]이 불어났네
病餘止酒興全減　병으로 술 끊으니 흥은 완전히 사라지고

1 상해(桑海): 상해지변(桑海之變)의 준말. 뽕나무밭이 변하여 푸른 바다가 된다는 뜻으로, 세상일의 변천이 심함을 비유적으로 이르는 말임.

2 한서(寒序): 소한(小寒), 대한(大寒) 등 추위의 절기(節氣)를 말함.

3 동미(東湄): 저자의 재종숙(再從叔) 신동영(辛東泳)을 지칭함.

4 어량(魚梁): 한곳으로만 흐르도록 물길을 막은 뒤에, 그곳에 통발을 놓아 고기를 잡는 장치.

老去作詩思易忘	늙어가며 시사[5]도 쉽게 잊혀지네
黃昏禮佛聽禪偈	황혼에 예불하며 선게를 듣는데
揬盡胸塵閒意長	가슴속 먼지 털어내니 한가한 마음 오래가네

5 시사(詩思): 시적인 생각이나 상념

오금산[순익의 호]의 입춘 운을 차운하다

次吳琹山[順益號]立春韻

即見春竿出屋墻	봄 대나무가 집 담장에서 나와 보이고
青陽此日萌羣芳	푸른 햇살에 오늘은 꽃들이 싹이 났네
短蓑耕撥俗風古	도롱이 입고 밭갈이하는 풍습 옛스러운데
細菜供盤淡味長	여린 채소 반찬은 담백한 맛이 오래가네
雪巷覓花梅吐蕚	눈길 따라 꽃을 찾으니 매화가 꽃을 피우고
風楹題帖墨生香	바람이 기둥의 제첩에 부니 먹 향기 풍기네
痴心復有新年祝	어리석은 마음에 새해의 소원을 빈다면
適意詩邊與酒傍	마음에 드는 것은 시 언저리 술 곁이라네

금산의 설날 아침 운을 차운하다[기해;1899년]

次琴山元朝韻[己亥]

已見乾文移斗杓	이미 건문[1]이 두표[2]로 옮김을 보았고
春風又射凍雲消	봄바람 불어 얼어붙은 구름이 사라지는데
一時鄉里來新賀	일시에 고향에서 새해 축하가 들어오고
此日天門開早朝	오늘은 천문도 일찍이 아침을 열었네
和氣渾生橋下屋	온화한 기운이 다리 밑의 집에 넘치고
晴光浮動柳邊橋	맑은 빛이 버드나무 주변 다리에 떠 있는데
商量萬事老宜飮	만사를 헤아리니 늙어서는 술이 적합하여
促進巨觥隣客招	큰 잔을 재촉하며 이웃 손님을 초대하네

1 건문(乾文): 하늘의 여러 현상. 천문(天文).

2 두표(斗杓): 북두칠성(北斗七星) 중 자루 쪽의 세 별. 두병(斗柄).

재종숙 춘촌을 애도하다[동철]

輓再從叔春村[東喆]

當時標格衆爲欽	당시에 기품을 모두 흠모하였고
磊落其論氣又嶔	준수한 그의 주장은 또한 높았네
一座詩稱匡老至	한 자리에 시에 미친 노인이 이르러
百篇醉見謫仙吟	수백편 취해서 적선이 읊조림을 보았네
選登樞院宦情薄	중추원[1]에 선임되었으나 벼슬 생각 적었고
歸卧鄕廬衰病深	고향집에 돌아와 쇠병[2]이 심해졌는데
人世六旬安享了	인간 세상에서 육순으로 안락함을 누렸으니
誰云餘憾碍於心	누가 여감[3]이 마음에 걸린다 말하겠나

1 중추원(中樞院): 왕명의 출납, 숙위, 군기 등을 맡아보던 관청

2 쇠병(衰病): 늙고 쇠약하여 생긴 병

3 여감(餘憾): 풀지 못해 남은 바람이나 한

전동농을 애도하다
輓田東農

夢耶嗟惜此何聞	꿈인가. 안타깝게 이 무슨 소식인가
一瞬蜉蝣似散分	한 순간 하루살이 흩어지는 것 같아라
琴絶知音難奏曲	거문고는 지음 잃어 연주하기 어렵고[1]
匠無試處不論斤	장인은 시험할 곳 없어 무게를 논하지 않네
空山秋草濕凉露	빈산에 가을풀은 찬 이슬에 젖어 있고
古洞仙扉鎖暮雲	옛골 신선 집은 저녁 구름에 잠겼네
公與春村後先去	그대와 마을 사람들 차례로 떠나면
也應地下共修文	지하에서도 함께 글을 다듬을 것이네

[봄 7월 그믐 8월 초하루 전농이 죽음(春七晦 八初一 農故)]

1 거문고~어렵고: 백아절현(伯牙絶絃)의 고사를 원용한 시구임. 거문고의 명수인 백아가 지음(知音)인 종자기(鍾子期)가 죽자 거문고 줄을 끊어 버렸다는 뜻으로, 자기를 알아주는 절친한 벗의 죽음을 슬퍼함을 말한 것이다.

중추 작은 그믐에 벽성 조대은·함라 조연농과 함께 산행하고 개암사에서 자다

仲秋小晦[1]共碧城趙大隱咸羅趙研農作山行 宿開巖寺

垂老逢遊碧甚佳	늙어 여행하니 푸르름이 매우 아름답고
名山到處是吾家	명산은 어디를 가나 내집이라네
仙源幽閒聞溪水	신선계에서 한가롭게 시냇물 소리 들으며
法界通明覺路沙	법계가 매우 밝아 길가 모래도 깨닫겠네
衫翠蔽雲如入室	푸른 적삼으로 구름 가리며 방에 들어가니
柿紅間葉勝看花	잎 사이 붉은 감은 꽃을 보는 것보다 낫네
清晨磬落聽禪偈	맑은 새벽 종소리 마치자 선게를 듣는데
現悟爽然塵意遐	깨달음이 상쾌하여 속세 생각은 멀어지네

1 소회(小晦): 그믐날 전날 즉, 29일을 말함

변산에서 단풍을 감상하다

邊山賞楓

天公眞彩用寒霜	하늘이 진채[1]로 찬 서리를 사용해서
濡染山楓畵境長	산 단풍을 물들여 화경[2]이 오래가는데
濃似臙脂倍有色	짙기가 연지 같으나 색이 갑절이나 더하고
勝於花朶但無香	꽃떨기보다는 아름다우나 향기가 없다네
凋零莫使經風雨	시들어 떨어지니 비바람 맞지 않게 하고
爛漫偏宜照夕陽	만발하면 석양을 비추는 것이 마땅하네
絕唱千秋江冷曲	천추에 절창[3]인 강냉곡으로
和題奇觀入奚囊	기이한 경치는 화제로 해낭[4]에 들어가네

1 진채(眞彩): 단청에 쓰는 진하고 불투명한 채색.

2 화경(畵境): 그림을 보고 마음에 떠오르는 이미지를 뜻함.

3 절창(絕唱): 비할 데 없이 뛰어난 시문(詩文)

4 해낭(奚囊): 명승지를 찾아다니며 쓴 시나 문장 따위의 초고를 넣는 주머니

9일 임정 시 모임

九日林亭詩禊

搖落空城楓葉秋	텅빈 성에 단풍 떨어지는 가을날
鄕人遵舊會詩樓	고향 사람들 친구 따라 시루에 모였네
此有登臨堪自適	여기는 올라와 자적[1]할만 곳으로
只宜酩酊更無求	술에 취함 외에는 더 구할 것이 없네
霜黃稻壟叫寒鴈	서리에 누런 벼 두둑에는 찬 기러기 울고
雪白蘆洲飛晩鷗	눈이 하얀 갈대밭에는 저물녘 갈매기 나네
名亭人事相隨變	이름난 정자엔 인사가 수시로 변하는데
昔日繁華今寂幽	옛날 번화했던 것이 지금은 적막해졌네

1 자적(自適): 무엇에 얽매이지 않고 제 마음 내키는 대로 편안하게 즐김

김구사[낙필]과 함께 초산행을 짓다

共金龜史[洛弼]作楚山行

纔出塵埃意便明　겨우 속세에서 벗어나니 마음이 곧 밝아지고
蕭然行槖半擔輕　쓸쓸한 행탁이 반쯤은 가벼운데
午過湖店愁風雨　정오 지나 호수 점포에선 비바람 걱정하고
暮宿倉村計道程　저녁에 창촌에선 여정을 계획하였네
久矣丹楓曾擬見　오랫동안 단풍을 보기로 했었는데
居然白髮已多生　자연스레 흰 머리카락이 많이 생겼네
遙思二友有何事　멀리서 두 친구 무슨 일 있는가 생각하며
未得聯笻追子平　함께하지 못해[1] 자평[2]을 따른다네

[두 친구는 임택호,김낙기이다(二友 林澤鎬 金洛驥)]

1 연공(聯笻): 나란히 서서 함께 가거나 옴. 행동을 같이함을 뜻한다.

2 자평(子平): 점성술(占星術).

옛 내장산에서 단풍을 감상하다

古內藏賞楓

霜辰壯觀此山岡　상신[1]의 장관은 이 산언덕으로
樹樹酣楓生紫光　나무마다 무르익은 단풍이 자색빛 나는데
七分摸彩畫圖見　칠분[2]으로 본뜬 그림에서 보이고
九月開花時序忘　구월에 꽃피면 절기를 잊는다네
赤岸鏖兵明夜火　붉은 언덕 대전[3]에 야화가 밝고
東山携妓艷春粧　동산의 기생은 봄 단장 요염한데
玩賞來人幾千萬　감상하려 온 사람이 몇 천만인가
古今料度詩懷長　고금을 헤아려도 시회가 오래되었네

1 상신(霜辰): 상령(霜令)·상강(霜降)과 같은 말임. 24절기 가운데 하나로 서리가 처음 내리는 음력 9월을 말한다.

2 칠분(七分): 십 분의 칠이라는 뜻으로, 상당한 정도를 이르는 말

3 오병(鏖兵): 격렬하거나 대규모적인 전투. 대전(大戰).

원적암에서 머물며 앞의 운을 사용하다

宿圓寂庵用前韻

清晨磬落響山岡	새벽 경쇠소리가 구릉에 울려 퍼지고
靜裏諸天白月光	고요한 하늘에는 달빛이 밝은데
入室維摩如頓悟	방에 들어가니 유마가 깨달은 듯하고
離家靈運已全忘	집 떠난 사영운[1]을 완전히 잊었네
庭前栢樹心心念	마당 앞 잣나무 한결같이 생각나고
塔上蓮花面面粧	탑 위의 연꽃은 면면이 단장했는데
人世不知何處是	인간 세상 어디가 맞는지 모르지만
疑仙疑佛夢魂長	신선인지 부처인지 꿈속에 오래가네

1 사영운(謝靈運): 중국 남북조시대 송나라의 시인으로 독실한 불교 신자였으며, 여산사(廬山寺)를 지원하고, 직접 불교 경전을 번역하거나 종교적 작품을 쓰기도 했다.

고개를 넘어 구암사에 도착하다

踰嶺到龜巖寺

名山到處喜相隨	명산 여러 곳을 기꺼이 따르면서
恍覺金沙路不迷	멍하니 금사로 잃지 않았음을 깨닫네
峯上崔嵬重出峀	치솟은 봉우리 위에 다시 묏뿌리 솟고
源頭屈曲又過溪	굽은 샘 머리에 또 시내가 지나네
林間有石神羊化	숲속엔 돌이 있는데 신양[1]으로 변했고
峽裏無人怪烏啼	협곡엔 아무도 없는데 이상한 새가 우네
行到禪門寺絕處	선문에 도착하니 사찰에서 떨어진 곳으로
華藏臺現上頭題	화장대라 쓴 현액이 위에 걸려 있네

1 신양(神羊): 뿔이 하나인 신수(神獸) 해치(獬豸)의 별칭이다. 이 짐승은 성질이 충직하여 곡직(曲直)을 잘 분변할 뿐만 아니라 사람들이 서로 싸우는 것을 보면 그중에 사악하고 부정한 자를 뿔로 받아버린다는 전설에서, 예로부터 어사 등 집법관들은 해치의 모양으로 장식한 관을 썼다고 하는데, 이를 해치관 또는 치관(豸冠)이라고도 한다.

쌍계루에서 판상의 운을 차운하다

雙溪樓次板上韻

揭詠先賢非爲僧　게송을 읊조리는 선현은 스님이 아니고
箇中意豈詞章能　그 안의 뜻은 사장[1]으로 표현하지 못하네
地由人顯名尤重　땅은 사람의 영달 따라 명성이 더욱 중해지고
詩得紗籠色倍增　시는 사롱을 얻어 색깔이 두 배로 늘어나네
檻對仁山心自靜　난간이 인산을 마주해 마음이 절로 고요하고
溪流智水源惟澄　시내는 지수[2]로 흘러 원천이 맑은데
如余後學只貪景　나 같은 후학은 단지 경치만 탐닉하고
玩作楓行今日登　단풍길을 즐기고자 오늘도 오른다네

1 사장(詞章): 시가와 문장을 아울러 이르는 말

2 인산(仁山)·지수(智水): “어진 사람은 산을 즐기고 지혜 있는 사람은 물을 즐긴다[仁者樂山 知者樂水]”는 구절을 원용한 말이다.

백련암

白蓮庵

深山盡日小人逢	깊은 산속 온종일 만나는 사람 적고
落葉空村路幾重	낙엽진 텅빈 마을에 길은 여러 겹인데
白石蒼苔遍靈境	흰돌과 푸른 이끼 신령한 곳에 널렸고
淡雲濃靄多奇峯	맑은 구름 짙은 안개에 기이한 봉우리 많네
溪樓紗篆留賢蹟	시냇가 누각의 사전에 선인 흔적 남았고
蓮社塵煤老佛客	연사[1]의 찌든 연기에 불객[2]은 늙었네
遙憶世間如夢裏	멀리 세간이 꿈속인 것처럼 생각되는데
名區此好與君從	명승지에서 그대와 함께 이를 즐기려네

1 연사(蓮社): 서방 왕생의 정토신앙을 내용으로 하는 염불 수행의 단체.

2 불객(佛客): 불자(佛者)와 같은 뜻으로 불교에 귀의(歸依)한 사람의 통칭(通稱)임.

약사암

藥師庵

山之高者等難隨	높은 산은 함께 오르기 어려운데
千丈石撐天破時	천길 바위가 하늘 무너질 때 받쳤다네
痕留上古巨靈手	옛날 거인의 손자국이 남아있으며
光現中間菩薩眉	중간에 보살 눈썹에서 빛이 나타났다네
神羊何日巖醒道	신양[1]은 언제 바위에서 도를 깨닫나
巢鶴千年松老枝	천년송 묵은 가지에 학이 둥지를 틀었네
稱小金剛多勝景	소금강이라 불리며 경승이 많은데
大金剛自不觀知	대금강은 스스로 보고서 알지 못하네

1 신양(神羊): 뿔이 하나인 신수(神獸) 해치(獬豸)의 별칭이다.

운문암에서 자다
宿雲門庵

空門高處講玄微　공문[1] 높은 곳에서 현묘한 이치 강론하고
恍若離塵已忘非　마치 속세에서 벗어나 어긋남을 잊은 듯한데
旅夢夜雲依檻宿　여몽[2]에선 밤 구름이 난간에 머물더니
詩情秋葉撲樽飛　시정에선 낙엽이 술통에 나는 것을 본떴네
歲年老我難重到　세월은 나를 늙게 하여 다시 오기 어렵고
山水留人未遽歸　산수는 사람을 만류하여 급히 돌아가지 않네
不爲賞游都爲世　감상하고 노는 것도 세상을 위한 것으로
齊公貴亦歎斜暉　제공이 귀해도 역시 석양을 탄식했다네

1 공문(空門): '불교(佛敎)'를 달리 이르는 말
2 여몽(旅夢): 여행길에서 꾸는 꿈.

영주 혼가에서 자다

宿瀛州婚家

計程一舍近吾州	외딴집 거리를 재보니 우리 마을에 가깝고
遙望風塵湖海頭	멀리 속세[1]를 바라보니 바다 끝에 있는데
塵白多年煩惱客	속세에서 여러 해 번뇌했던 객으로
名山幾日清閒遊	명산에서 며칠이나 편안하게 놀았던가
丹楓盡落違佳節	단풍은 다 떨어지고 좋은 계절 어긋났는데
黃菊猶存見晩秋	황국이 아직 남아 있어 늦가을을 본다네
歷路私情終念念	지나온 길 사적 감정은 끝내 생각뿐이고
爲尋女婿宿瀛洲	사위를 찾기 위해 영주에 머물렀다네

1 원문의 '풍진(風塵)'은 흙먼지를 말하며 전의되어 속세(俗世)를 염세적으로 뜻하는 말로 쓰인다.

여러 소년과 함께 다음날 두승산에 오르다
共諸少年翌日登斗升山

登臨爽覺出于塵	올라와 속세에서 벗어난 상쾌함을 느끼고
四望遙通眼界新	사방을 바라보니 눈앞에 신세계가 보이는데
地是靈山參佛子	이 땅은 영산으로 불자들이 참여하며
天應秘境留仙人	하늘이 비경에 호응하여 신선이 머물렀네
掃苔題石光添旭	이끼 청소하고 돌에 시를 쓰니 더욱 빛나고
燒葉煖罇醺作春	잎을 태워 술을 데우니 봄 향기가 나는데
暫合名區知不偶	잠시 명승에서 만남이 우연이 아님을 알지만
多情挽我解衣巾	다정하게 만류하여 의건을 풀어 놓았네

유선암에서 자다[암자는 두승산에 있다]

仍宿遊仙庵[庵即斗升山]

強留一夜仙閒仙	억지로 하룻밤 묵으니 신선 중에 신선이고
天近星河落枕前	하늘이 가까워 은하수가 베개 앞에 떨어지네
夢醒檀香淸法界	꿈에서 깨니 단향이 법계를 맑게 하는데
氣通茗飮灌靈泉	기가 통하는 차를 마시며 영천을 따르네
高過盤掌可承露	손바닥 높이 들어올려 이슬을 받으며
量見斗升難記年	두승산 헤아려보니 햇수를 기억하기 어렵네
無限烟霞盡收拾	끝없던 안개 노을이 모두 걷히니
半分神去半分禪	반은 신에 가고 반은 선으로 나뉘었네

동미 숙부가 완부에서 보여준 운을 차운하다
次東湄叔完府示韻

幕府諸公韻致長	막부의 여러 사람들 운치가 뛰어나고
處煩欲地辨清涼	번거로움에 처해 시원스레 분별하려 했네
閒哦日就庭松翠	한가하게 나날이 푸른 마당의 소나무 읊고
高會時當嶺菊香	성대한 모임에선 산마루의 국화 향기를 맡네
梁枕片歡皆屬夢	양침[1]의 한 조각 기쁨은 모두 꿈이고
柟堂別業可忘鄉	남당 별장은 고향을 잊을만 하네
爲吾且報蘭汀老	나에게 또 난정 노인을 알려주는데
一上斗山期引觴	한번 두산에 올라 술 마시길 기약하게나

원운을 붙임

附原韵

暖燭紅氍漏箭長	따뜻한 촛불 붉은 담요에 누전[2]이 길고
沛城樹色曉蒼涼	패성의 나무 빛깔은 새벽에 처량하네
衣巾受月通身冷	옷에 달빛 비쳐 온몸이 차가운데

1 양침(梁枕): "인생의 덧없음"을 뜻하는 한단지몽(邯鄲之夢)을 달리 표현한 말이다. 황량지몽(黃粱之夢), 여옹침(呂翁枕) 등과 같은 말임.

2 누전(漏箭): 물이 줄어드는 정도로 시간을 알아볼 수 있도록 눈금을 새겨 물시계의 누호 안에 세워 놓은 화살. 즉 물시계의 침을 말함.

柿橘經霜滿案香　감귤은 서리 맞아 책상에 향기 가득하네

一笑浮生逢此夜　하찮은 헛된 인생 오늘 밤을 만나서

二年微祿在他鄕　두 해 동안 작은 벼슬로 타향에 있었는데

依然步入臨皐下　의연하게 임고 아래에 들어서니

不見坡仙更把觴　파선[3]을 보지 못하고 다시 잔을 잡았네

[동미(東湄)]

3 파선(坡仙): 소동파(蘇東坡)에 대한 경칭.

동미 숙부의 '산으로 돌아가는 임돈헌을 송별하다'운을 차운하다

次東湄叔送林遯軒歸山韻

新豐客舍惜分飛　신풍 객사에서 이별을 아쉬워하고
浮世紛忙遇合稀　헛된 세상 분망하여 만남이 드문데
應識松篁幽逕在　응당 솔과 대나무 오솔길에 있음을 알지만
難孤猿鶴碧山歸　원숭이와 학은 푸른 산에 돌아가기 어렵네
鄉關漠漠雲生路　고향 관문 아득한데 길에 구름이 날리고
驛樹沉沉雪撲衣　역의 나무들 무성한데 눈이 옷에 날리네
吾賀遯軒多隱趣　나는 돈헌이 은자의 취향 많음을 축하하는데
宦情必悟昔年非　벼슬 생각은 지난해 잘못임을 깨달아야 하네

동미 재숙부의 '완부음' 운을 차운하다
次東湄再叔完府吟韻

1

喜看回札坐深牕	흐뭇하게 회답을 깊숙한 창문에서 보려고
移近短檠桃玉釭	단경[1]을 도옥 등잔 가까이 옮겼는데
悟若法門皆不二	법문이 모두 둘이 아님을 깨달은 듯하고
翫如寳市盡無雙	보석 시장에서 둘도 없는 것처럼 즐겼네
白頭尙矍騰雲路	흰머리로 날렵하게 구름길 올랐는데
一病誰憐臥瘴江	질병으로 장강[2]에 누우니 누가 가여워하랴
假使詩筒替作鼎	시통을 대체하여 솥으로 만든다 해도
猶忘衰力圖能扛	쇠약함 잊고 짊어지려고 할 것이네

2

五更寂寂響踈鍾	오경에 적막한데 멀리 종소리 들리고
詩欲其成興欲濃	시가 이뤄지고 흥이 짙어지려 하는데
容裏嗹應聲遠夢	안에서 울리는 소리는 먼 꿈으로
燈前笑自摩衰容	등불 앞에서 노쇠한 모습 보니 웃음이 나네
至今老好安居息	지금까지 늙마에 평온한 삶을 즐기고
比昔健無臨事慵	옛날 건강할 때 비해도 일을 게을리 않는데

1 단경(短檠): 원래는 키가 낮은 등잔 받침대를 말하지만, 일반적으로는 기름접시가 기둥 중간에 붙어 있고, 등잔 받침대를 상자 모양으로 만든 것을 말한다.

2 장강(瘴江): 습하고 더운 땅에서 생기는 독기가 많은 강(江)

問道雙梅方綻蘂　쌍매화 꽃망울 터졌는지 물어보고
較看何似歲寒松　겨울 솔나무와 어떠한지 비교해 본다네

동미가 보여준 운을 차운하다

次東湄示韻

滿幅詩來滿喜情	가득찬 시가 오니 기쁨도 가득하고
矧茲欽仰大方名	게다가 대가의 이름 있어 흠앙[1]하니
瓊琚璀璨全光氣	경거 유찬[2]은 빛 기운이 완전하고
金石鏗鏘盡響聲	금석처럼 굳건하여 소리가 울려 퍼지네
南國相思梅欲老	남국에선 매화꽃 시듦을 그리워하고
東風遠望柳新晴	봄바람에 멀리서 버드나무 푸르름을 보니
殷勤又寄蘭汀叟	은근하여 또 난정 노인에게 보내는데
何日牙琴膝上橫	어느 날 아금[3]을 무릎 위에 빗겨 칠꼬

1 흠앙(欽仰): 공경하여 우러러보고 흠모함.

2 경거(瓊琚): 아름다운 옥으로 만든 패옥(佩玉). 전의되어 남이 보내온 시문(詩文)의 미칭(美稱)으로 쓰임. 유찬(璀璨)도 같은 뜻으로 쓰인 말임.

3 아금(牙金): 백아(伯牙)의 거문고.

황사군의 '흥학' 운을 차운하다[이름은 관수, 호는 화봉]

次黃使君興學韻[名觀秀 號華峯]

休運如逢亭午天　행운을 만난 듯 정오에 머물고
獲瞻文化越明年　내년에는 문화가 발전할 것인데
袁州修學奚專美　원주[1]의 수학이 어찌 유독 아름답고
蜀郡興規更紹傳　촉군[2]의 흥규 다시 이어서 전해지네
政識謹醇先變俗　정치는 근순[3]하여 풍속 변화를 우선하고
將期忠孝必多賢　충효를 기약하여 많은 현자가 필요하네
鄉人他日題侯績　고향 사람들 훗날 후적[4]을 내세우는데
巨筆豐碑字字圓　큰 글씨의 풍비[5]가 글자마다 원만하기를

1 원주(袁州): 중국 강서성(江西省)에 속해 있는 고을. 송(宋)나라 인종(仁宗)이 각 주현(州縣)에 학교를 세워 교육했는데, 조무택(祖無澤)이 원주지주(袁州知州)로 부임하여 학교를 세우고 교육에 매진하였다. 이때 이구(李覯)가 지은 〈원주주학기(袁州州學記)〉가 『고문진보』에 수록되어 있다.

2 촉군(蜀郡): 동한(東漢)의 염범(廉范)이 촉군태수(蜀郡太守)로 부임하여, 금화(禁火)와 야간 통행금지 등 옛 법규를 개혁하여 주민 편의 위주의 정사를 펼치자, 백성들이 "우리 염숙도여 왜 이리 늦게 오셨는가. 불을 금하지 않으시어 백성이 편케 되었나니, 평생 속옷도 없다가 지금은 바지가 다섯 벌이네[廉叔度 來何暮 不禁火 民安作 平生無襦 今五袴]"라는 노래를 지어 불렀다고 한다.《後漢書 卷31 廉范列傳》

3 근순(謹醇): 신중하고 순수함

4 후적(侯績): 높은 벼슬에 있어서 공적을 세움.

5 풍비(豐碑): 높고 큰 비석.

또 변산 운을 차운하다

又次邊山韻

一脉仙山縈絡回	한 줄기 선산이 뒤얽혀 돌아오고
洞天六六蓬壺開	동천엔 열두개 봉호[1]가 열렸네
彩石蒼江明月在	채석 푸른 강엔 밝은 달이 있는데
妙運古堞暮雲堆	묘운 옛 성벽엔 저녁 구름 쌓였네
不須廬岳飛流瀑	반드시 여산의 비류폭포 있을 필요 없고
猶勝牛岑落照臺	오히려 우잠의 낙조대가 낫다고 하는데
清游未共登高頂	아직 정상에 올라 한가하게 유람하지 못하고
只次瓊章意莫裁	경장[2]을 차운할 뿐 생각도 정리 못했네

1 봉호(蓬壺): 영주산(瀛洲山), 방장산(方丈山)과 함께 중국 전설상에 나오는 삼신산의 하나인 봉래산(蓬萊山)의 다른 이름.

2 경장(瓊章): '구슬같이 아름다운 문장'이라는 뜻으로, 남의 글을 높여 이르는 말

임정 시 모임의 운을 차운하다

次林亭稧韻

憶昔鄕人赴雨晴　옛날엔 고향 사람들 항상[1] 왔었는데
邇來寂寞懷難平　최근엔 적막하여 마음이 평탄치 않네
只要竹工修葺意　단지 죽공에게 집수리 맡길 생각뿐인데
不虛蘭帖詠霜情　난첩에 서리 읊은 뜻은 헛되지 않았네
枕邊淸響靈泉瀉　침상 주변의 맑은 소리 영천에서 쏟아내고
檻外浮光碧嶂橫　난간 밖에 뜬 빛은 푸른 산에 빗겼는데
一春勞力滄波上　한 봄엔 푸른 물결 위에서 힘을 들였지만
今見君詩強和成　지금 그대의 시를 보니 더욱 온화해졌네

1 원문의 '우청(雨晴)'은 비가 내리는 날씨와 맑은 날씨를 아울러 이르는 말임. 즉 '비가 오나 맑으나'란 뜻이다.

운정에서의 회고[벽 위의 운을 사용하다]

雲亭懷古[用壁上韻]

一興一廢轉常隨　흥폐는 항상 따르며 변하는 것으로
亭蹟憑看記與詩　정자의 자취는 기와 시를 보고 증빙하네
白門秋雨劫灰冷*　백문[1]의 가을비는 겁회[2]를 차게 하고
涉上雪風征客悲**　물가의 눈바람은 나그네를 슬프게 하네
童年陪老宛如昨　어린나이로 노인을 모시던 것이 어제 같은데
哀相侵吾迅若期　애상이 내게 들이닥침이 기약한 듯 빠르네
後視今猶今視古　훗날의 지금이 지금 옛날 보는 것과 같을지니
何人他日又今時　어떤 사람으로 훗날 또는 지금에 있을까

* [고기(古基)]

** [효전(孝田)]

1 백문(白門): 서쪽에 있는 문을 뜻함. 서문(西門).

2 겁회(劫灰): 대재난을 겪은 흔적

'서횡래' 운을 차운하다

次西黌來韻

1

人生各自異西東　인생은 각자 서로 동서로 다른데
會合終些缺界中　만남은 결국 속세[1] 가운데서이네
酒爛良宵難負月　술 취한 좋은 밤엔 달을 저버리기 어렵고
花開名院願無風　꽃 핀 명원에선 바람 없기를 바라네
驚看雙鬢已霜白　놀랍게도 양쪽 귀밑머리 이미 희어졌지만
保得寸心如日紅　촌심[2]은 붉은 해처럼 보존할 수 있다네
惠好同歸子眞是　좋은 친구와 함께 돌아가는 자진이기에
贈之華墨玉玲瓏[3]　그에게 화묵[4]을 주니 옥처럼 영롱하네

2

雪中我屋作瑤宮　눈 속에 나의 집을 요궁[5]처럼 만들고
廣庇天公護此翁　하늘이 널리 이 노인을 보호하는데
莫教塵事來相逼　세상일로 와서 위협하지 말게나
恰有淸標較與同　마치 청표[6]를 함께 비교하는 것 같네

1 결계(缺界): 어긋난 세계. 즉 속세(俗世)를 말한다.
2 촌심(寸心): 속으로 품은 작은 뜻
3 원전에는 '瓏'으로 기록되어 있는데, '瓏'의 오류이다.
4 화묵(華墨): 상대방의 편지를 높여 이르는 말
5 요궁(瑤宮): 신선이 산다고 하는 궁궐.
6 청표(淸標): 고결한 품격.

當世文章誰藉藉	당시 세상에 문장으로 누가 자자한가
古人勲業摠空空	옛사람 공적은 모두 허망할 뿐인데
午夜沈吟燈影下	한밤중[7] 등불 밑에서 읊조리며
更看詩格在梅叢	매화 숲에서 시격을 다시 살핀다네

7 원문의 '오야(午夜)'는 12시 중에서, 자시(子時)의 한가운데를 뜻한다.

인일에 운정에서 통천 친구 이운강과 함께 짓다

[임인;1902년, 직천 삼종으로 옥년이 호이다]

人日[1]雲亭共通川李友雲岡作[壬寅, 直川 三從 玉年號]

受節東風暗度江	절기따라 동풍에 은밀히 강을 건너고
如將暵律叶嘘雙	따뜻한 운율이 쌍으로 불어 화합하는 듯한데
穀日祥光看翳靄	곡일[2]의 상서로운 빛이 구름 속에 보이고
靈辰天氣照明牕	영신[3]의 천기가 밝은 창에 비치네
少無塵態身同鶴	조금도 속세 티가 없어 몸은 학과 같고
恰有仙儀眉盡厖	마치 신선 모습으로 눈썹이 모두 두텁네
羸基呼博轉堪勝	풍부한 재량으로 노름에 이길 수 있으니
休把吟筒要筆扛	시통을 잡고 붓을 들 필요가 없다네

1 인일(人日): 음력 정월 7일. '사람의 날'이라고 하며, 사람을 소중히 여기는 관습이 전해지는 세시풍속. 이날은 남의 집에서 자지 않는다.

2 곡일(穀日): 음력 정월 8일. '곡식의 날'이라고 하며, 이날 곡식 심을 준비를 하면 풍년이 든다고 한다.

3 영신(靈辰): 인일(人日)과 같은 말로, 음력 정월 7일을 지칭함.

운정에서 다시 운을 집어 들다

雲亭更拈

白頭那復少年時　흰머리로 어찌 젊은시절을 회복하겠는가
癡欲千金一刻遲　치욕[1]으로 천금같은 한 순간이 더딘데
潤木占因和氣透　물기 오른 나무는 화기 통함을 점치고
蓓花驗受信風吹　꽃봉오리는 바람 부는 것을 믿게 하네
奕碁曾謂猶賢已　바둑을 일찌기 현인 같다고 하였는데
刀筆奚歎未有奇　도필[2]로 어찌 기이함 없다고 탄식하랴
只不踰規從所好　즐기는 바를 따라 법을 넘지 않을 뿐이며[3]
於人不慍不吾知　남이 나를 알아주지 않아도 화내지 않네[4]

1 치욕(癡欲): 어리석고 미혹한 마음

2 도필(刀筆): 죽간(竹簡)에서 틀린 글자를 깎아 내는 칼.

3 『논어』「위정(爲政)」편에 나오는 "마음이 하고자 하는 바를 따라도 법도를 넘지 않는다[從心所欲 不踰矩]"는 구절을 원용한 말이다.

4 『논어』「학이(學而)」편에 나오는 "남이 나를 알아주지 않아도 성내지 않는다면 이 또한 군자가 아니겠는가[人不知不慍 不亦君子乎]"라는 구절을 원용한 말이다.

앞의 운을 써서 바둑을 읊다
用前韻詠碁

洞仙初遇對碁時	신선을 처음 만나서 대국할 때
靜坐明牕下子遲	밝은 창에 조용히 앉아 바둑 두기 더딘데
一境淸嘘人籟遠	온 지역[1]에 멀리 입피리[2] 맑게 울리고
千塵淨掃天風吹	천하의 먼지를 바람이 불어 말끔히 청소하네
輸贏有術揣排置	승부에 기술 있어 알아서 배치하고
變化無窮兼正奇	변화는 무궁한데 정기까지 겸비하였네
局上可云如世上	바둑판 위는 세상 같다고 말할 만한데
廢興翻覆比看知	흥폐 번복하는 것을 비교해 보며 안다네

1 원문의 '일경(一境)'은 어떤 경계 안 지역의 전부를 뜻함.

2 원문의 '인뢰(人籟)'는 사람이 입으로 불거나 손으로 타는 악기들의 소리를 뜻함.

상원일에 운정에서 임지은을 만나 짓다
上元雲亭逢林芝隱作

白首相逢新歲初	흰머리로 새해 초에 만나니
舊情倍覺自如如	옛정이 두 배로 자유로와라
雲亭纔歇仙人局	운정에서 방금 신선 바둑을 쉬는데
芝洞應留長者車	지동엔 어른의 수레 머물렀겠지
偶值上元堪樂矣	우연히 상원을 만나 즐기니
盡傾下若可歸歟	다 취해서 돌아갈 수 있으려나
請君須復憐吾老	그대여, 늙은 나를 다시 돌보아주게
詩不能吟文廢書	시도 읊지 못하고 글도 폐했다네

다시 앞의 운으로 장기를 읊다

復以前韻咏博

楚漢爭雄對局初	초나라 한나라 대국하며 처음 싸우니
兩家氣勢騰騰如	두 나라 기세가 등등하네
超或邊行常戒馬	넘어서 갓길 다니니 항상 말을 경계하고
衝而直入難當車	돌진해 맞닥뜨리는 차를 당하기 어렵네
窺觀善越惟包也	살펴보고 잘 넘는건 오직 포이고
防備多功微士歟	방비하여 공이 많은건 미력한 사인데
象呼連將宮連逐	상이 계속 장을 부르면 궁이 계속 내쫓고
敗率降兵伏納書	패하면 항복한 병을 거느리고 글을 올리네

운강이 보여준 운을 차운하다

次雲岡示韻

都將塵事抛笆籬　모든 속세일을 울타리 밖으로 던져버리니
一段心如清水池　한 조각 마음은 맑은 물 연못 같은데
鶴觀仙緣方對局　학관에선 신선과 인연으로 대국을 하고
鳳樓高手又傳詩　봉루에선 고수가 시를 다시 전하네
人生本自有分合　인생은 본래로 나뉘었다 합함이 있고
時物無非與轉移　시간과 사물은 변화를 피할 수 없네
些子箇中安着住　그중에 조금은 안착해 머물러서
百年可得敷襟期　평생토록 옷깃 펼치는 시기를 얻는다네

앞의 운으로 비를 읊다

用前韻咏雨

始因濛靄暗山籬	처음엔 안개비 자욱하여 산울타리 어둡더니
亂墜生鱗見水池	물고기 어지러이 떨어져 물웅덩이에 보이네
被蟄多思諸老會	칩거하며 여러 노인회를 많이 생각하는데
作閒重和故人詩	짬을 내어 다시 옛사람 시에 화답하네
泉聞枕下聲初大	베개 밑에 샘물 소리가 점점 커지더니
溜瀉簷間脚不移	주렴 사이로 쏟아져 다리는 옮기지 않네
占喜孟陬頗有象	점쳐보니 맹추[1]에 좋은 기운이 있는데
先從牟麥可豐期	먼저 보리부터 풍년을 기약할 수 있다네

1 맹추(孟陬): 봄을 셋으로 나눌 때, 그 첫 부분. 맹춘(孟春)과 같은 말로 음력 1월을 지칭함.

운정에서의 시회

雲亭詩會

玉麈清談勝管絃	옥주[1]의 맑은 이야기는 악기보다 낫건만
皤皤鬚髮盡高年	수염과 머리털 희어져[2] 모두 나이가 많네
倒垂翠葉入欄竹	녹색 잎이 뒤집어져 난간의 대나무에 들고
半坼紅房出沼蓮	붉은 꽃방을 반쯤 터뜨려 연꽃이 피어나네
序屬火行侵溽暑	절기가 화행[3]이 되자 무더위가 침해하고
念存民饉觀炊烟	백성의 기근을 걱정하며 밥 짓는 연기를 보네
顧今一飽雨之賜	생각하면 지금 한 끼는 비가 내려준 것으로
徒飽誰知所以然	그저 배부르면 누가 그런 이유를 알겠는가

1 옥주(玉麈): 아름다운 먼지떨이를 가리키는데, 남북조(南北朝) 시대에, 청담(淸談)을 하는 선비들이 백옥주미(白玉麈尾)를 손에 들고 휘저으며 담론(談論)하였는데, 백옥주미는 사슴의 꼬리에 목으로 자루를 한 것이다. 소식(蘇軾)의 시에 "談辯如雲玉麈麈"라는 시구가 있다.

2 원문의 '파파(皤皤)'는 머리털이 허옇게 센 모양을 뜻한다.

3 화행(火行): 오행(五行)의 두 번째에 해당하는 화(火)를 지칭함. 타오르는[炎上] 것은 불의 본성인데 불이 그 본성을 잃으면 재난[沴]이 된다고 한다.

조사군[중익, 화교]이 노인을 대접함에 감사하다

謝趙使君[重翊 華喬]餉老

地主文治觀誦絃	지주는 문치하며 시와 음악을 즐겼으며
時捐殘俸餉高年	때때로 남은 봉급 기부하며 고령을 누렸네
頻過民舍種田韭	자주 백성 집에 들러 채소를 심고
時到雲亭賞沼蓮	때때로 운정에서 연꽃을 감상했네
蓷谷詩成承雨澤	퇴곡[1]에서 시 이루니 우택[2]을 입었으며
竹欄酒醒歇茶烟	대나무 난간에서 술 깨니 차 연기 그쳤네
先於優老克遵禮	노인 우대보다 먼저 예를 따라야 하는데
飽飫微公其孰然	마음껏 먹게 해준 그대에게 숙연해지네

1 『시경』의〈중곡유퇴(中谷有蓷)〉는 흉년에 기근이 들어 가족이 뿔뿔이 흩어져 굶주리는 상황을 노래한 시인데, 그중에 "골짜기 속에 익모초가 있으니 습지에도 바짝 말랐도다. 여인이 남편과 헤어져서 흐느껴 울도다. 흐느껴 우니 슬퍼한들 어찌 미치리오.[中谷有蓷, 暵其濕矣. 有女仳離, 啜其泣矣. 啜其泣矣, 何嗟及矣]"라는 말이 나온다.

2 우택(雨澤): 비가 내림으로써 얻는 혜택

‘영주에서 사물을 읊다’ 세 운을 차운하다

[운은 본래 평담 자적하여 뜻에 따라 이루어진다. 여러 사람이 하나의 운이라도 운이 각각 같지 않은 것은 그 뜻이 가는 바로써 짓기 때문에 지금의 작품과 같지 않다. 간판의 차운을 찾아보니, 어긋난 글자가 있고, 말이 전달되지 않으며, 음이 맑지 않으며, 시구를 모아 이루는 것에 지나지 않을 뿐이다. 사람들이 영주의 수령이 시를 지어 주기를 강요한다고 하기에 부득이 억지로 부응한다.]

次瀛洲詠物三韻

[韻者 本平澹自適 隨意成之 雖衆人一韻 韻各不同者 以其意之所之而作 非如今之作 刊板覓次也 如許乖字 辭不達 而音無淸 不過會成句數而已 人以瀛倅 强要求言 故不得已 而强副之]

1

擧世皆嘗均是公	온 세상 모두 공평함을 경험하였는데
暫時不捨始而終	잠시라도 시작부터 끝까지 버리지 않았네
味似茗茶能降氣	맛은 명차 같아 능히 기를 가라앉히고
品同葵藿但虧忠	품질은 규곽[1] 같아 충성심이 부족하다네
銀成巧飾壽兼福	은으로 수와 복을 기교 있게 꾸미고
竹戒過長驕且雄	대나무는 지나친 자랑과 오만을 경계하네

1 규곽(葵藿): 아욱과 콩잎을 말하는 것으로 주로 ‘보잘것없는 충심’이나 ‘하찮은 정성’을 표현하는 겸사로 쓰였다.

最宜食後他無益　식후에 가장 적합하나 다른 이점은 없으며
塗漆五腸徒損聰　오장을 온통 칠하면 지혜를 해칠 뿐이네

[담뱃대(右烟竹)]

2

阡畝茫茫水草濃　넓고 넓은 들판에 물풀이 무성하고
偏宜駕耒務於農　쟁기로 농사짓기에 매우 적합한데
行輒建碓耕赤埴　방망이 세워 붉은 진흙[2]을 갈 때는
聲能宏壯發黃鍾　소리가 굉장하여 종소리가 울려 퍼지네
依經相者世難遇　경험에 의존하니 세상에서 만나기 어렵고
叩角歌人誰與從　뿔을 두드리며 노래하는 이는 누가 따를꼬
遙思弘景山居日　멀리 도홍경[3]의 산속 생활을 생각하니
二畵通神手莫容　두 폭 그림의 신령스런 솜씨는 따를 수 없네

[소(右牛)]

3

來去平生皆以雙　오고 감을 평생토록 항상 함께하고
相随片刻不離跫　서로 따르며 잠시라도 떨어지지 않는데

2 원문의 '적치(赤埴)"는 색깔이 붉은 진흙을 말함.
3 도홍경(陶弘景); 중국 양(梁)나라 때 도가(道家). 젊어서 궁중에 들어가 황제의 자녀들을 가르치다가 구곡산으로 들어가 칩거하면서 도교에 심취하였다.

晴繅光時飛弄日　맑은 날 햇살에 날면서 해를 조롱하고
浪生紋處蹴過江　파도 무늬 이는 곳에서 강을 차고 지나네
華堂賀語題詩帖　화당[4]에선 축하 인사와 시를 주고 받고
讌席序毛斟酒缸　연회에선 차례대로 술잔을 기울이며
微禽多閱興亡事　작은 새지만 많은 일들을 지켜봤기에
王謝當年盡繡牕　왕사[5]는 해마다 수 놓은 창에서 맞았네

[제비(右燕)]

4 화당(華堂): 화려한 집. 대궐.

5 왕사(王謝): 중국 동진(東晉)시기에 고관대작들의 저택이 모여 있던 오의항(烏衣巷)에 살았던 왕도(王導)와 사안(謝安)을 합쳐 부르는 명칭임. '왕사(王謝)'는 후대에 고관대작의 대명사로 쓰였다. 오(吳)나라 때는 금위군 중의 오의영(烏衣營)이 있던 곳인데 사병들이 모두 '오의(烏衣)' 즉 검은 제복을 입었기 때문에 붙은 이름이라고 한다.

조사군[화교]의 개암사 운을 차운하다

次趙使君[華喬]開巖寺韻

半天雲矗開奇巖	한나절 구름이 솟아오르니 기암이 열리고
寺得其名世曰咸	절은 그 이름을 얻어 세상에서 모두 일컫네
公餘無事松哦二	공은 여가에 일 없어 소나무에 두 번 놀라고
方外有緣桑宿三	바깥 인연이 있는 뽕나무에 세 번 묵었네[1]
幽境少塵心似悟	그윽한 경치에 먼지가 적어 마음이 깨달은 듯
靈泉洗垢味兼甘	영천에 더러움을 씻고 맛보니 단맛을 겸했네
聞說空門遊賞遍	사찰에 놀며 구경한다는 소문이 널리 났는데
風流賓主美東南	풍류객과 주인은 동남쪽이 아름답다고 하네

1 상숙(桑宿): 어떤 것에 대해 연연해하는 마음이 남아 있는 것을 말한다. 수행하는 중이 뽕나무 아래에서 쉬되 한 나무 아래에서는 세 번 이상을 쉬지 않고 자리를 옮기는데, 이는 한곳에 오래 머무르면 연연해하는 마음이 생길까 염려해서 그렇게 하는 것이라고 한다. 〈後漢書 卷30下 襄楷列傳〉

이학사[만식, 우당]의 운반정 판상 운을 차운하다
次李學士[萬植 雨堂]雲半亭板上韻

歸盖翩翩帶一琴	돌아올 땐 가벼운 발걸음으로 거문고를 들고
臨歧惜別故相尋	갈림길에서 이별하며 옛 친구를 찾아가네
東風店舍湖雲暮	동풍 부는 가게에는 호수 구름 저문데
細雨征帆漢水深	가랑비에 돛을 다니 한수는 깊어지네
揭壁那堪無示意	벽에 걸렸으니 어찌 볼 마음이 없겠는가
去鄉自爾未忘心	떠나온 고향은 이미 잊혀지지 않았는데
舊時臺沼寵光在	옛날의 정자와 연못에 그리움이 남아 있고
净植荷花塵不侵	연꽃을 심어도 티끌은 침범하지 못하네

윤직각[석오]의 판상 운을 차운하다
次尹直閣[石梧]板上韻

酒後登樓生晩醺	술 마시고 누각에 오르니 늦게야 취기가 일고
夕陽紫翠暎籠紋	석양은 붉고 푸른 산에 빗살처럼 비치는데
巨擘東京胸列宿	동경의 거벽[1]으로 가슴에 나열되어 있고
主盟西浙手拏雲	서절[2]의 맹주로 손으로 구름을 잡았다네
旅館雪鴻新印跡	여관의 눈에 기러기는 새 발자국을 남기고
禁垣繡鳳舊搯文	궁궐 담에 수놓은 봉황은 옛날 글에서 뽑았네
揣思綿邈移觀物	생각이 아득히 멀어 옮겨서 사물을 관찰하니
蘭馥逈殊凡卉芬	난초 향기는 평범한 풀 향기와는 다르다네

1 거벽(巨擘): 어떤 분야에서 그 기능이나 능력이 남달리 뛰어난 사람

2 서절(西浙): 절서(浙西)와 같다. 지금의 전라북도에 해당되는 호남 이북 지역을 지칭하는 말이다. 호남은 인구가 많고 물산이 풍부해서 송(宋)나라의 절강(浙江) 지역에 비견되었기 때문에, 절강지역을 남북으로 나누어 그 이남을 절동(浙東), 그 이북을 절서(浙西)라고 하듯, 호남지역을 남북으로 나누어 그 이남을 절동, 그 이북을 절서라고 한 것이다. 호남을 중국의 절강 지역에다 비유하는 말은《승정원일기(承政院日記)》에 보인다.《承政院日記 英祖1年 5月 20日, 高宗30年 3月 21日》

이학사[헌영, 동련]의 운반정 판상 운을 차운하다
次李學士[鑢永 東蓮]雲半亭板上韻

1

虛堂晝永漏丁東　빈집의 낮은 긴데 물시계 똑똑 떨어지고
往跡依然思想中　지나간 흔적은 여전히 생각에 남아 있네
此日餘生頗有感　오늘은 여생에 자주 감회가 드는데
當時素志乃相通　당시의 순수한 뜻이 즉시 상통하네
沼荷開蘂照淸水　연꽃이 꽃잎을 열어 맑은 물에 비치고
院竹成竿搖晩風　원림의 대는 줄기 나와 저녁 바람에 흔들리네
又是蓬萊洞天月　또다시 봉래 동천에서 달이 솟아오르고
酒仙詩佛共參同　주선과 시불[1]이 함께 참석하였네

2

記憶前塵一夢同　전대의 속세를 생각하니 한바탕 꿈 같은데
鄕人今尙說遺風　마을 사람들은 아직도 유풍을 이야기하네
淸吟梅閣卧何遜　하손[2]이 매각에 누워서 읊조리고
壯觀蓬山隨子平　봉산의 장관은 자평[3]을 따랐네
澗竹如能經雪翠　시내의 대는 눈속에 푸른 빛을 유지하는데
園花判不作春紅　동산의 꽃은 봄의 붉은 빛을 만들지 못하네

1 시불(詩佛): 시를 잘 쓰는 스님이라는 뜻으로 시승(詩僧)과 같은 말로 쓰임.
2 하손(何遜): 중국의 남조(南朝) 양대(梁代)의 시인으로 매화를 즐겨 시를 지었다.
3 자평(子平): 점성술(占星術).

揣今濟世其誰許	지금 세상을 구제할 수 있는 이 누구인가
廊廟江湖憂不窮	조정[4]과 강호[5]의 걱정이 끝이 없다네

4 원문의 '낭묘(廊廟)'는 정전(正殿)을 가리킨다. 정사(政事)를 보는 곳으로, 곧 조정(朝廷)을 이르는 말이다. 묘당(廟堂)이라고도 한다.

5 강호(江湖): 강(江)과 호수(湖水). 자연(自然), 넓은 세상. 속세를 떠나 풍류와 흥취를 즐기고 수양에 힘쓰던 자연 공간을 뜻하는 말로 쓰인다.

임피 표종[강학수]의 '우거' 운을 차운하다

次臨陂[1]表從[2][康學叟]寓居韻

山村幽僻所居宜　산촌이 깊고 외져서 살기에 적당하고
謝絶紛紜與世知　시끄러움[3]을 사양하니 처세를 알려주네
農畢有秋頻釀酒　농사 마친 가을엔 자주 술을 빚고
身閒無事或吟詩　한가하고 일 없으면 간혹 시를 읊조리네
輞川自在市塵外　망천[4]은 시장 밖에서 자유롭게 흐르고
康節不行風雨時　강절[5]은 비바람 불 때는 행하지 않네
到老茫然積年阻　늙마에 망연하여 여러 해 멀어졌는데
擬將隨暇一尋之　한가한 짬을 내어 한 번 찾아보려네

1 임피(臨陂): 전북 군산의 지명, 지금의 군산시 임피면에 해당한다.
2 표종(表從): 외삼촌의 아들이나 딸, 즉 외사촌을 지칭한다.
3 원문의 '분운(紛紜)'은 세상이 시끄럽고 떠들썩함을 뜻한다.
4 망천(輞川): 중국의 시인(詩人) 왕유(王維)가 망천(輞川)에 별장(別莊)을 짓고 세상과 떨어져 심신(心身)을 수련(修鍊)하였다고 한다.
5 강절(康節): 중국 송(宋)나라 때의 학자 소옹(邵雍)의 시호(諡號).

단풍

丹楓

空山寂寞動秋風	텅빈 산은 적막하고 가을바람 부는데
萬樹丹楓背日紅	나무들 단풍 들어 붉은 해를 등지고 있네
爛熳開成移花朶	활짝 꽃이 피어서 꽃떨기 옮겨가는데
婢姸粧出綺羅叢	고운 첩이 단장하고 기라총[1]에서 나오네
一氣知時霜所使	단숨에 때를 알아 서리가 시킨 것으로
五行尚色火爲同	오행은 색깔을 숭상하여 불과 같이 하였네
酷看不休光暎透	매혹되어 쉬지 않고 빛이 비치는 것을 보는데
朱顏渾似數盃通	붉은 얼굴은 마치 여러 잔 술을 마신 것같네

1 기라총(綺羅叢): 기라성(綺羅星)과 같은 말임. 밤하늘에 반짝이는 수많은 별이라는 뜻으로, 신분이 높거나 권력 또는 명예 따위를 가지고 있는 인물들이 모여 있는 것을 비유적으로 이르는 말이다.

樵隱詩集

卷三

벙어리와 귀머거리[갑진:1904년]

啞聾[甲辰]

擧世今宜啞聾同	온 세상 지금은 벙어리 귀머거리 같아야 하고
一機爲禧戒于中	한 번 기회가 복이 됨을 마음에 경계해야 하네
有舌尙存蘇益困	혀가 남았으나 소진은 더욱 곤궁해졌고[1]
無聲能聽李奚功	소리 없어도 들은 이릉은 어떻게 공을 세웠나[2]
斷髮文身盡是狄	머리를 깎고 몸에 문신하니 모두 오랑캐이고
剝膚椎髓非全公	살갗 벗기고 뼈를 발라내니[3] 공평치 않네
可哀如病民生恨	슬픈 일은 민생의 한탄이 질병과 같으니
直欲蒼天訴帝宮	곧바로 푸른 하늘 제석궁에 호소하려네

1 소진(蘇秦): 중국 전국시대 연(燕)나라의 책사. 전국 7웅 중 가장 강한 진(秦)나라를 견제하기 위해 나머지 6국이 동맹하여 대항해야 한다는 합종책을 설파했다.

2 이릉(李綾)은 중국 한(漢)나라 장수로 귀가 들리지 않았으나 능력이 뛰어 큰 전공을 세웠다고 한다.

3 박부추수(剝膚椎髓): 살갗을 벗기고 골수를 발라낸다는 뜻으로 벼슬아치의 지나친 횡렴(橫斂)을 이르는 말임.

신문의 첨향 운을 차운하다

次新聞中僉鄕韻

朝端碩望且高年	조정의 으뜸으로[1] 높은 명망에 나이 많고
直認人間太上仙	인간 세상의 최고 신선으로 인정 받았네
正是經綸扶社稷	바로 경륜으로 사직을 지탱하였는데
胡然瀟灑想林泉	어찌 맑고 깨끗한 임천[2]을 상상했겠나
華夷相混無餘地	중국과 오랑캐 뒤섞여 남은 곳이 없으며
日月其明奈共天	해와 달이 어찌 같은 하늘에서 밝겠는가
君子野人交養義	군자와 야인은 서로 정의를 나누며
非貽富貴徒爲全	부귀를 얻기보다는 온전하여야 하네

1 원문의 '조단(朝端)'은 조정의 신하 중에서 첫째가는 지위를 뜻한다.

2 임천(林泉): 숲과 샘이라는 뜻으로, 은사가 사는 곳을 이르는 말이다.

설날 아침[을사:1905년]

元朝[乙巳]

鄕隣少輩拜高年	이웃 젊은이들 노인에게 세배하고
漢代衣冠體樣仙	한대의 옷차림은 신선 모양이네
俗風尙古耕郊墢	풍속은 예스럽고 교외 밭을 가는데
春氣驗先澌壑泉	봄기운은 계곡 샘물로 먼저 증험하네
今當人事賁新日	지금 인사가 크게 새로운 날을 맞이하니
即見物和涵養天	곧 사물이 하늘과 화합해 함양함을 보네
節序循環只成感	절기의 순환은 단지 느낄 뿐이지만
誰曾推識理之全	누가 일찍이 이치를 완전히 이해했던가

약천 아우를 생각하며 서울에서 짓다
思川弟[1]漢都作

1

觀今時勢異於前	지금의 시세를 보니 예전과 다르고
造化神工莫及焉	조물주의 신공이 미치지 못하는데
一條縮地輪車走	한 줄기 축지법으로 바퀴수레 달리고
千里飛天電線傳	천리 하늘을 날라서 전선으로 전하네
漢北自應邇道路	한강 북부는 저절로 가까이 도로가 생기고
湖南不是遠山川	호남이 멀리 떨어진 산천이 아니라네
宜有聞奇猶寂寞	신기하게 들리는데 오히려 적막하고
關心倍覺鬱陶然	관심을 가지니 울적함이 갑절로 느껴지네

2

一抹蠶頭三角前	한 줄기 잠두봉은 삼각산 앞에 있고
擁回地勢毓靈焉	에두른 지세는 성령을 기르는데
聖殷惟六七君作	성은[2]은 여섯 일곱 임금이 나왔으며
仙李於千萬歲傳	신선 이씨[3]는 천만년에 전하네
戚與休兮盟帶礪	슬픔과 기쁨에 대려[4]를 맹세하고

1 천제(川弟): 저자의 동생인 약천(若川) 신제(辛濟)을 지칭함.

2 성은(聖殷): 성군(聖君)과 같은 뜻으로 쓰인 말임.

3 선이(仙李): 전주이씨(全州李氏)를 지칭하는 말로 쓰임.

4 대려(帶礪): 허리띠와 숫돌이라는 말로, 공신의 영예를 대대로 누리게 해 주겠다는 뜻이다. 한고조(漢高祖) 유방(劉邦)이 개국 공신들을 책봉하면서 "황하가 변하여 허리띠처럼 되고, 태산이 바뀌어 숫돌

美哉賽也稱山川 아름다워라 산천에 제사 지냄이여
中天薄蝕何時復 중천에 엷은 일식을 언제 다시 회복하여
更覩文明照廓然 더욱 빛나는 문명을 다시 볼 수 있을까

처럼 될 때까지, 그대들의 나라가 영원히 존속되어 후손들에게 전해지도록 할 것을 맹세한다.[使河如帶, 泰山若礪, 國家永寧, 爰及苗裔]"라고 말한 대목에 나오는 말이다.(『史記』卷18, 〈高祖功臣侯者年表〉)

앞의 운을 사용하여 시세를 탄식하다
用前韻歎時世

一亂一治雖鑑前	어지러움과 다스려짐을 앞에서 보았지만
從來未官甚斯焉	예로부터 관리가 이처럼 심한 적은 없었네
漢代衣冠都變盡	한나라의 옷차림은 모두 사라졌고
釋門被剃遞相傳	불가의 스님[1]이 교체해 서로 전하네
地分夷夏間隣壤	땅은 오랑캐와 중국 사이에 이웃이고
河則朝宗容受川	강은 조종[2]으로 하천을 수용하는데
混之以處自成熟	섞여지는 곳에서 스스로 성숙해가며
近墨近朱其理然	무슨 일을 벌이든지[3] 이치대로 하네

1 피체(被剃): 출가 입산하여 삭발하고 가사를 입어 스님이 되었다는 말이다.

2 조종(朝宗): 제후가 봄과 여름에 천자를 알현하던 일. 전의되어 "한 곳으로 모여들다."는 뜻으로 쓰인다.

3 원문의 '근묵근주(近墨近朱)'는 중국 서진(西晉)의 부현(傅玄)이 편찬한 〈태자소부잠(太子少傅箴)〉에 나오는 말로, "붉은 인주를 가까이하면 붉게 되고, 검은 먹을 가까이하게 되면 검게 물든다[近朱者赤近墨者黑]"는 성어를 원용해서 쓴 구절이다.

종숙 동지공을 애도하다

輓從叔同知公

薤露悽悽復我私　해로[1]는 나를 다시 처량하게 하는데
竟成千古不誰悲　결국 천고에 아무도 슬퍼하지 않게 되었네
享以晩榮三胤在　늙마에 세 아들이 있어 영광을 누렸으며
過於稀壽五年奇　희수를 다섯 해나 넘겨 기이하셨네
花樹齊參減和樂　친척들 모두 참석해도 화락이 줄어들고
雲亭少一爲歡嘻　운정에선 조금도 기쁨이 없으며
平生所嗜今茲進　평생 즐기신 것을 지금 올리니
餞紼中途酹一危　이별 길 중도에 한잔 기울이소서

1　해로(薤露): '부추 위의 이슬'이란 뜻인데, 쉽게 사라진다는 의미로 죽음을 뜻하는 말로 쓰인다. 상여가 나갈 때 부르는 노래를 해로가(薤露歌)라고 한다.

박재순[덕재]의 춘회를 차운하다
次朴載淳[德齋] 春懷

1

賞春回憶盛當年	봄을 즐기며 한창이던 때를 돌이켜보니
日夜詞源水湧泉	밤낮으로 문사의 근원이 샘처럼 솟아났지
選遊勝日仍明月	좋은 날 가려 놀던 때는 달 밝은 때였고
耽看名山與大川	이름난 산과 큰 강을 탐닉해 보았다네
今絕親朋巷無轍	지금은 친구 끊기고 길엔 자취도 없으며
尚傳舊物座惟氈	여전히 옛 물건만 자리하고 있다네
萬事人間都棄了	인간의 모든 일은 모두 던져 버리고
看書求道頓吾天	책 읽고 도를 추구하며 내 마음을 돌이켜보네

2

嫩葉初萌謝蘂紅	어린잎이 돋아나며 꽃잎이 붉게 물들어가니
塵襟欲把灑清風	먼지 낀 옷깃을 맑은 바람에 씻어내고 싶네
莫云夙世附麟鳳	전생에 기린과 봉황에 의지했다 말하지 말게
每限浮生違蕪鴻	매번 부질없는 삶에 황새와 어긋난다네
獨醒瀾看潢水酒	홀로 술에서 깨어 황수[1]의 술을 바라보고
不貪芥視蜀山銅	촉산의 구리[2]를 탐내지 않고 가볍게 여기며

1 황수(潢水): 요하(遼河)의 상류에 있는 강(江).

2 촉산동(蜀山銅)은 중국 사천(四川省)에 위치한 산으로 아름다운 경치와 구리 광산이 유명했기 때문에 붙여진 이름이다.

夫君才識誰同擬　그대의 재주와 지식은 누구도 비할 데 없으니
處士南州許石洪　처사는 남주에서 석홍처럼 천거될걸세[3]

3 『고문진보』에 수록된 한유(韓愈)의 〈송석처사서(送石處士序)〉에 나오는 고사로, 하양군절도사(河陽軍節度使) 오중윤(烏重胤)이 절도사가 된 지 3개월째에 종사관의 어진 이에게 선비를 구하니, 석홍(石洪)선생을 천거하는 종사관이 있었다고 한다.

월명암

月明庵

一宿都無塵累縈　하룻밤 자는데도 전혀 속세 얽매임이 없어
人間信是有蓬瀛　인간 세상에 신선계[1] 있음을 믿게 되는데
萬株松樹凌空直　수많은 소나무는 하늘을 치솟아 있고
百覓流泉滿確清　모든 샘물은 가득 차서 확실히 맑다네
澗鹿印蹄朝雨過　시냇가 사슴 발자국에 아침 비 지나고
山禽刷翮午暉晴　산새는 깃털 갈고 한낮 햇살이 개었는데
蒲團久臥身還倦　포단[2]에 오래 누우니 몸은 도리어 피곤하여
手把藜笻匝地行　지팡이 짚고 여기저기 길을 걷는다네

1 원문의 '봉영(蓬瀛)'은 '봉래(蓬萊)'와 '영주(瀛州)'를 합쳐 부르는 말로 곧, 선경(仙境)을 뜻한다.
2 포단(蒲團): 부들로 짜서 만든 둥근 방석

'벽성에서 오다'운을 차운하다

次碧城[1]來韻

1

散步邱園苔蘚肥	언덕을 산보하니 이끼가 푸릇푸릇하고
榴花持節笑薔薇	석류꽃은 절개를 지켜 장미를 비웃는데
地遐碧骨方傳札	멀리 벽골에서 바야흐로 서찰을 전하니
人向蓬壺可拂衣	사람들은 봉호[2]를 향해 옷을 떨칠수 있으리
須戒藩羊艱則吉	번양[3]을 조심하면 힘들어도 길할 것이며
會看庭鳥鳴將飛	모여서 정원의 새가 날기 전에 볼 수 있으리
今宜閒適懶題和	지금은 한가롭고 느긋하게 화답을 쓰면서
只是觀時歎物輝	단지 시기를 보며 사물이 빛남을 탄식하네

2

誰道持粱剌齒肥	누가 쌀밥과 고기반찬을 먹는다고 말하는가
衰年淡食供山薇	늙마에 담식[4]하며 산고사리를 올린다네
栞酒風流皆往跡	향기로운 술과 풍류는 모두 지나간 자취이고
江湖倫落遂初衣	강호에 윤락하여 마침내 초의가 되었다네
轉旋雙轂催生老	두 바퀴가 돌아가며 노화를 재촉하고

1 벽성(碧城); 황해도 중남부 해안에 있는 군(郡).

2 봉호(蓬壺); 봉래산(蓬萊山)을 지칭함. 영주산(瀛洲山), 방장산(方丈山)과 함께 중국 전설상에 나오는 삼신산(三神山)의 하나이다.

3 번양(藩羊); 중국역사에 등장하는 신화적인 동물로 양의 몸과 사자의 얼굴을 가진 동물로 묘사된다.

4 담식(淡食); 음식을 싱겁게 먹음.

高下一機觀躍飛	높은 곳에서 한 번 뛰어내려 날아오르며
人從乖境多趍向	사람들은 험한 상황에서 벗어나려 하는데
殊制靑蒼黑色輝	푸른 하늘과 검은 땅은 독특한 빛을 발하네

동미가 벼슬에서 쉬고 돌아와 빙재에서 시회를 열어 여러 노인들에게 짓기를 요청하다

東湄休官歸設詩會於氷齋要諸老作

棄官爲是作閒休	벼슬을 버림은 옳은 일로 한가롭게 쉬면서
無毁無聞笑急流	헐뜯고 뜬소문 없이 급류에도 웃음짓네
日涉田園眞樂地	매일 전원을 거니니 진정한 낙원인데
新營齋閣當名樓	새로 지은 재각은 이름난 누각이리라
酒醺半倒泥拖世	술에 취해 엎어지면서 세상을 살아가며
詩意方濃澹掏秋	시의[1]는 농담으로 가을을 뽑아내는데
我家謝叔多清福	우리 집에선 숙부에게 많은 청복[2] 감사하니
百歲人間盡意游	백세 인간으로 뜻대로 즐기기를 다하구려

1 시의(詩意): 시의 뜻. 시로써 형용하려는 생각을 말한다.

2 청복(淸福): 한가한 복록(福祿), 또는 유유자적하는 행복을 말한다.

박덕재 시를 차운하다

次朴德齋[1]

1

幾處名山作遍遊　얼마나 많은 명산을 두루 여행하였나
白雲長見日悠悠　늘 흰구름 보면 온종일 아득했는데
塵心未易超三界　속된 마음은 쉽게 삼계[2]를 벗어나지 못하고
仙分終難到十洲　신선의 분수도 결국 십주[3]에 이르지 못하네
久雨淋漓如洗暑　오랜 비가 시원하게 내려 더위를 씻어내고
微凉透罅認逢秋　서늘함이 작은 구멍으로 가을을 알리는데
人事古今多不及　인생은 고금에 이루지 못한 것이 많지만
許與蘇郎赤壁舟　소동파의 적벽강 뱃놀이를 허락한다네

2

東邊雞柵西牛宮　동쪽엔 닭 둥지, 서쪽엔 외양간이 있는데
計活蕭然受本窮　생활하며 쓸쓸히 본분을 받아들이네
域上誰爲大男子　이 땅에서 누가 큰 남자가 되겠는가
田間不識老英雄　밭에서는 늙은 영웅을 알지 못한다네
羽虫有義蜂稱主　곤충은 의로운 꿀벌을 주인으로 인정하는데

1　박덕재(朴德齋): 박재순(朴載淳). 덕재(德齋)는 그의 호임.

2　삼계(三界): 식욕(食慾)·성욕(性慾)·수면욕(睡眠欲) 등 세가지 욕망을 가진 중생들이 사는 세계를 말한다.

3　십주(十洲): 신선들이 살고 있다고 하는 열 개의 섬. 십주는 종종 아름다운 풍경과 평화로운 환경, 그리고 신성한 존재들이 사는 곳으로 묘사된다.

卉草無知葵向忠　풀은 충성 다하는 해바라기를 알지 못하네
可笑昇平休養物　우스워라 태평시대에 사물을 기르다니
滁亭日日樂其豐　저정[4]에서 매일같이 풍요를 즐긴다네

3

衰年轉覺事多非　늙어서야 세상사 그릇됨이 많음을 알았는데
遭不辰兮意更微　불행한 순간을 만나면 마음이 더욱 약해지네
東海有人能可蹈　동해는 능히 나아갈 사람이 있지마는[5]
路山無處與將歸　길가 산엔 함께 돌아갈 곳이 없네[6]
異方花草栽猶貴　이국의 화초는 여전히 귀중하게 여겨지는데
特地松篁愛反稀　특지의 송황[7]은 오히려 드물게 사랑하네
若待夫君常大醉　만약 그대를 기다려 항상 취할 수만 있다면
尋眞不必款仙扉　진리 찾으려 신선의 문 두드릴 필요 없으리

4

翠竹蕭蕭暎白沙　푸른 대나무 쓸쓸하게 흰 모래에 비치고
江干一路認君家　강둑의 한갈래 길은 그대 집을 알려주네
好事每爲逢好友　좋은 일이란 항상 좋은 친구를 만남인데
奇才元似護奇花　기재는 원래 기이한 꽃을 보호하듯 하네

4 저정(滁亭): 중국 소주(蘇州)에 있는 소식(蘇軾)의 별장으로 송대(宋代)의 문인들이 즐겨 찾던 명소이다.

5 제(齊)나라의 지략가인 노중련(魯仲連)이 "진(秦)나라가 멋대로 제왕이 되어 천하를 다스리게 되면 차라리 동해에 빠져 죽을지언정 결코 진나라의 백성이 될 수 없다."고 하였다.(『史記列傳』, 魯仲連傳)

6 노산(路山)은 중국 송대의 시인 육유(陸游)가 자신의 고향인 소주(蘇州)를 떠나 북송(北宋)으로 가는 도중에 지은 한시로, 길 가는 산과 들판에서의 풍경을 노래하며, 자신의 고향에 대한 그리움과 향수를 담고 있다.

7 송황(松篁): 소나무와 대나무. 지절(志節)의 상징으로 쓰이는 소재이다.

南簷午旭暑猶薄　남쪽 처마의 한낮 햇살은 더위가 약해지고
北戶晨涼秋更多　북쪽 문 아침의 서늘함은 가을 되자 많아졌네
三生忘幻資何物　삼생에서 환상을 잊게 하는 재료는 무엇인가
頌酒還應勝著茶　술을 찬양함이 차를 짓는 것보다 나을 것이네

5

庸陋宜吾隱姓名　비루함이 나의 숨겨진 이름에 어울리며
甘隨衆濁不爲清　많은 혼돈에 달콤하여 따르면 맑아지지 않네
塵意今如經一劫　속세 뜻은 마치 일겁을 지난 듯한데
詩心渾似悟三生　시적 마음은 삼생을 깨달은 듯하네
人云禾壟多風害　사람들은 논두렁엔 풍해가 많다고 하는데
客道蕉牕增雨聲　나그네길 창가엔 빗소리가 증가하네
那將漢水鴨頭酒　어찌하면 한강의 압두주를 가져오랴
要與謫仙相對傾　적선과 마주하여 기울이고 싶어지네

6

浮生萬事摠爲空　인생의 모든 일은 결국 공허하여도
宜直迎窮不送窮　응당 궁핍을 받아들이고 보내지 않았는데
泰嶽難憑當日誓　태산도 의지하기 어려운 그날의 맹세
大川誰有及民功　대천을 누가 민공에게 미칠 수 있을까
宵涼階草多凝露　서늘한 밤 계단 풀엔 이슬이 많이 맺히고
雨霽園篁自動風　비 개이면 정원 울타리에 바람 절로 부는데
鼓吹大唐人不識　당나라 피리 북소리는 사람들 알지 못하고
謾云老杜夔州工　부질없이 두보의 기주[8] 명인을 말하네

8 기주(夔州): 지금의 중국 사천성 봉절현(奉節縣). 두보가 살았던 곳이다.

동미 집에서 김만취를 만나다
東湄堂逢金晩翠

1

飯顆舊逢今見遲	반과산에서 친구 만남[1]은 이제 보기 어렵고
深燈拓跋更論詩	깊은 등불 심지 돋우며 다시 시를 논하는데
世情變幻復誰說	세상의 변화를 다시 누가 말할까
老境行藏宜我癡	늙마에 은둔하는 것이 내게 어울리네
雪落江湖鴻遠叫	눈 내리는 강호엔 기러기 멀리서 울고
夜深山閣鶴先知	깊은 밤에 산집을 학이 먼저 알고 있네
支離適値浮生事	지리함에 마침 세상살이를 만났기에
不憚三更歧路之	삼경에도 갈림길을 꺼리지 않는다네

2

微醺作氣欲凌霄	약간 취해 하늘을 이기고 싶은 기분
詩境挹來願不遙	시적인 경지에 도달하고자 멀리서 찾아오니
宵光籠布三千界	밤빛이 삼천세계를 등롱으로 감싸고
月色澄明卄四橋	달빛이 스물네개 다리를 맑게 비추네
一室臭蘭知己許	집안의 난초 향기는 지기를 허락하고
故山叢桂隱相招	고향산 계수나무는 숨어서 초대하는데
石鼎長聯仍續就	돌솥은 길게 연이어 계속해서 이어지려 하고
小燈欲滅爐香消	작은 등불 꺼지려 하고 화로 향은 사라졌네

1 이백(李白)의 〈戲贈杜甫〉라는 시에 "반과산 머리에서 두보를 만나니[飯顆山頭逢杜甫]"라는 시구가 있는데, 이를 원용한 것이다.

관덕정 운을 차운하다

次觀德亭韵

四勢平臨境轉清	사계절 평탄하니 경계가 맑아지고
登欄自覺暢幽情	난간에 오르니 그윽한 정서 절로 펼쳐지네
克遵古禮解爲擧	옛 예절을 준수하며 해결책을 찾고
盡選良才耦以迎	훌륭한 인재를 찾아 모시고자 하네
百步垂楊心已透	백보 늘어진 버들에 마음은 이미 투명하니
當中粉的眼先明	중간 분말에 눈이 먼저 밝아지는데
斯亭不但止觀德	이 정자는 단지 덕을 관찰할 뿐만 아니라
武備已今宜有成	무예의 성취도 이제 이루어져야 마땅하네

태인 박의의 회혼례를 차운하다
次泰仁朴議回婚禮

有人來說主人慶	어떤 사람이 와서 주인의 경사를 말하는데
慶是回婚當吉辰	경사는 회혼식으로 응당 길일이라네
稀年有五俱同甲	칠십에 다섯 번이나 동갑을 갖추고
旭日周朞再出寅	새해가 다시 시작되는 날에 해가 떠오르네
醮酒傾三醺醒卯	초주[1]를 세 번 기울이고 술 깬 다음 날에
宴需羅八味和辛	잔치 음식으로 팔진미와 매운맛이 펼쳐지네
憶昔于歸應又感	옛날 시집올 때 생각하면 다시 감격하리니
毋違夫子戒申申	남편을 어기지 말고 거듭 경계해야 하네

1 초주(醮酒); 결혼식·제사·축제 등 다양한 행사에서 사용되는 의식용 술을 말함.

운강이 전현의 문집 뒤에 쓴 것을 차운하다

次雲岡題前賢稿後

茶湯不可語醪醺	차 끓이는 것은 술에 취함과 비할 수 없고
絺綌難爲較錦紋	비단옷은 화려한 무늬와 비교하기 어렵네
當時知有廣陵散	당시에는 광릉산[1]이 있음을 알았는데
後世歎無楊子雲	후세에는 양자운[2]이 없음을 한탄한다네
歷歷如看昔日事	뚜렷하게 옛날 일을 보는 것 같고
諄諄多感前賢文	순순함은 이전 현인의 글처럼 다감한데
藐予與君俱等魯	모습은 나와 당신 모두 동등하건만
徒將緗帙想餘芬	비단 두루마리 입고 남은 향기를 생각하네

1 광릉산(廣陵散): 중국 광동성(廣東省)의 광릉산 지역에서 생산되는 고급 비단을 말함.

2 양자운(楊子雲): 한(漢)나라 때의 유학자인 양웅(揚雄)을 가리킨다. 자운(子雲)은 그의 자(字)임. 학문이 깊고 기이한 글자를 잘 알았는데도 벼슬은 궁정에서 창을 잡는 낭관(郎官)에 지나지 않았으나, 『태현경(太玄經)』을 저술하여 유명해졌다.

영모각에서 조카 기묵에게 준 시를 차운하다

次永慕閣贈侄基默

窈窕林邱出高閣	그윽한 숲 언덕에 높은 누각이 솟아있고
靈泉自瀉石間苔	영천이 절로 흐르는 돌틈에 이끼 끼었네
吾曾有意未能者	나는 이전에 생각만 있고 하지 못했는데
爾乃竭誠爲亟哉	너는 이제 정성을 다해 서둘러 찾아보라
近愛當簷楸蔭覆	가까이 처마에 가래나무 그늘을 사랑하고
遠看面沼藕花開	멀리는 연못에 연꽃 피는 것을 볼 수 있네
於先於後計斯足	앞 뒤에서 만족함을 계산해보면
不羨侯門調鼎梅	후문에서 정매를 조리할 사람[1]이 부럽지 않네

1 정매(鼎梅)를 조리할 사람 : 국정을 맡아서 다스리는 재상을 뜻한다. 정매는 음식을 조리하는 솥에 넣는 매실이다. 『서경(書經)』「열명 하(說命下)」에 은(殷)나라 고종(高宗)이 부열(傅說)에게 “내가 국을 요리하거든 네가 소금과 매실이 되라.[若作和羹 爾惟鹽梅]” 한 데서 유래하였다.

이소감[재선]의 회갑연 운을 차운하다

次李小藍[載善]甲宴韻

六旬有一老斯身	육십에 한 살 보탠 노인의 몸으로
此日方知意更新	이날에야 마음이 새롭게 됨을 알게 되었네
劬勞先感無涯地	고된 노력으로 끝없는 땅을 먼저 느꼈고
童穉回思有幾人	어린시절 돌이켜보면 몇사람이 있었을까
昆季荊花耀今世	형제는 형화[1]로 지금 세상에 빛나고
兒孫蘭茁帶長春	손주들은 난초싹으로 늘 봄을 띠었네
聖不云乎信必壽	성인이 믿음은 꼭 장수한다고 말하지 않았나
壽之驗者如君仁	장수의 증험은 당신과 같은 인자함이라네

1 형화(荊花): 형수(荊樹;박태기나무)에 피는 꽃. 꽃의 색깔이 질붉기 때문에 자형화(紫荊花)라고도 한다. 남조(南朝) 양(梁)나라 때 경조(京兆)사람인 전진(田眞)에게 두 아우가 있었는데, 부친이 사망한 이후 삼형제가 모든 재산을 서로 나누었다. 그런데 오직 집앞의 자형나무 한 그루만 남게 되자, 세 형제가 의논하여 다음날 이것마저 쪼개서 나누기로 하였다. 다음날 자형나무를 나누려고 가서 보니 나무가 마치 불에 탄 것처럼 말라 죽어 있었다. 이에 세 형제가 크게 뉘우치고 다시 재산을 합하기로 하니, 그 나무가 금방 다시 살아났다고 한다. 전의되어 형제간의 우애를 나타내는 말로 쓰인다.

낙영재 운을 차운하다

次樂英齋韻

州學替與由使君　마을 학문이 쇠퇴함은 사군[1]에게 있나니
要令教育培斯文　교육을 통해 사문[2]을 배가시켜야 하네
世云開化胡其變　세상에서 말하는 개화가 어찌 변화시키랴
人沒表章無以分　사람들 표장[3]이 없고 구분이 없네
箕域全區沈滯雨　우리나라 전역이 비에 잠겨 있으며
杏壇之外盡尤雲　행단[4] 밖은 모두 구름에 가려져 있네
雖然魯俗此邦在　그래도 노나라 풍습[5]이 이 나라에 남아있고
四境日猶絃誦聞　사방에서 매일같이 현송[6]이 들린다네

1 사군(使君): 주군(州郡)의 지방 장관.

2 사문(斯文): 유학(儒學)을 지칭함.

3 표장(表章): 공적이나 선행 따위를 널리 세상에 알려 칭찬함

4 행단(杏壇): 공자(孔子)가 은행나무 위에서 가르쳤다는 고사에서 나온 말로, 학문을 닦는 곳을 지칭하는 말로 쓰인다.

5 원문의 노속(魯俗)은 노나라의 풍속이란 뜻으로 공자의 학풍을 지칭한다.

6 현송(絃誦): “거문고를 타면서 시를 읊는다”는 뜻인데, 전의되어 학예(學藝)에 힘쓰는 모양을 뜻하는 말로 쓰인다.

이운강을 차운하다
次李雲岡

萊人尚說龍蛇齡	동래 사람들 아직도 임진년의 난을 말하는데
忠烈祠荒劫雨零	충렬사는 황폐해져 비가 새고 있다네
不避刃鋒甘死節	칼날을 피하지 않고 절개를 지켜 죽었기에
能堅鎖鑰保生靈	자물쇠처럼 굳건하게 목숨을 지킬 수 있었네
廟堂禋典致香火	사당에서 제사를 지내고 향을 피우며
竹帛書名昭日星	역사서에 이름이 새겨져 별처럼 빛나는데
假使如公在今世	가령 공께서 지금 세상에 있다면
何愁徼外侵羶腥	어떻게 외침으로 피비린내 당함을 근심하랴

[右東萊宋泉谷祠　이 시는 동래 송천곡 사당에서 지은 것이다.]

신문의 운을 차운하여 수세하다

次新聞韻守歲[1]

今夕人間何夕如　오늘 저녁엔 사람들은 어떻게 저녁을 보낼까
聊將殘刻惜分餘　남은 시간에 아쉬움을 나누고 있겠지
一派春風嘘氣始　한줄기 봄바람이 숨을 내쉬며 시작되고
千門夜炬破昏初　많은 집의 불빛이 어둠을 깨우고 있네
自憐老物當衰世　노물[2]이 말세에 있음을 애석히 여기나니
可笑少時空讀書　가소롭게 젊은 시절엔 부질없이 독서하였네
知天命久無知得　쉰살에야 오래도록 알지 못하는 것을 얻었지만
依舊猶然踏跡驢　여전히 발자취를 따르는 나귀 같다네

1 수세(守歲): 음력 섣달그믐날 밤에 잠을 자면 눈썹이 센다고 하여 등불을 밝히고 밤을 새움. 전의되어 '섣달그믐날'을 지칭하는 말로 쓰인다.

2 노물(老物); 나이가 든 사람이 자기를 겸손하게 이르는 말

소암의 '수세' 운을 차운하다[병오:1906년]

次蘇庵守歲[丙午]

記憶蘇庵守歲年　소암[1]에서 수세하던 때를 기억하니
杳然往跡如先天　아득한 지난 자취는 태초와 같네
吾今老矣存心想　지금은 늙어서 마음만 남아있는데
人或游云喜語傳　어떤 이는 놀면서 기쁜 말을 전하네
雪片撲牕僧閉戶　창문을 때리는 눈발에도 스님은 문을 닫고
鍾聲度水客聞船　물 위로 들리는 종소리를 객은 배에서 듣네
借將瓊軔有些和　주사위를 빌려다가 약간의 화애는 있었지만
具眼何曾爲禦眠　눈을 뜨고 얼마나 잠을 막으려 했던가

1　소암(蘇庵): 전북 부안에 있는 암자 이름.

세군의 회갑생일 잔치

細君回甲晬宴

同居四十二年間	함께 살아온지 사십이년간으로
今見晬朝周甲還	지금은 환갑 생일이 돌아왔다네
爲邀鄕隣伸慶意	고향 이웃을 맞이하여 축하 뜻 펼치며
強將盃酒作歡顔	술잔 들어 기쁜 얼굴을 지어보세
本無分福受榮養	본래 복이 없어서 영광을 받지 못했지만
只任清貧求老閒	청빈에 맡기며 노후의 여유를 찾았다네
若有他生當發願	만약 다른 생이 있어 발원하게 된다면
多男華祝最關心	많은 아들의 축하가 최고 관심이라네

염수재 운

念修齋韻

經營者久董無休	오랜 기간 경영하며 중단하지 않고
拓盡荒林泉始流	황폐한 숲을 개척하여 샘이 처음 흐르며
滿地烟霞開別境	땅에는 안개 자욱하여 별천지가 열렸으니
半間風月敵詩樓	반칸의 풍월은 시루[1]와 대적하네
齋工告訖欣今日	재실 공사 끝나서 오늘 기뻐하는데
檢誌難憑憾幾秋	기록이 없어 몇 년이 지났는지 한탄하네
傳不云乎修厥德	전하지 않았던가, 덕을 닦으라고
念茲孰敢恣優遊	생각건대, 누가 감히 함부로 놀겠는가

1 시루(詩樓): 시인들이 시와 풍악을 즐기며 노는 누각.

염수재 주련
念修齋柱聯

德沼渟爲智水氣	덕소 물가는 지수[1]의 기운이 되고
峯嵬作仁山堂宇	높은 산은 인산[2]의 당우를 만드는데
瞻存緬思拱把護	쳐다보면 생각하며 맞잡고 보호함이 있고
無輕折霜露多感	가볍게 이슬을 꺾지 않고 다감을 드러냈네
節物冬夏宜講詩	계절의 사물에 따라 맞는 시를 논의하며
禮靜究泉源盈進	예절은 깊이 생각하여 원천을 찾아 나아가고
喜看楸蔭成敷遠	고향 마을[3] 멀리 펼쳐짐을 즐겨 보는데
外峯巒秀色朝暮	외봉은 아침저녁으로 아름다운 색을 보여주네
雲烟異態野人載	구름과 안개가 다른 모습으로 야인을 싣고
酒時來山客携琴	술 마실 때 산객은 거문고를 들고 왔네
相過遺子奚用金	서로 지나감에 자식에게 금을 물려주랴
纂藏書必照文星	장서를 모아야 문성[4]을 비출 수 있는데
先事實多未遑肯	먼저 할 일은 많고, 받아들일 겨를이 없네

[構敢曰粗成 건물은 감히 말하면 조잡하게 이루어졌다]

1 지수(智水): 지자요수(知者樂水)에 유래한 말로, 슬기로운 사람은 사리(事理)에 밝아 막힘이 없는 것이 흐르는 물과 같아서 물과 친하여 물을 즐김을 이르는 말이다. 불교에서는 여래(如來)의 명철(明哲)한 지혜를 깨끗한 물에 비유하여 이르는 말로 쓰인다.

2 인산(仁山): 인자요산(仁者樂山)에서 유래한 말.

3 원문의 '추음(楸蔭)'은 "가래나무 그림자"라는 뜻이지만, 전의되어 '고향 마을'을 뜻하는 말로 쓰인다.

4 문성(文星); 문곡성(文曲星)과 같은 말로 문운(文運)을 관장하는 성수(星宿:별자리)이다.

영모각 주련

永慕閣柱聯

克肖乃能善繼不　불초한 나는 잘 이어받지 못하여
匱維爲永錫甄君　함을 진군[1]에게 영원히 물려주리[2]
亭榭思義韋家花　정자는 위가의 화수[3] 뜻을 생각했으며
樹講會遷時序兮　수강회를 절기에 따라 옮겨갔다네
興感瞻封塋而展　선영이 펼쳐짐을 보면서 감흥이 일기에
拜雨露長養松楸　비와 이슬이 오래도록 산소 받듦을 감사하네
詩禮教讀兒孫先　시경과 예기 읽기를 자손에게 먼저 가르치고
壟下不遠堂北親　언덕아래 멀지 않은 집 북쪽에는 부모가 있고
塋相望廉昌仙洞　산소는 서로 창선동을 바라보는데
烟霞接隣佛峯雪　안개 노을은 부처봉 눈과 인접해 있으며

1 진군(甄君): 진씨(甄氏)는 서주(徐州)의 부호였는데 진군(甄君)의 대에 이르러 처음으로 경서에 밝아 교수가 되니 향리에서는 선인(善人)으로 불렸으나 집안은 갈수록 가난해져서, 수십 년이 지나도록 장례를 치르지 못하다가 읍과 마을 사람들에게 장례비용을 빌려 부모님과 형제들 장례를 모두 몇 번이나 지내니 마을 사람들이 불쌍히 여겨 도와주는 사람이 많았다. 장례를 마친 다음 더욱 나무를 심고 그 옆에 집을 짓고 나에게 그 집(사당)의 이름을 물어왔으므로 진사도는 '사정(思亭)'이라고 지어줬다.
'甄'의 본음은 '견'이나 중국 삼국시대에 손견(孫堅)의 이름을 피하여 견(堅)을 '진'으로 읽기 시작하면서 견(堅)과 음이 같은 견(甄)도 '진'으로 읽었다.

2 『시경』의 "효자가 효성을 그치지 아니하니 계속해서 그와 같은 효자가 나오는 구나.[孝子不匱 永錫爾類]" 구절을 원용한 것이다.

3 위가(韋家)의 화수: 당(唐)나라 때 위씨(韋氏)들이 화수회(花樹會)를 결성하고 화수 아래에서 친족을 모아 놓고 술을 마시고 고사를 가르친다. 잠삼(岑參)이 지은 〈위원외가화수가(韋員外家花樹歌)〉라는 시에 "그대의 집안 형제 훌륭하구나. 경도 있고 어사도 있고 상서랑도 있도다. 조회에서 돌아오면 꽃 아래 늘 객이 모이고, 꽃이 옥잔에 부딪치니 봄 술의 향기 더하네. [君家兄弟不可當 列卿御史尚書郎 朝回花底恆會客 花撲玉缸春酒香]"라는 시구가 있다.

月當牕亭亭芙蕖　달이 창가에 비추면 꼿꼿이 연꽃이 피어나네

[面沼層層 稻粱排畦 앞의 못은 층층이 있고 벼와 기장이 두둑에 널려 있다.]

삼천평 도중[을미:1895년]
三千坪途中[乙未]

滄海障頭渺鉅坪　푸른 바다 머리에 거대한 평야가 아득하고
田田有稻金色明　밭마다 금빛 찬란한 벼가 자라고 있는데
朝瘴纔捲鎌丁刈　아침 안개가 걷히면 낫 들고 수확을 해서
束立岸頭似絡縈　묶어서 벼랑끝에 세우니 명주가 얽힌 것 같네
間間原凸蝸屋刊　간간이 솟은 언덕에는 달팽이집[1] 깔렸고
曲曲潮通島檣行　굽이마다 바닷물 통하고 섬엔 돛배가 지나네
塩窺烟莖接天起　소금기는 안개 줄기 엿보아 하늘에 닿았고
又有健牛鹹土耕　또한 소금땅을 경작하는 건장한 소도 있다네
箇中作力渾有像　그 안에는 노력의 모습이 가득하며
民於此間樂其生　이 지역 사람들 이곳에서 삶을 즐기는데
行人謾歎今古異　행인은 부질없이 고금의 차이를 탄식하지만
時也無奈病膏肓　시간도 고질병[2]은 어쩔 수가 없다네

1 원문의 '와옥(蝸屋)'은 "달팽이의 집"이라는 뜻으로, 작고 누추한 집을 비유적으로 이르는 말이다.
2 원문의 '고황(膏肓)'은 손을 쓸 수 없을 정도로 악화된 불치병을 말한다.

개암을 넘어 실상으로 향하다[병신:1896년]

踰開巖向實相[丙申]

仙山路入開巖口	선산 길은 개암사 입구로 들어가고
林雨霏霏濕人衣	숲속 비는 부슬부슬 옷을 적시는데
蓮王古堞何縹緲	연왕의 옛 성벽은 어찌하여 희미해졌나
山勢雄壯四環圍	산세는 웅장하여 사방을 둘러싸고 있네
淨觀一區何窈窕	정관 한 구역은 매우 그윽하고
空留破塔照夕暉	빈터에 남은 부숴진 탑엔 저녁햇살 비치네
倚笻節直上千萬	지팡이 의지하여 곧바로 천만길 올라가니
丈復有奇天中巍	한 길 위에 다시 하늘 가운데 솟아 있네
仰之脅息俯而歎	바라보면 숨 막히고, 굽어보면 탄식이 나오니
天作其奈人巧逾	하늘이 만든 것으로 사람이 능가할 수 있으랴
經略百濟曾雕扎	대략 백제 때 조각하고 새겼다고 하며
兩將當日此遇俱	두 장군은 그날 여기에서 함께 만났다 하네
遵岩而下西北望	바위를 따라 내려가 서북쪽을 바라보니
萬山連根又分株	모든 산이 뿌리를 연하고 또 나뉘어 있는데
起伏頓挫仍嶄巖	기복이 꺾이고 꺾여도 여전히 우뚝하며
又如態罷之奔趍	마치 질주하는 모습이 멈춘 것 같네
窈而深處廓有容	그윽하고 깊은 곳에 넓은 공간이 있으며
人居開朗繞桑榆	집들이 밝게 펼쳐지고 상유[1]가 둘러져 있네

1 상유(桑楡): 뽕나무와 느릅나무를 지칭함.

石田引水作灌漑　돌밭에 물을 끌어와 관개를 하며
溪邊跨水中鑿剞　시냇가에 타넘는 물이 가운데 구멍을 뚫네
四柱高揷上結幕　네 기둥 높이 꽂아 위에 막을 짓고
山田獸食夜逐驅　산짐승들이 먹이를 찾아 밤에 달리며
錦光沼潤水擊石　금광소의 물결이 돌을 때리니
萬聲聒耳如聾愚　다양한 소리가 귀에 울려 귀머거리 같아지네
樹端高着雜草根　나무 끝에 잡초 뿌리가 높이 닿아 있어
認是溪水漲流痕　시냇물이 넘쳐흐른 흔적을 알 수 있는데
世間名利心可洗　세상의 명리와 이익을 씻을 수 있으며
淸湍發自武陵源　맑은 여울은 무릉도원에서 흘러나온다네
笻端粧鉠曳石逕　지팡이 끝에 장식된 칼날이 돌길을 끄니
怪烏驚響飛相喧　놀란 까마귀가 울며 날아가는데
瀧岡漸近寺門闢　폭포는 점점 가까워져 절문이 열리며
光頭慣面來接讙　스님이 익숙한 얼굴로 맞이해 주네

개암사 연구 대[隊]자

開岩寺聯句[隊字]

禹金岩下孤寺出	우금암 아래에 외딴 사찰이 서 있고
千年不渝丹青繪[梧圃]	천년에도 단청 그림 변함 없네[오포]
水流花開羅漢夢	물 흐르고 꽃이 피니 나한[1]의 꿈으로
草衰石聳將軍鎧[東湄]	마른 풀 솟은 돌은 장군의 갑옷이네[동미]
中有法王儼寶座	가운데 법왕[2]이 엄숙하게 보좌에 앉았고
緇髡承承尚名輩[樵隱]	스님[3]은 여전히 명성을 이어가네[초은]
長檜鬱鬱蒼松古	긴 회나무 울창하고 푸른 솔은 옛스러우며
清泉白石鳴環珮[東農]	맑은 샘 흰돌은 구슬 소리를 내네[동농]
梵罷忽聽西風起	범패 끝나자 홀연 서풍 부는 소리 들리고
一聲寒膽來邊塞[若川]	한 줄기 차가운 기운이 변방에 다가오네[약천]
香廚浄供伊蒲飯	주방에서는 정갈한 야채밥을 제공하고
夕禽飛下水舂碓[梧圃]	저녁 새가 내려와 물방아로 돌아가네[오포]
金碧玲瓏殿角高	금빛 푸른빛의 영롱한 전각이 높이 솟았고
斗牛寒插接沆瀣[東湄]	북두성은 찬 밤이슬[4]에 인접하였네[동미]

1 나한(羅漢); 불제자(佛弟子) 중에서 번뇌를 끊어서 인간과 하늘 중생들로부터 공양을 받을 만한 덕을 갖춘 사람을 이르는 말임.

2 법왕(法王); 법문의 왕이라는 뜻으로, 부처를 이르는 말임.

3 원문의 '치곤(緇髡)'은 검은 옷을 입고 머리를 깎았다는 뜻으로, 스님을 이르는 말임.

4 항해(沆瀣): 깊은 밤중에 내리는 이슬 기운인데, 도가(道家)에서는 이것을 수명(修命)의 약으로 들이마신다. 『열선전(列仙傳)』에 "봄철에는 조하(朝霞)를, 여름철에는 항해를 복식(服食)한다."라고 하였다.

道人靜觀釋氏門	도인은 부처의 문에서 정관하는데
色相空空非俗態[樵隱]	색상은 공허하고 세속의 자태가 아니네[초은]
慈佛念念尼珠轉	자비로운 부처 생각하며 마니주를 돌리고
飮膝瞑目龕燈背[東農]	무릎 꿇고 지그시 감실 등불 바라보는데[동농]
八相寶閣誰住持	팔상전에는 누가 머물러 유지하는지
滿庭秋草無人刈[若川]	마당 가득한 가을풀을 베는 사람이 없네[약천]
王浮圖畔金粟花	왕부[5]도 주변에는 금속화[6]가 피어 있고
心恬體適情人肺[東湄]	마음 평온하니 몸은 정인의 마음에 가네[동미]
美事爲白惡事黑	좋은 일은 흰색, 나쁜 일은 검은색으로
達摩遺教衍不貸[梧圃]	달마대사의 가르침은 넘쳐 빌리지 않네[오포]
放以瑞光見毫大	서광을 발하는 백호[7]의 큼을 보았고
祝之遐福义手再[樵隱]	끝없는 복을 빌며 다시 합장하지만[초은]
而我今來讀古蹟	나는 지금 와서 고적을 읽는데
百濟新羅曠前代[東農]	백제 신라 앞선 시대를 밝혀주네[동농]
闍梨磬折禮甚勤	스님은 절을 하며 예의를 갖추고
檀越誰家供米帒[若川]	단월[8] 누구 집에서 공양미를 올렸나[약천]
天女散花香風動	천녀가 꽃을 흩뿌리니 향풍이 움직이며
千江印月澄心對[梧圃]	천강인월[9]이 내 마음을 맑게 하네[오포]
何方借得普濟力	어떻게 얻어낸 자비로운 힘인데

5 왕부(王浮): 진나라 때 도사. 『노자화호경(老子化胡經)』이라는 경전을 만들어 노자(老子)와 중국이 인도와 불교보다 우위에 있다는 것을 은근히 강조하였다.

6 금속화(金粟花): 황금빛 좁쌀과 같은 색의 꽃. 즉 '황금빛 노란 꽃'이란 뜻이다.

7 백호(白毫): 부처의 32상(相)의 하나. 두 눈썹 사이에 난 희고 빛나는 가는 터럭으로, 광명을 무량세계(無量世界)에 비춘다고 한다.

8 단월(檀越); 절이나 스님에게 물건 따위를 봉양하는 일, 또는 그같은 일을 하는 화주(化主)를 말함.

9 천강인월(千江印月); '월인천강(月印千江)'과 같은 말로 "하나의 달이 모든 강을 비춘다"는 뜻으로 부처의 교화가 모든 중생에게 미침을 비유한 말이다.

一切衆生色無菜[東湄]　모든 중생이 색으로 먹을 것이 없네[동미]
參悟玄門除八苦　현문[10]을 깨달아 팔고[11]에서 벗어나고
趺坐真堂證三昧[樵隱]　진리의 자리에 앉아 삼매를 얻었네[초은]
圓鑑國師一去後　원감국사가 떠나신 뒤에
殘蘚撲地礎已退[東農]　시든 풀이 땅을 덮고 초석은 부숴졌네[동농]
騷人墨客幾經過　시인묵객들 얼마나 많이 지나갔나
滿目荒凉道場內[若川]　황량한 도량 안을 가득 채우네[약천]
鵂鳥夜鳴沙門冷　소쩍새 밤에 울어 사문이 썰렁하고
無由上人接謦咳[梧圃]　이유 없이 상인은 기침을 참지 못하네[오원]
瓦甍剝落園木疎　기와가 떨어져 나가고 나무는 드물며
獨有明月照無碍[東湄]　맑은 달빛만 막힘 없이 비추는데[동미]
青山寂寞劫塵昏　청산은 적막하고 겁진[12]은 어둡기만 하고
彩影斜歪法像晦[樵隱]　영정은 삐뚤어졌고 법상은 캄캄하네[초은]
牕隙颼颼風透紙　창문 틈으로 세찬 바람이 종이를 뚫고
屋角床床雨破塊[東農]　집 모퉁이마다 비가 흙덩이를 부수네[동농]
名藍可惜有否時　명찰이 유감스럽게 없었던 때가 있지만
地則楞伽敵恒岱[若川]　능가산은 항산과 태산에 대적하였네[13][약천]
不二門下厖眉衲　불이문[14]아래 수북한 눈썹의 스님이
何日錦襴敬愛戴[梧圃]　언제 금란가사를 공손히 받들 수 있을꼬[오포]

10 현문(玄門): 현묘한 법문, 곧 불법(佛法)을 말함.

11 팔고(八苦): 사람이 겪는 여덟 가지 괴로움. 생고(生苦)·노고(老苦)·병고(病苦)·사고(死苦)·애별리고(愛別離苦)·원증회고(怨憎會苦)·구부득고(求不得苦)·오음성고(五陰盛苦)를 말함.

12 겁진(劫塵): 천지가 온통 뒤집힐 때 일어나는 먼지.

13 능가산(楞伽山)은 전북 부안에 있는 산으로 소래사(蘇來寺)가 있다. '항대(恒岱)'는 중국의 오악(五嶽)으로 꼽히는 항산(恒山)과 대산(岱山)을 지칭한다. 대산은 태산(泰山)의 다른 이름임.

14 불이문(不二門); 양극단을 떠나 일체법을 평등하게 보는 법문. 진리는 곧 하나임을 말하는 법문을 말한다.

嗟呼成毁等恒河	아, 성취와 파괴는 항하[15]와 같고
前有千載後千載[東湄]	앞선 천년과 뒤의 천년이 있다네[동미]
玄奘難渡靈雲橋	현장[16]은 영운교를 건너기 어려웠고
悟空未陟鷲峯黛[樵隱]	손오공은 취봉 꼭대기에 오르지 못했네[초은]
信男信女應不乏	신남 신녀[17]는 분명 부족하지 않는데
寶樑何以飾玳瑁[東農]	보량을 왜 대모[18]로 장식했을까[동미]
空門白稅日相督	공문[19]은 백세[20]를 매일 서로 감독하고
糧畓蓁蕪未把耒[若川]	양답은 잡초 무성해도 쟁기질 못하네[약천]
爲勸善文營修葺	권선문을 지어 수리를 경영하니
五客遂與一僧誨[梧圃]	다섯 명 객이 스님과 함께 깨우쳐서[오포]
十匙共施人有求	십시로 함께 시주할 사람을 구하니
一簣將成山無穢[東湄]	한 삼태기로 산을 이뤄 잡초 없어졌네[동미]
黝可黯期闢通敞	어두운 시기에도 통하는 창이 열리고
翳陰置欲掃霾霽[樵隱]	어둠을 드리우고 비를 흩뿌리네[초은]
若使良工重覆之	훌륭한 장인이 다시 기와를 덮는다면
雖百千劫久能耐[東農]	백천만 겁이 지나도 오래 견딜 것이네[동농]
元是此洞甘寥閒	본래 이 계곡은 조용하고 한가로운데
人間超遽絕鳴吠[若川]	인간계를 넘어 갑자기 짐승소리 멈췄네[약천]
招招沙彌誦蓮經	사미승을 불러다가 연화경을 암송하고
塵惱妄想皆懺悔[梧圃]	속세의 망상 모두 참회한다네[오포]

15 항하(恒河): 인도 북부를 가로질러 벵골만으로 흘러들어 가는 인도 최대의 강인 갠지스강을 말함.

16 현장(玄奘): 중국 당(唐)나라의 승려.

17 신남(信男) 신녀(信女): 불교를 믿는 남자, 불교를 믿는 여자.

18 대모(玳瑁): 바다거북의 일종으로 등과 배를 싸고 있는 껍데기를 장식품이나 공예품을 만드는 데 쓴다.

19 공문(空門): '불교'를 달리 이르는 말

20 백세(白稅): 세안(稅案)에 없는 억울한 세목(稅目)을 말함.

月波與爾同效勞	월파가 그대와 함께 노력을 기울이는데
淸信於吾偏有慨[東湄]	청신은 나에게 치우쳐 개탄하고[동미]
事鉅賴似貨取銖	일은 크고 재화는 적게 모이는 것 같으니
力綿在勤衲選隊[樵隱]	노력은 근면하고 선택하는 것에 있다네[초은]
竹下納凉宜嘯咏	대나무 아래서 더위 피해 읊조리기 적합하고
花間聽潦可濯溉[東農]	꽃 틈에서 물소리 들으며 씻을 수 있네[동농]
信樹重重夾兩林	신수가 무성하게 양쪽 숲을 뒤덮고
覺路茫茫傍八艾[若川]	깨달음 길은 아득하여 팔애 옆에 있는데[약천]
坎中至理觀於斯	어둠 속에서도 지극한 이치를 여기서 보며
廣顙之兒無怨懟[梧圃]	이마가 넓은 아이[21]는 원한이 없다네[오포]
塵塵刹刹多因果	먼지 속에 많은 세계가 인과에 존재하고
已去未來又現在[東湄]	이미 지나간 미래와 현재가 있다네[동미]
昌黎留衣非全感	한유가 옷을 남긴 것[22]은 완전 깨달음 아니며
如滿結社因自愛[樵隱]	충만한 결사가 자기애에 있는 것 같네[초은]
節節溪流曲似腸	물줄기는 구불구불 내장과 비슷하고
稜稜石勢尖如啄[東農]	날카로운[23]돌의 기세는 쪼는 것 같네[동농]
時去未逢主人公	때로는 지나며 주인을 만나지 못하지만
篩棒終難打鐃碎[若川]	체봉으로 동발을 깨뜨리기 어렵다네[약천]
我似守仁開門坐	나는 수인처럼 열린 문에 앉아 있으니
古來儒釋元同配[梧圃]	본래 유학과 불교는 함께 어울려 왔네[오포]

21 광상지아(廣顙之兒): 관상학에서 귀한 사람의 상이라고 함.

22 창려유의복(昌黎留衣); 창려는 당(唐)나라 한유(韓愈)의 별호(別號)이다. 한유가 태전(太顚)이라는 승려와 친하게 지내었는데, 그의 〈여맹상서서(與孟尙書書)〉에 "원주로 돌아올 무렵, 의복을 남겨 두어 이별의 정표로 삼았으니, 이것은 인정에서 발로된 것이요, 불교를 믿고 복덕을 구하려 함이 아니었다.[及來袁州 留衣服爲別乃人之情 非崇信其法求福田利益也]"라는 구절이 있다.

23 원문의 '능릉(稜稜)'은 모가 나고 날카로움을 형용한 말임.

金剛菩薩心同恊	금강과 보살은 마음이 일치하여
目督眉低與百廢[東湄]	눈으로 눈썹 밑의 모든 폐단을 감독하네[동미]
輪焉奐焉是改觀	높고도 아름다우니[24] 면모를 일신하였고
今文古文則述槩[樵隱]	금문과 고문은 각각 틀을 가지고 있네[초은]
却向慶華申申戒	오히려 나는 경화를 향해 신신당부하나니
乞諸人者言無悖[東農]	여러분들은 말조심하길 바라네[동농]
五十長句纔成後	오십 장구를 겨우 이룬 뒤에
興武碑前酒一酹[若川]	흥무비[25] 앞에 한 잔 술을 바치노라[약천]

[오포(梧圃)] : 신재겸(辛在謙)의 호.

[동미(東湄)] : 신동영(辛東泳)의 호.

[초은(樵隱)] : 신관열(辛觀烈)의 호.

[동농(東濃)] : 전재풍(全在豊)의 호.

[약천(若川)] : 신제열(辛濟烈)의 호.

24 윤언환언(輪焉奐焉): "아름답도다 높고 큼이여, 아름답도다 많고 밝음이여(美哉輪焉 美哉奐焉)"의 준말로, 건축이 완성됨을 축하하는 말로 쓰이는 구절이다.

25 흥무비(興武碑); 흥무대왕(興武大王) 김유신(金庾信)의 비.

월명암에서 이상국 월사의 장편을 차운하다

[정유:1897년]

月明庵次李相國月沙長篇[丁酉]

1

聞有蓬萊直向西[芝隱]	봉래산이 서쪽으로 곧장 향한다고 하는데[지은]
一笻隨我萬山躋	지팡이 하나로 모든 산을 올랐으며
獅峯開處龍湫逝[東湄]	사자봉 열린 곳에 용추가 흘러가고[동미]
鷲寺登時鳥道低	취사에 오를 땐 새들의 길이 낮았네
松檜谷中森似束[樵隱]	송회[1] 계곡의 숲은 묶어놓은 것 같고[초은]
鷦鷯枝上寄如棲	새들은 나뭇가지 위에서 둥지처럼 쉬네
巖間委曲纔通逕[東農]	바위 사이에 굽은 길이 겨우 통하며[동농]
雲外岧嶢可踐梯	구름 밖 절벽은 사다리 밟듯이 하네
躑躅花明春日暖[芝隱]	철쭉꽃 밝으니 봄 날씨 따뜻하고[지은]
杜鵑啼歇客魂迷	두견새 울음 멈추자 객의 영혼 혼미하네
村醪將盡奚囊富[東湄]	술이 떨어지면 무엇으로 주머니 채우며
靈境遊神凡幾題[樵隱]	신령한 곳에서 놀던 정신 얼마나 썼던가

2

此身即坐竺天西[樵隱]	이 몸은 바로 축천 서쪽에 앉아 있고[초은]
宿雨初晴午晷躋	간밤의 비 그치고 낮에 햇빛이 떴는데

1 송회(松檜): 소나무와 회나무.

拂地柳絲輕裊裊[東農]　땅에 닿은 버들가지 가볍게 흔들리며[동농]
乘風飛絮故低低　바람을 타고 나는 솜털은 낮게 떠다니네
晩來習靜乾坤大[芝隱]　만년에 우주의 고요함에 익숙해지고[지은]
老去宜安足跡棲　늙어가며 분수에 맞게 만족하며 사네
側路盤旋高石級[東湄]　길가엔 돌들이 나선형으로 솟아있고[동미]
羣巒聳出矗樓梯　높은 산이 솟아 누각이 계단을 이루었네
尺分千里疆場近[樵隱]　지척이 천리로 경계가 가까운데[초은]
籌閱二生滄海迷　두 번째 삶을 돌아보며 바다에서 헤매이네
鍾磬数聲攪眠起[東農]　종경 자주 울려 잠에서 깨어 일어나니[동농]
滿園紅綠入新題[芝隱]　정원 가득한 화초들 새 시에 들어오네[지은]

[지은(芝隱)] : 임수일(林守一)의 호.

[동미(東湄)] : 신동영(辛東泳)의 호.

[초은(樵隱)] : 신관열(辛觀烈)의 호.

[동농(東濃)] : 전재풍(全在豊)의 호.

망예탄[무술;1898년]

望霓歎[戊戌]

望霓望霓歎何苦	무지개 바라보며 어찌하여 탄식하는가
密雲謾遮自郊西	구름은 부질없이 서쪽 교외를 막고 있으며
海郡風氣苦蕭索	바다 고을의 풍기는 쓸쓸하고 삭막한데
薰天不雨冷凄凄	찌를듯한 하늘은 비가 오지 않아 춥고 처량하네
麥熟四野黃芒空	보리는 익었지만 들판은 황량하고 텅비었으며
牛耕千畝白壤迷	소들은 천 이랑 갈며 백양토에서 헤매는데
是時田家插秧節	이때는 농가에서 모내기하는 계절이라서
農人日日憂旱畦	농부들은 매일같이 가뭄으로 인해 근심하네
安能服田期有秋	어떻게 이 계절 이겨내고 가을을 맞이하랴
四境之內餒庶黎	사방에는 가난한 백성들이 굶주리고 있는데
大圖不作尋常計	큰 계획은 못 세우고 일상만 기획하며
姑置字牧擧璧圭	자목[1]을 버려두고 벽규[2]만 올릴 뿐이네
須將神通廣大力	반드시 신통력으로 큰 힘을 확대하여
箍棒鞭龍決河是	대몽둥이로 용을 채찍질해 강을 가로막고
九河奔倒一霎霔	구하[3]를 뒤엎어 한 차례 소낙비를 내려
豐謳洋洋壽域隮	풍년노래 울려 퍼져 수역에 올려야 하네

1 자목(字牧): 고을의 수령이 백성을 사랑으로 다스림을 이르는 말임.

2 벽규(璧圭): 제후가 천자(天子)를 알현(謁見)할 때 지니고 있던 구슬.

3 구하(九河): 황하(黃河)가 바다로 흘러 들어가는 부근의 많은 지류(支流)를 가리킨다.

운정노인의 음주가[기해:1899년]

雲亭老人飲酒歌[已亥]

雲亭老人飲酒歌	운정노인[1]이 술 마시며 노래하는데
白髮蕭蕭豪氣多	백발이 쓸쓸해도 호기는 넘친다네
人間七十稱稀壽	인간의 일흔 살을 희수라고 하지만
八耋光陰如擲梭	여든 살의 세월은 던져놓은 북 같다네
五十六十如少年	쉰 살 예순 살은 소년 같다고 하지만
少年亦是暫時皤	소년 역시 얼마 안 있어 머리가 희끗해지네
匝坐對酌仍忘羊	둘러앉아 술 마심은 방황한 때문으로[2]
不知一歌醉無何	한 곡조 부르며 취함이 어떨지 모르겠네
此意今世眞堪樂	이 생각은 지금 세상에서 진정 즐길만하고
浮生沈沒苦海波	인생은 고해의 파도에 침몰하는 것이네
鄕相宅裏羅鍾鼎	시골 재상집에선 솥과 냄비로 밥을 짓고
王孫門外鳴玉珂	왕손 문밖에는 옥피리가 울려 퍼지는데[3]
青春行樂如此地	젊은 시절의 행락은 지금 처지와 같으며
都是一場夢南柯	모두 한 바탕 헛된 꿈을 꾼 것이네
寄言一世有何恃	부탁컨대, 한 세상 무엇을 믿을건가

1 운정노인(雲亭老人): 운정(雲亭)은 부안군에 있는 정자로 문사들이 모여 시회(詩會)를 열던 곳이다.

2 원문의 '망양(亡羊)'은 다기망양(多岐忘羊)'의 준말로 "많은 길에서 양을 잃다"라는 뜻이다. 인생의 여러 갈림길에서 올바른 길을 찾지 못하고 방황하는 것을 비유적으로 표현한 말이다.

3 『논어』「팔일(八佾」편에 나오는 "왕손가가 물어 가로대 그 아랫목 귀신에 아첨하는 것과 차라리 부엌 귀신에게 아첨한다 하니 어찌 이르는 것인가(王孫賈 問日 與其媚於奧 寧媚於竈 何謂也)"라는 구절을 원용한 것이다.

風輪灰管遽相過　말세[4]에 계절[5]이 갑자기 지나간다네
嗚呼雲亭上歌正　아, 운정 위에서 노래함이 옳도다
長水自洋山自峨　긴 강은 절로 흐르고, 산은 절로 솟았네

4 원문의 '풍륜(風輪)'은 불교에서 말하는, 이 세계를 받치고 있는 땅속의 3륜 가운데 가장 밑에 있다는 수레바퀴로, 밑바닥으로 전락한 말세의 양상을 뜻하는 말이다.

5 원문의 '회관(灰管)'은 일구(日晷;해시계)와 함께 계절의 변화를 측정하던 기구인데, 『진서(晉書)』「율력지(律曆志)」에 "갈대 속의 막(膜)을 태운 재를 관(管) 속에 넣어 두면, 동지에 그 재가 동쪽을 향하여 난다."고 하였으며, 주석에 "이는 동지가 되면 일양(一陽)이 생겨 천기(天氣)가 점점 길어진다는 것을 말한다."고 하였다.

첫눈에 짓다
初雪作

古云初雪無風好	예로부터 첫눈엔 바람 없어야 좋다고 하는데
今年初雪大風作	올해의 첫눈엔 큰바람이 불었네
盪之撓之無不動	흔들고 흔들어 움직이지 않는 것이 없고
萬里滄海如奔激	넓은 바다가 격렬하게 흐르는 것 같네
風何爲哉乃若是	바람은 어찌하여 이같이 하는가
農人喫驚憂漆室	농부들은 놀라서 나라를 걱정하네[1]
惟天降災警于人	하늘이 재앙으로 사람들을 경고하는데
未知明歲美與惡	내년은 좋을지 나쁠지 알 수가 없네
自從曙後猶吼吼	새벽이 밝은 뒤에도 울부짖는 듯하고
四天黯漠風梢息	사방은 컴컴하고 바람은 거의 멈췄는데
紛紛墜者皆皦然	흩날려 떨어진 것은 모두 빛나고
一時庭園覆瓊屑	일시에 정원은 옥가루로 뒤덮였네
花爲六出計其數	꽃은 여섯 개가 피어나 그 수를 헤아리면
後先應有分凶吉	선후에 따라 길흉이 나누어진다네
天以虐雪全示人	하늘은 폭설로써 사람들 모두에게 보였으니
人謀惟可勤耕鑿	사람들은 밭 갈고 땅 파는 데 힘써야 하네
人修其職以待天	사람들은 직무를 다하고 하늘을 기다리는데
天豈將不爲瑞雪	하늘은 왜 상서로운 눈을 보내지 않는가

1 칠실지우(漆室之憂): 자기 분수에 넘치는 일을 근심함을 이르는 말. 중국 노(魯)나라에서 신분이 낮은 여자가 캄캄한 방에서 나라를 걱정하였다는 데서 유래한다.

비가 오지 않다[신축;1901년]

雨不來[辛丑]

雨不來 雨不來	비가 오지 않네, 비가 오지 않네
彼蒼者天胡乃其	저 푸른 하늘은 어찌하여 구름 한 점 없는가
支離半載至夏季	지리하게 반년이 지나 여름이 되었는데
若干霏灑不移時	약간의 이슬비도 이동하지 않으니
殷野禱桑極膚誠	은나라 들판의 뽕나무에 정성을 다해 기도하고
周谷暵蓷謾著詩	주나라 골짜기의 마른 익모초를 시로 지었네[1]
民乃食天今無天	백성들은 식량이 하늘인데 지금은 하늘이 없네
萬億含生曷奠居	수많은 생명들은 어찌 살아야 하는가
凡係草木根葉皮	모든 풀과 나무, 뿌리와 잎사귀
採之剝之又烹之	그것을 따고 껍질을 벗기고 또 삶아 먹네
嗟汝蒼生酷罹咎	아, 너의 백성들은 큰 잘못을 겪었구나
嗣歲渺遠何以支	자손이 먼 훗날까지 어떻게 버틸 수 있을까
大小同情憂惧甚	크고 작은 자들의 동정은 매우 크며
冥冥庶亟格于斯	많은 사람들 이에 깊은 감정을 느끼고 있네
霈然一澤洽萬邦	한 줄기 시원한 비가 온 나라에 내리기를
餘喘復甦可維持	남은 숨결이 다시 살아나 유지할 수 있기를
誰云旱舟物之理	누가 가뭄이 배의 이치라고 말했나

1 한초(暵蓷): 마른 익모초. 『시경』에 나오는 "골짜기 속에 익모초 말라 버림받는 여인이 있을쏘냐(中谷暵蓷無女棄)" 구절을 원용하는 것으로 전이되어 "매우 가물다"는 뜻으로도 쓰인다.

元來昭然無一差	본래 밝고 명확하여 한 치의 오차도 없네
如復遲留	다시 머무른다면 며칠이나
幾日莫之	그렇게 하지 않을 것인가
應理卽天也	이치에 응답하는 것은 하늘이고
天也亦難知	하늘은 역시 알기 어려우니
嗚呼,吾於是而無奈何也	아, 내가 여기서 무엇을 하랴
鑑古凶亂爲之悲	옛날의 흉난을 살펴 슬퍼할 뿐이네

변산행
邊山行

邊山直在海之西　변산은 곧바로 바다 서쪽에 있으며
橫截萬里之滄浪　드넓은 푸른 물결이 가로질렀는데
逶迤屈曲且磅礴　이리저리 굽어 꺾어지고[1] 단단하며[2]
箇中名勝不可量　그 안의 명승은 헤아릴 수가 없네
名於中國者曰金剛　중국에 이름난 것은 금강산이지만
人謂邊山以小金剛　사람들은 변산을 소금강이라 말하네
非徒然也又有勝　단지 그뿐아니라 또한 명승이 있으니
海上三神山來翶翔　바다 위엔 삼신산이 둘러 있으며
六六洞天曲曲開　십이동천이 굽이마다 열려 있네
蓬壺果然仙境　봉호는 과연 선경으로
非人間兮　인간계가 아니고
觸目隨趾　눈길 발길 닿은 곳마다
滿地絕勝而異常　절승이 가득하고 이상한데
往往梵宮琳宇錯綜兮　이따금 범궁과 임우[3] 뒤섞여 있어
亦可怡神而賞行奇處　정신을 맑게 하고 기이한 곳 감상케 하네
絕壁與蒼崖隱然　절벽과 푸른 벼랑이 어렴풋한데
一幅畫圖新粧　한폭의 그림으로 새로 꾸몄네

1 원문의 '위이(逶迤)'는 도로·하천 등이 구불구불 멀리 이어진 모양을 뜻하는 말이다.

2 원문의 '방박(磅礴)'은 크고 단단한 모양을 뜻하는 말이다.

3 범궁(梵宮)은 불교 사찰, 임우(琳宇)는 도교 사원을 말한다.

鬱崔嵬者 劍閣當關　빽빽하고 높은 곳은 검각이 막고
落瀑流兮 廬山八望　떨어지는 폭포는 여산의 팔망으로
及其幽邃 玲瓏處　그윽한 곳에 이르러 영롱한 곳에는
澗草山花 離披生香　냇가 풀 산 꽃이 흩어져 향기 나네
異禽怪獸 亦不知其名兮　기이한 짐승은 이름을 알지 못하며
天機自然 若相忘　천기와 자연을 잊은 듯하고
古来英雄壯士 過去事　지금까지 영웅 장사는 지난 일로
若太虛浮雲印一方　하늘에 뜬 구름이 한 곳을 찍은 듯
彩石江風月 何限李青蓮　채석강의 풍월이 어찌 이청련 뿐이랴
一去後入吾詩囊　죽은 뒤에도 내 시낭에 들어왔네
何其壯也 禹金窟　매우 장대한 우금굴은
穹隆谽谺巨口　둥근 천장에 깊고 횡하며 입구가 크네
張傷心哉 落照臺　아픈 마음을 더해주는 낙조대에선
遠爲景公酹一觴　멀리서 경공[4]을 위해 한잔 술을 붓네
蘇定方攻百濟　소정방이 백제 공격하던 곳은
悠悠古蹟　아득한 고적이며
金碧荒涼　금벽[5] 황량한 곳은
玅蓮王都邑址　묘연왕의 도읍터로
破礎殘礫　깨진 주초의 조약돌과
野草空長 都不過　들풀이 무성하여 모두 지날 수 없네
一飮一歌一瞬事　마시고 노래함도 모두 한 순간의 일로
今人在此 古人亡　지금 사람 여기 있지만 옛사람은 없네

4 경공(景公): 제(齊)나라 임금. "자기 마음을 미루어 보아 남에게도 그렇게 대하거나 행동한다."는 뜻의 '추기급인(推己及人)'의 고사가 있다.

5 금벽(金碧): 궁궐이나 사찰 등을 단청(丹靑)할 때 황금색과 푸른 빛의 고운 색채로 칠한 것을 말함.

嗚呼 邊山行那盡道	오호라, 변산행을 어찌 다 말하랴
茫茫杳杳	망망하고 아득하여라
人世多變易兮	세상의 많은 변함이여
餘年只欲結茅	여생에는 단지 초가집 짓고
楸下而徜徉	고향에서 노닐고 싶을뿐이네

황화탄

黃花歎

黃花爾是淵朋花　국화여, 너는 도연명의 꽃으로
當時擅於栗里家　그때는 율리 집에서 이름을 떨쳤으며
後秀之姿看更特　뒤에도 빼어난 자태는 더욱 특별하게 보고
凌霜之節無以加　서리 이긴 절개는 더할 나위 없었네
花以人高清標在　꽃으로 사람의 높고 맑음 기준이 있고
後人凡輩效相誇　후세 사람들은 본받아 서로 자랑하는데
金盆玉盌巧栽植　금분과 옥사발에 정성껏 심어서
高榭華堂移橫斜　높은 정자와 화려한 집에 옮겨 심네
清香濃艶秋氣深　맑은 향기 고운 자태엔 가을 기운이 깊고
吟者醉者幾人譁　읊조리고 취한 자 얼마나 시끄러웠나
這樣人是何等趣　이런 사람들은 어떤 취향이 있었나
不過外面競豪奢　그저 겉모양의 화려함을 경쟁할 뿐이네
寂寞無人寒士屋　적막하고 사람 없는 하찮은 선비 집에서는
自開芳香誰所嘉　스스로 향기를 피우니 누가 기뻐해줄까
樵隐老子見之歡　초은[1] 늙은이 보고서 기뻐하니
白板千載會不遐　흰 널판에 천년이 지나도 가까이서 만나네
花乎如在富貴宅　꽃이여, 부와 귀가 있는 집에 있다면
必不清寒終咨嗟　결코 청빈하지 않아 결국은 한탄할꺼네

1 초은(樵隱): 작자 신관열(辛觀烈)의 아호임.

徒然在此增我懷　헛되이 여기서 나의 회포를 더하게 하니
其亦如人知否耶　그 또한 사람들은 알아나 주겠는가

수선화탄[임인;1902년]

水仙花歎[壬寅]

수선화는 꽃잎과 뿌리 줄기가 난초 같으나 좀 작다. 풀은 매우 특이하다. 육지에 있지 않고 물에 있으며, 평범하지 않아 신선의 이름과 뜻이 있다. 속세에 있지 않아서 부귀한 집에서 구하여 즐겨 감상한다. 지금 위도에 이 풀이 매우 많다. 동산 언덕 밭 옆에는 짙푸고 향기가 짙다. 선비들이 혹 채취하여 나물로 먹는다. 아! 영지[1]와 대춘[2]은 누가 다시 그 상서로움을 알아줄까. 이로써 탄식하며 글을 짓는다.

水仙花 花葉根莖 似蘭而稍小者也 爲卉甚異 不于陸而于水 不于凡而于仙名義 非塵世所有 所以富貴家求之爲奇玩 今於蝟島 此卉甚多 園畔田側 翠茂芬芳 土人或採爲蔬 噫 靈芝大椿 誰復知其爲瑞也 是以爲之歎題焉

水仙乎	수선화여
旣爲花之靈異	이미 꽃 가운데 신비로운 존재가 되어
不在世間塵埃	속세의 먼지 속에 있지 않고
而乃在於水晶殿闕	수정궁궐에 있으며
凌波步襪太乙浮圖	신녀의 아름다운 자태[3]로 태을부도에 있네.

1 영지(靈芝): 불로초과에 속한 버섯의 하나.

2 대춘(大椿): 중국 고대 전설에 나오는 큰 나무 8천년을 봄으로 하고, 8천년을 가을로 한다고 전하다.

3 원문의 '능파보말(凌波步襪)'은 "파도 위를 버선발로 걷는다."는 뜻으로, 본래는 연꽃의 자태를 신녀(神女)의 사뿐한 몸매와 고운 자태에 비유한 말이다. 중국 상고시대 복희씨(伏羲氏)의 딸 복비(宓妃)가 낙수(洛水)에서 익사하여 수신(水神)이 되었다는 전설에 의하여, 조식(曹植)이 지은 〈낙신부(洛神賦)〉에 "그 형체가 경쾌함은 마치 놀란 기러기 같고, 유순함은 마치 헤엄치는 용 같고, 빛나는 광채는 가을 국화 같고, 무성함은 봄 소나무 같은데, 어렴풋함은 마치 가벼운 구름이 달빛을 가린 듯도 하고, 흩날림은 마치 실바람에 눈발이 돌아 날리는 듯도 하네. 멀리서 바라보면 깨끗함이 마치 아침

俱茅茹而芳結根	띠풀처럼 향기를 띠고 뿌리를 맺으며
玉暎潔皎	맑은 옥빛으로 정결하고 희게 빛나며
葉翠媚飄拂素	푸른 잎은 부드럽게 흔들리며
莖擢而秀美	줄기는 우아하게 솟아올라
分作三朶	세 송이의 꽃을 피우는데
花辦之芳郁	꽃잎은 매우 향기롭네
寂莫乎滄海絶島	바다의 외딴섬에서 적막하지만
尋常散在於田畔園側	보통 밭두둑 동산 옆에 흩어져 있네
秋花春葉郁	가을에 잎이 무성해지는 다른 꽃들과 달리
採掇爲蔬	뜯어다가 채소로 먹는다네
余苦歎夫士人之莫識	나는 선비들이 알지 못함을 탄식하네
若在洛陽名都富貴之園	만약 낙양 명도의 부귀한 정원에 있다면
銀鏤玉粧當護	은으로 새기고 옥장식으로 된 화분에
培之極巧力	지극히 공을 들여 가꾸었으리
今乃不得然	지금은 그럴 수가 없어
而乃如此者	이런 상황에 처해 있으니
不能無感物之不遇	사물의 불우함을 느끼지 않을 수 없고
而亦於人類若	또한 인류도 마찬가지이네
嗚呼 吾於爾	아, 나는 너에 대해
無奈何也	어찌할 바를 모르겠네

놀 속의 태양 같고, 가까이서 자세히 보면 곱기가 마치 맑은 물결 위에 나온 연꽃 같도다.…물결 헤치며 사뿐사뿐 거닐면 비단 버선에 안개 먼지가 일도다.[其形也 翩若驚鴻 婉若游龍 榮耀秋菊 華茂春松 仿佛兮若輕雲之蔽月 飄搖兮若流風之回雪遠而望之 皎若太陽升朝霞 迫而察之 灼若芙蕖出淥波…凌波微步 羅襪生塵]"라고 한 데서 온 말로, 전하여 여기서는 연꽃의 자태를 신녀(神女)의 사뿐한 몸매와 고운 자태에 비유한 것이다. 또 당대(唐代)의 시인 온정균(溫庭筠)의 〈연화(蓮花)〉 시에 "응당 낙수의 신녀 물결 위의 버선이라, 지금까지도 연꽃에 향진이 묻어 있네.[應爲洛神波上襪至今蓮蘂有香]"라고 하였다.

宇宙今古往往	우주에서 예나 지금이나 때때로
人與物同一轍	인간과 사물이 같은 운명을 겪는다네

양자·묵자와 거리를 둔다고 말할 수 있는 자는 성인의 무리이다

能言距楊墨者 聖人之徒

異端之說元多岐	이단의 주장은 원래 다양했는데
一以貫之夫子門	하나로 꿰뚫은 것은 공자의 문하이네
其流直于泗上溯	그 흐름은 곧바로 사상[1]으로 거슬러 올라가고
厥功不於禹下存	그 공은 우임금 아래에 있지 않네
文明之氣化于物	문명의 기운은 사물을 교화하고
杏壇春風花返魂	행단[2]의 봄바람은 꽃에게 혼을 되돌려주었네
時當末世肆楊墨	말세에 이르러 양자 묵자가 난무하였는데
孟氏能爲距以言	맹자는 말로써 그들과 거리를 둘 수 있었네
詖淫排斥護正氣	편향된 음란함을 배척하고 정기를 지켰으며
性善諭道開眞源	성선설로 도를 깨우쳐 참된 근원을 열었네
春秋作後聖人遠	춘추를 지은 뒤에 성인이 멀어지니
二說縱橫天下喧	두 가지 설이 종횡하여 천하가 시끄럽고
能兼愛處父非親	겸애[3]하면서도 아비 대함이 친하지 않으며
獨爲吾時君不尊	내가 사는 지금엔 임금을 존경하지 않네

1 사상(泗上): 공자(孔子)의 문하(門下). 또는 그 학파(學派). 공자(孔子)가 회수(淮水)의 지류인 사수(泗水)에서 제자를 가르쳤다는 데에서 유래한다.

2 행단(杏壇): 학문을 닦는 곳을 이르는 말. 공자(孔子)가 은행나무 단(壇)에서 제자를 가르쳤다는 고사에서 유래한다.

3 겸애(兼愛): 묵자(墨子)의 학설로 "자타(自他)나 친소(親疎)를 가리지 아니하고 모든 세상 사람을 똑같이 사랑함"을 뜻한다.

於人天秩已大虧　인간에게 천리는 이미 크게 무너져서
禽獸之歸無足論　짐승이 돌아갈 곳을 논의할 가치가 없네
鳴呼仁義見何處　아, 인의를 어디에서 볼 수 있을까
如日之明可破昏　해의 밝음으로써 어둠을 물리칠 수 있듯이
開明此語豈好辯　개명이란 이 말이 어찌 좋은 변론인가
惑亂其徒式有繁　그 무리는 어수선하고, 그 방식은 번거롭네
公心出於不得已　공평한 마음[4]이 부득이하게 나오고
三聖之旨承惇惇　세 성인의 뜻은 끝없이 이어졌네
斯爲立法又救世　이것이 입법의 길이자 세상을 구하는 길이니
曰聖之徒曰道原　성인의 무리, 도의 근원이라 말하네
先將大義遽距之　먼저 대의로써 재빠르게 거리를 두면
閭巷浮言豈敢讙　거리에 떠도는 말이 어찌 감히 시끄럽겠나
纔開口地辟是邪　입을 열 때마다 이 사특함을 물리치고
要正心時懲彼奔　마음을 바로잡아 그 무리를 경계해야 하네
徽言所發輒爲聖　좋은 말로 펼치면 바로 성인이 되고
浩然其氣充乾坤　공대한 그 기운은 천지를 가득 채우네
東周衰運賴不死　동주의 쇠퇴한 운세는 불사에 의지하고
大道鄒門難可諼　대도의 추문[5]은 속이기 어렵다네
開來繼往講百世　미래의 개척과 전통 계승을[6]백세에 가르치며
亂世治時遽一番　난세에는 때를 잘 다스림이 제일 급하다네

4 원문의 '공심(公心)'은 "공평(公平)하여 사사(私私)로움이 없는 마음"을 뜻한다.

5 추문(鄒門): 맹자(孟子)의 문하를 뜻하는 말로, 맹자가 추읍(鄒邑)에서 태어났기 때문에 '추문'이라 부르는 것이다.

6 개래계왕(開來繼往)은 계왕개래(繼往開來)와 같은 말로, "전통을 계승하고 미래를 개척한다."는 뜻이다. 여기서 '계왕(繼往)'은 과거로부터 이어져 온 것을 계승한다는 의미이고, '개래(開來)'는 앞으로 나아가 새로운 것을 시작한다는 의미다.

而今佳節以詩對　이제 좋은 계절에 시로써 대응하나니
吾道東邦斯語愛　우리의 도가 동방에 있다는 이 말을 사랑하네

어찌하면 베개 밑에 샘물을 얻어 인간세상에 뿌릴 비를 만들까

安得枕下泉 去作人間雨[1]

多謝老杜楠堂雨	두보의 남당에 내리는 비에 매우 감사하는데
千間安得庇寒士	천칸 집도 가난한 선비[2]를 보호할 수 없네
蒙出泉義著羲繇	샘이 나왔다는 뜻을 휘요[3]에서 드러냈고
徵若雨辭敘箕疇	비를 불러낼 글로 기주[4]를 서술하네
眞能恰霔洗塵埃	진정 흡족한 비는 먼지를 씻어낼 수 있고
石廩峯光青更好	석름봉의 푸른 빛이 더욱 푸를 것이네
滄洲老夫卧山泉	창주 노부[5]는 산속 샘에서 잠을 자고
濟世經綸天下雨	세상 구제하는 경륜으로 천하에 비를 내렸네
心存聖世廟堂憂	성현 세상을 마음에 두고 묘당에서 걱정하며
才抱明時作霖姿	밝은 시대에 재주가 있어 장마 자태를 만들었네
西疇近日告旱魃	서쪽 밭은 근래에 가뭄을 알리고
惜乾時憂頻望霓	건조한 시기에 무지개를 자주 걱정하네

1 安得枕下泉 去作人間雨: 송(宋)나라 주희(朱熹)의 〈백장산육영(百丈山六詠)〉 가운데 '서각(西閣)'이라는 시에 나오는 시구로 "어찌하면 베개 아래 샘물을 얻어/ 인간 세상에 뿌릴 비를 만들까"라는 뜻이다.

2 원문의 '한사(寒士)'는 "가난하거나 권력 없는 선비"를 뜻한다.

3 희요(羲繇): 주역(周易)을 지칭함.

4 기주(箕疇): 기주오복(箕疇五福)을 줄여서 쓴 말임. 기주는 홍범구주(洪範九疇)를 가리키며, 오복은 오래 사는 것[壽], 부유함[富], 안락함[康寧], 덕을 좋아하는 것[攸好德], 늙어서 편히 죽는 것[考終命]을 말한다.

5 창주노부(滄洲老夫): 송(宋)나라의 학자 주희(朱熹)를 지칭함.

桑林六事責殷郊　상림의 여섯 일[6]을 은교에서 자책하고
蓷谷三章詠周詩　퇴곡 삼장에 주나라 시를 읊었네[7]
居然泉石要拔悶　거연천석[8]도 근심을 풀어야 하고
一枕支卧閒思量　한 베개로 누워서 생각에 잠기네
何來清派響如雨　어디서 오는 맑은 물결이 비처럼 울리나
耳邊淙淙協我心　귓가에서 끊임없이 내 마음과 어우러지네
如將彼源作油然　근원을 끌어올려 유쾌한 흐름을 만들면
且移斯流下沛爾　이 물이 옮겨져 너를 흠뻑 젖게 하리라
休從午枕助清夢　낮잠에서 깨어나니 맑은 꿈을 도와서
直向人間流去遍　곧바로 인간 세상에 흘러가 널리 퍼지네
蒼生萬億大命源　수많은 생명들의 큰 목숨의 근원이니
均以恩波作一雨　모두에게 은혜로운 물결로 비를 만들고
田爲引溉及公私　밭엔 물을 끌어들여 공사에 두루 미치고
苗亦沾蘇得勃興　모종도 적셔져 소생하고 활기를 얻었네
江南秋夕百穀登　강남의 추석에 모든 곡식이 수확되고
壽樽洋洋歌且舞　오래된 술통 넘치며 노래하고 춤추네
尋常思想豈妄想　평범한 생각이 어찌하여 망상인가
經濟斯心喜莫量　경제적인 마음은 기쁨을 헤아릴 수 없네

6 상림육사(桑林六事) : 중국 은나라의 성탕(成湯)이 7년 대한(大旱)에 상림(桑林)에서 비를 빌 때, "정사가 적절하지 않아서인가, 백성들을 고생시켜서인가, 궁실(宮室)이 화려해서인가, 여자를 너무 가까이해서인가, 뇌물이 행해져서인가, 참소하는 자가 많아서인가."라고 자책(自責)한 6가지 조항(條項)을 말한다.

7 퇴곡삼장(蓷谷三章): 『시경』의 〈중곡유퇴(中谷有蓷)〉를 지칭함. 흉년에 기근이 들어 가족이 뿔뿔이 흩어져 굶주리는 상황을 노래한 시인데, 그중에 "골짜기 속에 익모초가 있으니 습지에도 바짝 말랐도다. 여인이 남편과 헤어져서 흐느껴 울도다. 흐느껴 우니 슬퍼한들 어찌 미치리오.[中谷有蓷, 暵其濕矣. 有女仳離, 啜其泣矣. 啜其泣矣, 何嗟及矣]"라는 말이 나온다.

8 거연천석(居然泉石): 주자(朱子)의 〈정사잡연(精舍雜然)〉 12수 중 '거연아천석(居然我泉石)'에서 유래한 말임. "산수 좋은 자연에 은둔하며 사는 것"을 뜻한다.

須更普土惠澤洽	다시금 더 많은 땅에 혜택을 주어야 하는데
造化神功寂若無	조물주의 신공은 없는 것처럼 조용하네
誰云玉溜滴成海	누가 말했던가, 작은 물방울이 바다를 이룬다고
還似銀河飛下天	마치 은하수가 하늘에서 내리는 것같네
年豐道泰願言心	풍년과 태평을 진심으로 기원하나니
可見聖賢靈臺明	성현과 영대의 밝음을 볼 수 있으리라

상양[부의 해석은 공자에 있다]

商羊[1] [賦解見孔子]

聖人作而物覩	성인이 만들고, 사물을 관찰하며
辨土怪之羵羊	흙으로 만든 괴물을 분양이라고 하네[2]
歧山陽而鳳鳴	기산 남쪽에서 봉황이 울고
懿公軒而鶴乘	의공의 수레에 학이 탔었네[3]
驗物理而彼徵	사물의 이치를 증거로 징조를 알아내는데
飛者知其乘陽	날아다니는 것은 양기를 탈 줄 알고
旱其舞而掃灾	가뭄에 춤을 추면 재앙이 없어져서
登聖世之豐穰	성인의 세상에 풍년을 누리게 하네
原北海而有羊	본래 북해에 양이 태어나는데
係飛禽而曰商	나는 새와 관련되어 상이라고 하였네
羽三千而厥族	깃은 삼천 개이며, 그 부족은

1 상양(商羊): 중국 고대의 전설에 나오는 상징적인 새로 한 쪽 다리만 있다고 한다. 전설에 의하면 상양은 강물을 입에 머금고 날아와서 그것을 메마른 대지에 비처럼 뿌린다고 한다. 상양이 한번은 제나라 세자의 옥좌 앞을 날개를 흔들며 깡충깡충 걸어갔다고 역사가들은 기록하고 있다. 놀란 세자는 신하를 노나라 궁전에 있는 공자에게 보내어 자문을 구하였다. 공자는 상양이 그 지방 인근에 홍수를 가져올 것이라고 예언하고, 운하와 제방을 만들어서 홍수에 대비하라고 충고하였다. 세자는 공자의 충고를 받아들여서 큰 재앙을 피했다고 한다.

2 노나라 계환자가 우물을 파다가 흙으로 된 돌같이 단단한 장군[缶] 하나를 발견하였는데 그 속에는 짐승 모양의 괴상한 모양의 물건이 들어 있었다. 그는 사람을 시켜 공자에게 물어오도록 하였다. 이에 공자는 "여러 종류의 괴물이 있는데 그 가운데 흙으로 만든 괴물은 분양이라 하였으니 그것은 분양이다."고 말하였다.[魯季桓子 穿井得土缶硬而若石有獸形 使人問孔子 子曰物各有怪 怪土之怪 曰羵羊 此羵羊也] (〈羵羊辨怪〉『孔夫子聖蹟圖』)

3 위(衛)나라 의공(懿公)이 학(鶴)을 좋아하였는데, 학 중에는 수레에 함께 타는 것도 있었다고 한다.(『左傳』)

水一六而所居 물결이 열여섯번 일어나는 곳에 살며
如烏飛於同色 까마귀처럼 같은 색으로 날아가니
誰復知乎雄雌 누가 암수를 알아볼 수 있겠나
曰彼物而難知 저 사물은 알기 어렵다 말하였네
擧一世而禽之 한 세대가 지나야 새가 되는데
大聖作於斯時 대성[4]이 그때 글을 지었으며
博於物而辨玆 사물에 박학하여 이를 판별하였네
覽肉角而嘆獜 뿔을 보고 린[5]을 불쌍히 여기며
教捏脅而得鮎 갈빗대로 반죽해 고[6]를 얻었네
刪六經而述之 육경을 산정하여 이를 설명하고
捴物形之式繁 사물 형태의 체계가 번잡함을 정리하였네
人於彼而有問 사람들은 그에게 질문을 하니
云白頸而黑身 흰 목에 몸통은 검다고 말하며
又長喙而俛之 또한 긴 부리를 구부리며
可三尺之長焉 그 길이는 삼척이나 된다네
拳獨足而立水 한 발을 말아서 물 위에 서고
鼓雙翼而舞田 양 날개를 두드리며 들에서 춤추네
肆問世之怪底 세상의 괴이한 것들을 물어보면
迺爲辭而示卞 비로소 말하며 조급함을 보이고
如將雨而必舞 비가 내리려면 반드시는 춤을 추니
是所謂之商羊 이것이 상양이라 불리는 것이네

4 대성(大聖): 공자(孔子)를 지칭함.

5 린(獜): 괴이한 짐승의 일종. 『산해경(山海經)』「중산경(中山經)」에 따르면 의고산(依軲山)에 사는 괴이한 짐승으로 형상은 개를 닮았고 호랑이 발톱과 인갑이 있으며 뛰어오르기를 잘하고 그 고기를 먹으면 풍에 걸리지 않는다고 한다.

6 고(鮎): 물고기의 일종.

吾邦接於何界　우리나라는 어떤 세계와 접해 있나
可備水之汪洋　넓은 바다를 갖추고 있다네
魯爲備而賴寧　노나라는 대비하여 평안했으며
齊不識而致眚　제나라는 알지 못해 재앙을 당했네
斯其聖之導愚　이에 성인은 어리석은 자를 이끌어
果驗物之陰精　사물의 음정[7]을 증험하였네
必有喜而舞之　반드시 기쁨이 있어 춤을 추는데
應無一而不中　한 번도 맞지 않는 적이 없다네
堯之水兮常現　요순시대의 홍수는 항상 나타났고
湯之旱兮難覩　탕왕시대의 가뭄은 보기 어려웠네
雖曰均是羽族　비록 똑같은 날짐승이라 하지만
還有異於凡鳥　평범한 새와는 다른 점이 있네
侔仁心之鸞鷟　어진 마음을 가진 난작[8]
笑言語之鸚鵡　웃으며 말하는 앵무새
何千載而靡遠　어찌 수천 년이 지나도 멀지 않을까
是聖師之所示　이것은 성스러운 스승이 보여준 것이네

7 음정(陰精): 음양(陰陽) 중에서 음(陰)의 정기(精氣)를 뜻함.

8 난작(鸞鷟): 자주빛 색깔의 봉황새.

이상탄[10탄에서 멈추다]

異商歎[十歎而止]

異商歎非爾歎也	별다른 것의 탄식은 네가 탄식함이 아니고
吾爲歎大都開廛	내가 탄식함은 도시의 시장이 열리는 것이네
耀物華驚心悅目	눈부신 물건에 마음 놀라고 눈이 즐거운데
見之歎異邦之物	다른 나라의 물건을 보고서 탄식한다네
眞可觀認以重寶	참으로 볼만하여 소중한 보물로 인정하고
人皆歎雖則精巧	사람들 모두 정교함에 탄식하는데
非久完有識之士	오래지 않아 완성됨을 유식한 선비들이
皆發歎所見初見	모두가 처음 보기 때문에 탄식하는 것이네
聞初聞孰不爲之	처음 듣는 것에 누구든 탄식하지 않을 수 없고
復駭歎憶昔辛由	옛날의 고생을 기억하면 다시 놀라 탄식하네
驗百年而今當日	백년을 증험하고 지금 같은 시대에
真可嘆世或滔滔	참으로 세상이 도도함을 탄식할 만하지만
認尋常云是開和	보통 개화라고 말하는 것을 인정하네
無足歎漆室之婦	캄캄한 방의 여인이 탄식할 바[1]는 없지만
猶明見細究而思	세밀하게 관찰하고 생각하는 것이 분명하네
確有歎嗚呼文明	확실히 탄식하나니, 아! 문명이여
東國萬萬世那知	우리나라를 수많은 세상에서 어찌 알았나
今日有是歎歎之	오늘날 이런 탄식이 있음은 놀라운 일이니

1 원문의 '漆室之婦'는 '캄캄한 방에 있는 부녀자'라는 뜻으로 '몽매한 시골의 보통 부녀자'를 뜻하는 말로 쓰인다.

一字含無窮无窮	한 글자에 무궁함이 무궁하게 포함되었네
不是爲商歎	그렇지 않다면 상탄[2]이 될 것이네

2 상탄(商歎): 삼상지탄(參商之歎)의 준말. 삼성(參星)과 상성(商星)이 멀리 동서에 떨어져 있는 것과 같이, 두 사람이 서로 멀리 떨어져 있어 만나기 어려움을 한탄하여 이르는 말.

시루봉 높이

甑峯高

聞說甑峯天上高	듣기에 시루봉이 하늘 위에 높다 하는데
樵叟陟之不憚勞	나무꾼은 오르며 수고를 꺼리지 않네
披棘附壁過連峯	가시 헤치며 벽에 붙어 연봉[1]을 지나며
險處猶是愁猿猱	험한 곳에서 여전히 원숭이를 걱정하네
南至蓮庵北實相	남쪽은 연암에 이르고 북쪽은 실상인데
一串峯巒列似刀	하나로 꿰인 산봉우리 칼처럼 벌여 있네
直到上峯看于下	곧장 상봉에 올라서 아래를 내려다보면
滄海環地作風濤	바다가 땅을 둘러싸고 바람과 파도가 이네
如來直御九天獅	여래는 직접 구천[2]의 사자를 거느리고
神仙謾說三山鰲	신선은 부질없이 삼산의 자라를 말하는데
脚下坤維平不塌	발밑의 땅은 평평하여 무너지지 않으며
跨虹天畔氣何豪	하늘에 걸친 무지개는 기운이 호방하네
凹深藏處龍蛇窟	깊숙이 움푹한 곳에 용사굴이 있고
崢嶸起者虎豹嘷	우뚝 솟은 곳엔 호표가 울부짖는데
一回天地在其中	하늘과 땅이 그 가운데서 한 바퀴 돌고
萬山羅列連索綯	수많은 산은 새끼줄로 이어져 벌여있네
凜乎不可久留也	서늘하여 오래 머물 수 없으며

1 연봉(連峯): 죽 이어져 있는 산봉우리

2 구천(九天): 하늘의 가장 높은 곳. 또는 대지(大地)를 중심으로 중앙(中央) 및 사방(四方), 사우(四隅) 등 아홉 개의 하늘을 뜻한다.

仰之脅息俯忉忉	우러르면 호흡이 어렵고 굽어보면 아찔하네
世人莫向甑峯上	세상 사람들 시루봉 위에 가지 말게나
天險莫通難以遨	험준하여 갈 수 없고 놀기도 어렵다네

하구가

瑕邱歌

樂而歌者是謂歌	즐기며 노래함을 노래라 말할 수 있는데
我歌何意謂之歌	나의 노래는 무슨 의미로 노래라 하는가
不是富貴樓臺飛	부귀하여 누대에서 나는 것도 아니며
樑塵不是戛玉響	서까래의 먼지가 알옥[1]소리도 아니네
雲更嵯峨君不見	구름이 더욱 높아짐을 그대는 보지 못했나
瑞凰值上千仞飛	상서로운 봉황은 천 길 높이 날아오르고
石峯硉砙舒作阿	뾰족한 석봉엔 언덕을 펼쳐 놓았네
雌鳳伏處雄鳳入	암컷 봉황이 숨은 곳에 수컷 봉황이 찾아들고
上下瑕邱平不頗	위아래 하구는 평탄해 바르지 않음이 없네
散人海東有老樵	산인[2]으로 해동에는 노초[3]가 있으며
省拜時時上此過	성묘 때마다 이곳을 지나 오르는데
一見嗟賞愛不休	한 번 보고는 그 아름다움에 멈출 수 없어
乃置雙占復自詫	쌍으로 점쳐 놓고 다시금 자랑하였네
噫公叔文子空表	아, 공숙문자[4]의 헛된 표식인가
聖皆古之達者兮	성인은 모두 옛날의 통달한 자였네
以今比古果如何	지금을 예전과 비교하면 과연 어떨까

1 알옥(戛玉): 옥을 가볍게 두드리다. 또는 옥이 부딪혀 나는 맑은 소리를 뜻함.

2 산인(散人): 세상일을 잊고 한가로이 자연을 즐기며 지내는 사람

3 노초(老樵): 작자 신관열(辛觀烈)의 아호임.

4 공숙문자(公叔文子) : 춘추시대 위(衛)나라 영공(靈公) 때의 대부(大夫) 공숙발(公叔發)을 지칭함. 시호가 문(文)이므로 공숙문자(公叔文子)라고 하였다.

到此不能無感而	여기에 이르러 감회가 없을 수 없으니
爲之歌兮白髮顔	이를 위해 노래하니, 백발 얼굴이라네
半醉酡後來萬古	술에 취한 듯이 만고에 뒤떨어져 있지만
吾能爲之迎覩兮	나는 그를 위해 맞이해 볼 수 있다네
只可一笑而	다만 한번은 웃을 수 있으니
不須自悲歌	스스로 슬픈 노래일 필요는 없네

하나에서 열까지 이르다[개화사 모임때 지은 시]

自一至十[開巖寺會遊詩]

契稅子兮　계세자여
我緊樂哉　나는 즐김을 확실하니
游好而惠　놀기 좋아하고 베푸는 이
人盡淸流　모두들 청류[1]라네
時云暮歲　때가 세모라며
攀香閣品　향각[2]에 오르는데
蓮拂故山　연꽃은 고향을 떨치고
叢桂逸興　계수나무는 흥을 돋구네
約拈聯吟　약속하여 연구 읊조리니
奇緣作信　기연으로 믿음 생기고
宿憩庶幾　함께 쉬기를 얼마나 했던가
逢海上神仙　해상에선 신선을 만나
怳若忘塵　속세를 잊은 듯하고
間人世如　인간 세상과 멀어진 듯했네
滿結社友　결사한 친구들 많은데
尙親邇向　아직도 가깝게 친하네
平生爲遊　평생 놀기 위해
婚期次第慶　혼기는 다음 번 경사였고

1 청류(淸流): 고결한 선비
2 향각(香閣): 대웅전과 그 밖의 법당을 맡아보는 사람이 묵는 숙소.

師求文將　스승은 문장을 구하고자
航濟慈悲　배를 타고 자비를 건넜네
農雅作賦　농부의 우아한 작품은
如燭照數計　촛불을 비춰 헤아리는 듯하고
錦篋傳播事　비단 상자 전파하는 일은
盡美於東南　동남에서 찬미를 다하였네
奎韻畢題　규운[3]에 쓰기를 마치니
物無漏乎　사물에 빠진 것이 없고
巨細玅王　크고 작은 묘왕이
遺郁尚餘　남긴 향기 아직 남아 있네
透迤城根　구불구불 성 밑엔
禹將古跡　우장[4]의 옛 자취인데
直見岌嶪勢　직접 우뚝 솟은 산세를 보니
苔蘚印痕　이끼 낀 흔적이 있네
看磵鹿朝　계곡의 노루를 보며 아침을 맞이하고
過杉松掛　삼나무 소나무를 지나가는데
巢聞水鶴　둥지에서 물수리 소리 들리고
夜喉風景　밤에는 풍경에 울려퍼지네
絕勝詎可　빼어난 경치는 이 아닌가
易歸會合　돌아가 만남은 쉽지만
難常願言　항상 소원 말하기는 어렵네
無替孟饋　맹광[5]의 대접은 없지만

3 규운(奎韻): 제왕(帝王)의 시.

4 우장(禹將): 중국 순(舜) 임금 때 묘족(苗族)을 정벌한 장수,

5 맹광(孟光): 후한(後漢) 때 양홍(梁鴻)의 아내로 남편을 지극히 존경하여 밥을 지어 남편에게 올릴 때마다 밥상을 자기 이마의 높이까지 들어올리면서 들어갔다 하여 후세에 현숙한 아내의 모범이

鉢供味珍　바루 공양은 진미이네
羞瓊章玉　옥과 비취 부끄러운데
蹬才錦製　비단 만든 재주를 자랑하네
榮辱入水　영욕이 물에 잠기니
雲稍心神　구름은 심신을 작게 하네
空水月霽　하늘과 물에 달이 개이고
蒲團淨客　부들방석의 정결한 객은
眠豆粥廳　두죽청에서 잠들고
僧偈緣業　스님의 게송은 업에 따른 것이네
共修光陰　함께 세월을 보내며
莫逝歎鴟飛　가면서 고니를 탄식하지 말게나
笑龜曳膏車　우스워라 거북이 기름친 수레를 끌고
聯袂再繼　소매를 연이어 다시 계속하네

되는 인물이다. 〈後漢書 卷八十三 梁鴻傳〉

긴 가을밤[을사:1905년]

秋夜長[乙巳]

秋夜長漸添刻老	가을밤은 길어져 늙어가는 시각을 보태고
人無睡臥草堂新	사람들 잠들지 않아 초당은 새로워지네
凉微塵夜如水長	서늘한 밤공기는 물처럼 길고
河淸淺天半橫連	맑은 강은 얕은 하늘에 반쯤 빗겨 있네
階碧草露珠結隔	푸른 계단 풀 이슬이 구슬처럼 맺혀 있고
牕疎篁月簫簫光[1]	창문 틈으로 달빛이 스며드는데
千機己自隨塵息	천기는 이미 스스로 먼지 속에 숨어들고
百虫緣何徹宵鳴	온갖 벌레는 무슨 이유인지 밤새 울어대네
五更蕭瑟梧桐葉	오경에 오동나무 잎이 우수수 떨어지니
又是浮生怨秋聲	다시 헛된 인생 가을 소리를 원망하네
春何最短冬最長	봄은 가장 짧고, 겨울은 가장 길다는데
不熱不寒愜人情	덥지도 춥지도 않은 인정에 흡족하네

1 원문에 결자이므로 '簫簫'로 처리함

채석강사
彩石江詞

異哉	이상하도다
何地無江	어찌하여 땅에 강이 없고
何江無石	어찌하여 강에 돌이 없는가
惟石之有彩	오직 돌에 빛깔이 있는데
此江之爲最奇	이 강의 최고 기이함이네
李謫仙風月依舊	이적선[1]의 풍월은 변함없고
米元章畫圖陸離	미원장[2]의 그림엔 육지와 떨어져 있네
滄桑幾變千年	바다와 뽕나무밭[3]이 천년이나 변했고
浪淘一曲水之湄	물결이 한 굽이 물을 쓸어갔네
多情故人	다정한 친구들이
贈我以夥	나에게 많은 것을 주었는데
箇得刊几	그 가운데 책과 안석을 얻었네
君不見	그대는 보지 못했나
崑崙山上	곤륜산 위의
良玉堆積處	좋은 옥이 쌓인 곳에

1 이적선(李謫仙): 이백(李白)을 지칭함. 변산의 채석강은 중국의 시인 이백이 노닐던 중국의 채석강과 비슷하다고 하여 이름을 붙였다고 전한다.

2 미원장(米元章): 송(宋)나라 미불(米芾)을 지칭함. 원장은 그의 자(字)이다. 천성이 기이한 것을 좋아하였다. 무위군(無爲軍)을 맡아보게 되어 처음으로 주해(州廨)에 들어가자 입석(立石)을 보고 자못 기이하게 여겨 곧 포홀(袍笏)을 가져오라 하여 그 돌에 절하고 늘 석장(石丈)이라 불렀다고 한다.〈燕語〉

3 창상(滄桑): '창상지변(滄桑之變)의 준말로, "세상이 크게 변하는 것"을 뜻하는 말이다.

蘊光日暖	광택을 간직하여 햇살이 따뜻하네
自生姿石之於玉	저절로 옥에서 자석[4]이 생겼으니
猶人之於賢	사람 가운데 현인과 같네
我看君子人	내가 군자다운 사람을 보니
其人如玉潤而溫	사람됨이 옥처럼 윤택 있고 온화하네
覽物亦如此	사물을 보아도 역시 이와 같다네
覽人意有存捨此	사람의 뜻을 보면 이를 두거나 버림이 있네
而又欲窮子之所思	또한 그대 생각하는 바를 실천하려는데
眼之難觀	눈으로 보아도 보기 어렵고,
說之難言	말로도 하기 어렵네
從來變改其誰識	이제까지 변하고 바뀐 것을 누가 알겠는가
億千塵劫	억천년 세월에
風濤長奔	바람과 파도만 길게 달아나네

4 자석(姿石): 수석(水石)에서 동물의 형상을 닮은 형상석(形狀石)을 말함.

옮긴이에 대하여

옮긴이 홍순석은 용인 토박이다. 어려서는 서당을 다니며 이귀선李貴善 선생의 문하에서 소학小學까지 수학하였다. 그것이 단국대 동양학연구소에서 한한대사전漢韓大辭典 편찬원으로 근무하고, 성균관대 대학원에서 한국한문학을 전공하게 된 인연이 되었다.

강남대 국문과 교수로 재임 중에는 지역문화 연구에 관심을 갖고 용인, 포천, 이천, 안성 등 경기도의 지역문화 연구에 몰두하였다. 아울러 전국의 암각문 조사와 연구에 30여 년을 보냈다. 본래 한국문학 전공자인데 향토사가, 전통문화연구가로 더 알려져 있다. 연구 성과물이 지역과 연관되는 것도 이 때문이다.

강남대 국문과 교수로 재임 중 출판부장, 인문과학연구소장, 인문대학장 등을 역임하였으며, 포은학회 회장을 역임하였다. 현재 강남대 한영문회콘텐츠학과 명예교수이며, 해동암각문연구회 회장으로 활동하고 있다.

저술로는 『성현문학연구』, 『양사언문학연구』, 『박은시문학연구』, 『김세필의 생애와 시』, 『한국고전문학의 이해』, 『우리전통문화의 만남』, 『이천의 옛노래』, 『경기도암각문』, 『강원도암각문』 등 70여 권의 책을 냈다. 한국고전 번역서로 『용재총화』, 『부휴자담론』, 『봉래시집』 등 10여 권이 있다. 짬이 나면 글 쓰는 일도 즐긴다. 『탄 자와 걷는 자』는 잡글을 모은 것이다.

樵隱詩集

影印本

秋夜長漸添刻老人無睡臥草堂新凉徹曉夜如水
長河清淺天半橫連階碧草露珠結隔牕疎箕月舖
光千機已自隨塵息百虫緣何徹宵鳴五更蕭瑟梧
桐葉又是浮生愁秋蛩春何最短冬最長不熱不寒
愜人情

彩石江詞

異哉何地無江何江無石惟石之有彩此江之爲最
奇李謫仙風月依舊米元章畫圖陸離滄桑幾變千
年浪淘一曲水之湄多情故人贈我以彩箇得列几
君不見崑崙山上良玉堆積處蘊光日暖自生姿石

之於玉猶人之於賢我看君子人其人如玉潤而溫
覽物亦如此覽人意有存捨此而又欲竆子之所思
眼之難觀說之難言從來變改其誰識億千壓刼風
濤長奔

樵隱遺稿卷之三

異於凡鳥伴仁心之鸞鶩笑言語之鸚鵡何千載而
靡遠是聖師之所示

異商歎 十致而止

異商歎非爾歎也吾爲歎大都開壓耀物華驚心悅
目見之歎異邦之物眞可觀認以重寶人皆歎雖則
精巧非久完有識之士皆發歎所見初見聞初聞孰
不爲之復駭歎憶昔辛由驗百年而今當日眞可嘆
世或淪々認尋常云是開和無足歎深室之婦猶明
見細究而思確有歎嗚呼文明東國萬々世邦知今
日有是歎々之一字含無窮无窮不是爲商歎

甑峯高

聞說甑峯天上高樵叟陟之不憚勞披棘附壁過蓮
峯險處猶是愁猿猱南至蓮庵北實相一串峯巒列
似刀直到上峯看于下滄海環地作風濤如來直御
九天獅神仙謾說三山鰲脚下坤維平不塌跨虹天
畔氣何豪凹湀藏處龍蛇窟崢嶸起者虎豹嗥一回
天地在其中萬山羅列連索絇凜乎不可久留也仰
之脅息俯憫々世人莫向甑峯上天險莫通難以遨

瓊邱歌

樂爾歌者是謂歌我歌何意謂之歌不是富貴樓臺

飛摖臺不是曼玉響雲更嵯峨君不見瑞鳳直上千
仞飛石峯碑砡舒作阿雌鳳伏處雄鳳八上下瓊邱
平不類散人游東有老樵省拜時々復此過一見嗟
賞愛不休乃置雙占復自說噫公叔文子司空表聖
皆古之達者兮以今比古果如何到此不能無感而
爲之歌兮白髮衰顏半醉酡後來萬古吾能爲之遊
覩兮只可一笑而不須自悲歌

自一至十 開巖寺會遊時

契稅子兮我繄樂武游好而惠人盡淸流時云暮歲
攀香閣品蓮拂故山叢桂逸興約拈聯吟奇緣作信
宿諐庶幾逢海上神仙怳若忘塵間人世如滿結社
友尙親邀向平生爲遊婚期次第慶師求文將航濟慈
悲農雅作賦如燭照數計錦箋傳播事盡美於東南
奎韵畢題物無漏乎亘細妙王遺郁尙餘透迤城根
禹將古跡直見岌業巖勢苔蘚印痕看磵鹿朝過杉
松掛巢聞水鶴夜喚風景絶勝詎可易歸會合難常
願言無替盂饋餚供味珍羞瓊章王陵才錦製榮辱
八水雲消心神空氷月霽浦圃淨客眠豆粥聽僧偈
緣業共修光陰莫逝歎鶡飛笑龜曳膏車聯袂再繼

秋夜長 乙巳

淵厥功不於禹下存文明之氣化于物杏壇春風花
迄逮時當末世肆楊墨孟氏能爲距以言詖淫排斥
護正氣性善諭道開眞源春秋作後聖人遠二說縱
橫天下喧能兼愛處父非親獨爲吾時君不尊於人
天秩已大亂禽獸之歸無足論嗚呼仁義見何處如
日之明可破昏開洞此語豈好辯感亂其徒式有繁
公心出於不得已三聖之旨承惇〻斯爲立法又救
世日聖之徒曰道原先將大義遽距之閭巷滓言豈
敢譁綏開口地辟是邪要正心時懲彼奔徵言所發
輒爲聖浩然其氣充乾坤東周衰運賴不死大道鄒
門難可議開來繼往講百世亂世治時遞一番而今
俾節以詩對吾道東邦斯語爰

安得枕下泉去作人間雨

多謝老杜楠堂雨千間安得庇寒士蒙出泉義著義
絲徵者雨辭叙實疇眞能恰盡洗塵埃石廩峯光青
更好滄洲老夫卧山泉濟世經綸天下雨心存聖世
廟堂憂才抱明時作霖姿西疇近日告旱魃惜乾時
憂顒望霓桑林六事責殷郊薙谷三章詠周詩居然
泉石要孩閱一枕支卧閒思量何来淸派響如雨耳
邊淙〻協我心如將彼源作油然且移斯流下滌爾

休從午枕助淸夢眞向人間流去遍蒼生萬億大命
源泃以恩波作一雨田爲引漑及公私苗亦沾蘇得
勃興江南秋夕百穀登壽樽洋〻歌且舞尋常思想
豈妄想經濟斯心喜莫量須史曾土惠澤洽造化神
功寂若無誰云王溜滴或海還似鍬河飛下天年豐
道泰願言心可見聖賢靈臺明

商羊 武辨見孔子

聖人作而物覩辨土性之蹟羊歧山陽而鳳鳴懿公
軒而鶴乘驗物理而彼徵飛者知其乘陽旱其舞而
掃安登聖世之豐穰原北海而有羊條飛禽而曰商
羽三千而厥族水一六而所居如鳥飛於同邑誰復
知乎雄雌曰彼物而難知舉一世而禽之大聖作於
斯時博於物而辨玆覽肉角而嘆麟敎桓脅而得鵂
刪六經而述之摠物形之式繁人於彼而有問云白
頸而黑身又長喙而俛之可三尺之長焉拳獨足而
立水鼓雙翼而舞田肆閱世之性底適鳥辭而不卞
如將雨而必舞是所謂之商羊吾邦接於何界可備
水之汪洋魯爲備而賴寧齊不識而致眚斯其聖之
導愚果驗物之陰精必有喜而舞之應無一而不中
堯之水兮常現湯之旱兮難覩雖曰均是羽族還有

邊山行

邊山亘在海之西橫截萬里之滄浪逶迤屈曲且磅礴箇中名勝不可量名於中國者曰金剛人謂邊山以小金剛非徒然也又有勝海上三神山來翱翔六六洞天曲曲開蓬壺果然仙境非人間兮觸目随跬滿地絶勝而異常往往梵宮琳宇錯綜兮亦可怡神而賞行奇處絶壁與蒼崖隱然一幅畫圖新粧鬱崔嵬者劒閣當關落瀑流兮廬山八望及其幽邃玲瓏處澗草山花離披生香異禽怪獸亦不知其名兮天機自然若相忘古来英雄壯士過去事若太虛浮雲印一方彩石江風月何限李青蓮一去後八吾詩囊何其壯也禹金窟穹隆谽谺巨口張傷心哉落照臺還爲景公酹一觴蘇定方攻百濟悠悠古蹟金碧荒凉妙蓮王部邑址破礎殘礫野草空長都不過一歌一瞬事今人在此古人亡嗚呼邊山行邦盡道芒茫杳杳人世多變易兮餘年只欲結茅楸下而徜徉

黃花歎

黃花爾是淵明花當時擅於栗里家後秀之姿看更特凌霜之節無以加花以人高清標在後人凡輩效

捐誇金盆玉盌巧栽植高樹華堂移橫斜清香濃豔殺氣淡盼者醉者幾人譁這樣人是何等趣不過外面競豪奢寂寞濂人寒士屋自開芳香誰所嘉樵隱老子見之歎白板千載曾不遐花乎如在富貴宅必不清寒紛沓嗟徒然在此增我懷其亦如人知否耶

水仙花歎 壬寅

水仙花花葉根莖似蘭而細小者也爲卉甚異不于陸而于水不于凡而于仙名義非塵世所有所以富貴家求之爲香玩今若蠟售此卉甚多園畔田圃翠茂芬芳土人或採爲蔬鳴靈芝大椿誰復知其爲瑙也是以爲之歎題焉

水仙乎旣爲花之靈異不在世間塵埃而乃在於水晶殿闕凌波步襪太乙浮圖俱茅茹而芳結根玉髓聚皎葉羣媚飄拂素莖擢而秀美分作三朶花瓣之芳郁寂莫乎滄海絶島尋常散在於田畔園側秋花眷葉都採掇爲蔬余苦歎夫土人之莫識若在洛陽名都富貴之園銀鏤玉粧當護培之極巧力今乃不得然而乃如此者不能無感物之不遇而亦於人類若嗚呼吾於爾無奈何也宇宙今古往往人與物同一轍

能言距楊墨者聖人之徒

異端之說元多岐一以貫之夫子門其流亘于泗上

躑躅花明春日暖老杜鵑啼歇客魂迷村醪將盡奚
囊富損靈境遊神凡幾題樵
此身即坐筌天西樵宿雨初晴午晷躋拂地柳絲輕
裊裊農乘風飛絮故低低晩來習靜乾坤大老老去
宜安足跡棲側路盤旋高石級湘峯巒聳出矗樓梯
尺分千里疆場近樵籌閱三生滄海迷鍾聲數聲攪
眠起農滿園紅綠入新題老

望霓歎 戊戌

望霓望霓歎何苦密雲謾遮自郊西海郡風氣苦蕭
索薰天不雨冷凄凄麥熟四野黃苗空牛耕千畝白
壤迷是時田家挿秧節農人日日憂旱唯安能服田
期有秋四境之內餓庶黎大圖不作尋常計姑置字
牧舉璧圭須將神通廣大力縱棒鞭龍決河隄九河
奔倒一霎霆豐謳洋洋壽域躋

雲亭老人飲酒歌 己亥

雲亭老人飲酒歌白髮蕭蕭豪氣多人間七十稱稀
壽八耋光陰如擲梭五十六十如少年少年亦是暫
時過面坐對酌仍忘半不知一歡醉無何此意今世
眞堪樂浮生沈沒苦海波鄉相宅裏羅鍾鼎王孫門
外鳴玉珂青春行樂如此地都是一場夢南柯寄言

一世有何恃風輪灰管遞相過嗚呼雲亭上歌正長
水自洋洋山自峨

初雪作

古云初雪無風好今年初雪大風作盡之撓之無不
動萬里滄海如奔激風何爲哉乃若是農人喫驚憂
漆室惟天降災警于人未知明歲美與惡自從曙後
猶吼吼四天黯淡風稍息紛紛墜者皆皦然一時庭
園覆瓊屑花爲六出計其數後先應有分凶吉天以
虐雪令示人人謀惟可勤耕鑿人修其職以待天天
豈將不爲瑞雪

雨不來 辛丑

雨不來雨不來彼蒼者天胡乃其支離半載至夏季一
直旱若干霏灑不移時殷野禱桑極虔誠周谷暵蕹
謾著詩民乃食天今無天萬億含生曷奠居凡係草
木根葉皮孫之剔之又烹之嗟濊蒼生酷罹咎嗣歲
渺遠何以支大小同情憂懼甚冥冥庶亟格于斯霈
然一澤洽萬邦餘喘復甦可維持誰云旱舟物之理
元來昭然無一差如復遲晋幾日莫之應理即天也
天也亦難知嗚呼吾於是而無奈何也鑑古凶亂爲
之悲

承尚呑華(樵隱) 長檜欝匕蒼松古清泉白石鳴環珮(東農)
梵罷忽聽西風起一聲寒鴈來邊塞(若川) 香廚淨供伊
蒲飯夕禽飛下水舂碓(梧) 金碧玲瓏殿角高斗牛寒
擁接沆瀣(湘) 道人靜觀釋氏門色相空匕非俗態(樵)
慈佛念念尼珠轉斂膝瞑目龕燈背(農) 八相寶閣誰
任持滿庭秋草無人刈(川) 玉浮圖畔金粟花心恬軆
適清人肺(湘) 美事爲白惡事黑達摩遺敎衍不貸(梧)
放以瑞光見毫大祝之遐福叉手再(樵) 而我今來讚
古蹟百濟新羅曠前代(農) 闍梨鬐折禮甚勤檀越誰
家供米帑(川) 天女散花香風動千江印月澄心對(梧)
何方借得曾濟力一切衆生色無菜(湘) 欲悟玄門除
八苦趺坐眞堂證三昧(樵) 圓鑑國師一去後殘蘚撲
地礎已退(農) 騷人墨客幾經過滿目荒凉道場內(川)
鵂鳥夜鳴沙門冷無由上人接謦咳(梧) 耳聾剝落圓
木疎獨有明月照無碍(湘) 青山寂寞劫塵昏彩影斜
歪法像晦(樵) 牕隙飂匕風透紙屋角床床雨破塊(農)
名藍可惜有否時地則楞伽敲恒俗(川) 不三門下屢
眉衲何日錦欄微受戴(梧) 嗟呼成錢等恒河前有千
載後千載(湘) 玄奘難渡靈雲橋悟空未陟鷲峯黛(川)
信男信女應不乏寶樑何以餙琉璮(農) 空門白稅日

佰督糧畓萎蕪未把耒(川) 寫勸善文營修普五客遂
與一僧籌(梧) 十匙共施人有求一簣將成山無猶(湘)
翳翳可期闢通敞翳陰直欲拂靄霄(農) 若使良工重
覆之雖百千劫久能耐(農) 元是此漏甘麥聞人間迢
遞絶鳴吠(川) 招匕沙彌誦蓮經壓憎妄想皆懺悔(梧)
月波與爾同效勞淸信於吾偏有慨(湘) 事鉅賴伙貸
取鉄力綿在勤納還隊(樵) 竹下納凉宜嘯詠花間聽
潦可濯漑(農) 信樹重重夾兩林覺路茫匕倣八支(川)
坎中至理觀於斯廣額之兒無怨懟(梧) 塵々刹匕多
因果已去未來又現在(湘) 昌黎留衣非全感如滿結
社因自愛(樵) 節節溪流曲似腸棱匕石勢尖如啄(農)
時去未逢主人公爺棒終難打鐃碎(川) 我似守仁開
門坐古來儒釋元同配(梧) 金剛菩薩心同協目皆眉
低興百廢(湘) 輪焉奐焉是改觀今文古文則述槩(樵)
却向變華申申戒乞諸人者言無悖(農) 五十長句幾
成後與武碑前酒一酹(川)

月明庵次李相國月沙長篇 丁酉

聞有蓬萊直向西(芝隱) 一笻隨我萬山躋獅峯開處能
湫遊(東湘) 鷲寺登時烏道低松檜谷中森似束(樵) 鶻鶴
枝上寄如棲巖間委曲縈通逕(東農) 雲外岧嶢可蹊攀

老聞若有他生當發願多男華祝最關心

念修齋韻

經營者久董無休拓盡荒林泉始流滿地烟霞開別
境半間風月敞詩樓齋工告訖欣今日檢誌難憑憾
幾秋傳不云乎修厥德念玆孰敢恣優遊

念修齋柱聯

德招濟爲智水氣峯崑作仁山堂宇瞻存緬思拱把
護無輕折霜露多感節物冬夏宜肄詩禮靜究泉源
盈進喜看楸蔭成藪遠外峯巒秀色朝暮雲烟異態
野人載酒時來山客携琴相過遺子奚用金籯藏書
必照文星先事實多未遑肯構敢曰粗成

永慕閣柱聯

克肯乃能善繼不匱維爲永錫顯君亭樹思義韋家
花樹講會遷時序兮興感瞻封塋而展拜雨露長養
松楸詩禮敎讀兒孫先壠不遠堂北親塋相望廨昌
倘洞烟霞接隣佛峯雪月當牕亭亭芙蕖面沼層層
稻粱排畦

七古

三千坪途中 乙未

滄海障頭渺鉅坪田田有縮金色明朝瘴縱捲簾丁

列東立岸頭似絡縈閭閭原凸蝸屋列曲曲湖通島
檣行盡鼉烟莖接天起又有健牛賤土耕箇中作力
渾有像民於此間樂淇生行人謾歎今古異時也無
奈病膏肓

踰開巖向實相 丙申

仙山路入開巖口林雨霏霏濕人衣蓮王古堞何縹
緲山勢雄壯四環圍淨觀一區何窈窕空留破塔照
夕暉倚筇直上千萬丈復有奇巖天中巍仰之脅息
俯而歎天作其奈人巧適經略百濟曾駐扎兩將當
日此遇俱遵岩而下西北望萬山連根又分株起伏
頹挫仍嶄巖又如熊羆之奔趍到而濱處廓有容人
居開朗繞桑榆石田引水作灌溉溪邊跨水中鑿剞
四柱高揷上結幕山田獸食夜逐驅錦光沼潤水擊
石萬聲瑲耳如聾懸樹端高着雜草根認是溪水漲
流痕世間名利心可洗淸湍發自武陵源笻端桂鉄
曳石逕嵯鳥驚響飛相喧瀧岡漸近寺門關光頭慣
面來接讙

開岩寺聯句隊字

禹金岩下孤寺出千年不渝丹靑繪 梧圃 水流花開羅
漢愛草裹石聳將軍鎧 秉渭 中有法王儼寶座繙髢承

先明斯亭不但止觀德武備已今宜育成

次秦仁朴烋議回婚禮韻

有人來說主人慶々是回婚當吉辰稀年有五俱同甲旭日周朞再出寅醼酒傾三醲醒卯宴需羅八味和辛憶昔于歸應又感毋違夫子戒申申

次雲岡題前賢稿後

茶湯不可語醪醲絺綌難爲較錦紋當時知有廣陵散後世歎無楊子雲歷々如看昔日事詩々多感前賢文藐予與君俱等魯徒將緗帙想餘芬

次汞慕閣韻贈任基默

窈窕林邱出高閣靈泉自瀉石間苔吾曾有意未能者爾乃竭誠爲亟狀近愛當簷楸蔭覆遠看面沼藕花開於先於後計斯足不羨侯門調鼎梅

次李小藍 載善 甲宴韻

六旬有一老斯身此日方知意更新劬勞先感無涯地童稚回思有幾人昆季荊花耀今世兒孫蘭茁帶長春聖不云乎信必壽々之驗者如君仁

次欒英齋韻

州學榗興由使君要令教育培斯文世云開化胡其變人沒表章無以分實域全區沈滯雨杏壇之外盡

尢雲雖然魯俗此邦在四境日猶絃誦聞

次李雲岡

萊人尙說能蛇齡忠烈祠荒劫雨零不避刃鋒甘死節能堅鎖鑰保生靈廟堂禋典致香火竹帛書名昭日星假使如公在今世何愁徼外侵腥膻 右東萊宋泉谷祠

次新聞韻守歲

今夕人間何夕如聊將殘刻惜分餘一派春風噓氣始千門夜炬破昏初自憐老物當衰世可笑少時空讀書知天命久無知得依舊猶然踏跡驢

附原韻

坐伴孤燈小莖如堂々殘臘幾分餘雪晴天地非塵界雞鳴江山似太初夢裏浮生還說夢書中虛老更看書適憐此夜終南下應有寒梅待我驢

次蘇庵守歲 丙午

記憶蘇庵守歲年杳然往跡如先天吾今老矣存心想人或游云喜語傳雪片撲牕僧閉戶鍾聲度水客聞船借將瓊韌有無和具眼何曾爲蔡眠

細君回甲晬宴

同居四十二年間今見晬朝周甲還爲邀鄉隣伸慶意強將盃酒作歡顏本無分福受榮養只任淸貧求

次碧城來韻

散步邱園苔蘚肥榴花特節笑薔薇地還碧晋方傳
札人向蓬壺可拂衣須戒蕃羊艱則吉會看庭烏鳴
将飛今宜閒適慵蹇和只是觀時歎物輝
誰道持粱刺齒肥衰年淡食供山薇琴酒風流皆往
跡江湖倫落遂初衣轉旋雙鬢催生老萬下一機觀
躍飛人從乖境多趍向殊制青蒼黑色輝

東渭休官歸設詩會於氷齋要諸老作

棄宮爲是作閒休無錢無闘笑意荒日涉田園眞樂
地新營齋閣當名樓酒醺半倒混拖世詩意方濃潸
掬秋我家謝叔多清福百歲人間盡意游

次朴德齋

幾處名山作遍遊白雲長見日悠悠塵心未易超三
界仙分終難到十洲久雨淋漓如洗暑微涼透鋒認
逢秋人事古今多不及許與蘇郎赤壁舟
東邊雞柵西牛宮計活蕭然受本窮域上誰爲大男
子田間不識老英雄羽虫有義蜂稱主卉草無知葵
向忠可笑昇平休養物滌亭日日樂其豐
衰年轉覺事多非遭不辰兮意更微東海有人能可
蹈西山無處異將歸與方花草栽猶貴特地松篁愛

反稀若待夫君常大醉壽眞不必歎仙扉
翠竹蕭蕭映白沙江干一路認君家好事毎爲逢好
友奇才元似護奇花南簷午旭暑猶薄北戶晨凉秋
更多三生忘幻貴何物須酒還應勝著茶
庸陋宜吾隱姓名甘隨衆獨不爲清塵意今如經一
刼詩心渾似悟三生人云禾壠多風暑客道樵總增
雨聲那將漢水鴨頭酒要與謫仙相對傾
浮生萬事摠爲空宜且迎窮不送窮泰嶽難憑當日
誓大川誰有及民功宵凉階草多凝露雨霽園篁自
動風鼓吹大唐人不識謾云老杜夔州工

東渭堂逢金晩聚

飯顆曾逢今見遲溟燈拓跋更論詩世情變幻復誰
說老境行藏宜我癡雪落江湖鴻遠叫夜深山閣鶴
先知支離墟壇浮生事不憚三更歧路之
微醺作氣欲凌霄詩境抛來隨不遙宵光籠布三千
界月色澄明廿四橋一室臭蘭知已許故山叢桂隱
相招石門長聯仍纏就小燈欲滅爐香消

次觀德亭韻

四勢平臨境轉淸登欄自覺暢幽情克遵古禮彌爲
擧盡選良才耦以迎百步垂楊心已透當中粉的眼

樵隱遺稿卷之三

詩

啞聾 甲辰

擧世今宜啞聾同一機爲機戒于中有舌尙存蘇岱困無聲能聽季奚功斷髮文身盡是秋剃膚椎髓非全公可哀如病民生恨直欲蒼天訴帝宮

次新聞中僉鄕韻

朝端碩望且高年直認人間太上仙正是經綸扶社稷胡然瀟灑想林泉華夷相混無餘地日月其明奈共天君子野人交養義非貽富貴徒爲全

元朝 乙巳

鄕隣少輩拜高年漢代衣冠體拜仙俗風尙古耕郊壞春氣驗先斟癸象今當人事賁新日卽見物和涵養天節序循環只成感誰曾推識理之全

思川弟漢都作

觀今時勢異於前造化神工莫及焉一條縮地輪車走千里飛天電線傳漢北自應通道路湖南不是遠山川宜有聞奇猶寂寞關心倍覺鬱陶然

一抹蚕頭三角前擁回地勢毓靈焉聖殿惟六七君作仙李於千萬歲傳戚與休兮盟帶礪美哉寶也猶

山川中天搏鍾何時復更覩文明照廓然

用前韻歎時世

一亂一治雖鑑前從來未有甚斯焉漢代衣冠都變盡釋門被剃遽相傳地分夷夏間隣壤河則朝宗容受川混之以處自成熟近墨近朱其理然

輓從叔同知公

薤露悽亡復我私竟成千古不誰悲享以晩榮三胤在過於稀壽五年奇花樹齊參和樂雲亭少一爲歡嘻平生所嗜今玆進餞紼中途酹一危

次朴載淳 德齋 春懷

賞春回憶感當年日夜詞源水湧泉還遊勝日仍明月耽看名山與大川今絶親朋巷無轍尙傳舊物座惟氈萬事人間都棄了看書求道順吾天

嫩葉初萌謝藥紅塵襟欲把灑淸風莫云夙世附鱗鳳毋限浮生違燕鴻獨醒瀾看漢水酒不貪芥視蜀山銅夫君才識誰同擬處士南州許石洪

月明庵

一宿都無塵累縈人間信是有蓬瀛萬株松樹凌空直百覓流泉滿磵淸潤鹿印蹄朝雨過山禽刷翮午暉晴蕭園久臥身還倦手把藜笻匝地行

記憶前塵一夢同鄉人今尙說遺風淸吟梅閣卧餘
逕壯觀蓬山隨子平澗竹如能經雪翠園花判不作
春紅揣今濟世其誰許廊廟江湖憂不窮

次臨陂表從 東學叟 寓居韻

山村幽僻所居宜謝絶紛紜與世知農畢有秋頻釀
酒身閒無事或吟詩輞川自在市塵外康節不行風
雨時到老滋睽積年阻擬將隨暇一尋之

丹楓

空山寂寞動秋風萬樹丹楓背日紅爛熳開成彩花
朶嬋姸粧出綺羅叢一氣知時霜所使五行尙色火
爲同酷看不休光映透朱顔渾似數盃通

樵隱遺稿卷之二

用前韻咏雨

始因濛霧暗山巒亂墜生鱗見水池被蟄多思諸老
會作閒重和故人詩泉聞枕下聲初大溜瀉簷間脚
不移占喜盂陬頗有象先從兵麥可豐期

雲亭詩會

玉麈淸談勝管絃皤皤鬢髮盡高年倒垂羣葉八欄
竹半坼紅房出沼蓮序屬火行侵溽暑念存民饑觀
炊烟願今一飽雨之賜徒餔誰知所以然

謝趙使君 重翊 華喬 餉老

地主文治觀誦絃特捐殘俸餉高年頻過民舍種田
韭時到雲亭賞沼蓮擁谷詩成承雨澤竹欄酒醒歇
茶烟先於優老克遵禮能飫微公其孰然

次瀛洲詠物三韻 韻者本平淸自適隨意成之雖衆人一篇亡各不同者以其意之所之而作非如今之作列板覓次也如許非字辭不達而音兼淸不過會成句數而已 人以論倅强要來音故不得已而強和之

舉世皆嘗均是公暫時不捨始而終味似著茶能降
氣品同葵藿但斷忠銀成巧餙壽兼福竹戒過長驕
且雄最宜食後他無益塗漆五腸徒損聰 右烟竹

阡畝滋亡水草濃偏宜犢耒務於農行輒健雄耕赤
埴蚕能宏壯發黃鍾依經相者世難遇叩角歌人誰

與從遙思弘景山居日二畫通神手莫容 右牛

來去平生皆以雙相隨片刻不離覓晴纈光時飛弄
日浪生紋處蹴過江華堂賀語題詩帖讌席序毛樹
酒釭微禽多閱興亡事王謝當年畫繡牕 右燕

次趙使君 華喬 開巖寺韻

半天雲盡開奇巖寺得其名世曰咸公餘無事松峨
二方外有緣桑宿三幽境少塵心似悟靈泉洗垢味
兼甘聞說空門遊賞遍風流賓主美東南

次李學士 萬植 雨堂 雲半亭板上韻

歸蓋翩亡帶一琴臨歧惜別故相尋東風店舍湖雲
暮細雨征帆漢水濱揭壁邦堪無示意去鄉自爾未
忘心舊時臺沼寵光在淨植荷花塵不侵

次尹直閣 石梧 板上韻

酒後登樓生晚醺夕陽紫翠暎龍紋亘擘東京胄列
宿主盟西斯手拏雲旅館雪鴻新印跡禁垣繡鳳舊
摛文揣思綿邈移觀物蘭馥逈殊凡卉芬

次李學士 鍾录 東蓮 雲半亭板上韻

虛堂晝永漏丁東徃跡依然思想中此日餘生頗有
感當時素志乃相通沼荷開藥照淸水院竹成竿搖
晚風又是蓬萊洞天月酒仙詩佛共樂同

照臺清游未共登高頂只次瓊章意莫裁

次林亭稧韻

憶昔鄉人赴雨晴邇來寂寞懷難平只要竹工修葺
意不虛蘭帖詠觴情枕邊清響靈泉瀉檻外浮光碧
嶂橫一春勞力滄波上今見君詩強和成

雲亭懷古 用壁上韻

一興一廢轉常隨亭蹟憑看記與詩白門秋雨翊灰
冷古基滲上雪風征客悲春回章年陪老苑如昨哀相侵
吾迅若期後視今猶今視古何人他日又今時

次西疇來韻

人生各自異西東會合紛些缺界中酒爛良宵難負
月花開名院願無風驚看雙鬢已霜白保得寸心如
日紅惠好同歸子眞是贈之華壘玉玲瓏
雪中我屋作瑤宮廣庇天公護此翁莫教塵事來相
逼恰有清標較與同當世文章誰藉々古人勳業揔
空空午夜沈吟燈影下更看詩格在栅叢

人日雲亭共直川李友雲岡作 壬寅直川三從王年號

受節東風暗度江如將暝律叶嘘雙穀日祥光看翳
靄靈辰天氣照明牕少無塵態身同鶴恰有仙儀眉
盡庬贏基呼博轉㨗勝休把吟筒要筆扛

雲亭更拈

白頭邦復少年時痴欲千金一刻遲潤木占因和氣
透舊花驗受信風吹栾碁曾謂猶賢已刀筆奚歎未
有奇只不踰規從所好於人不樞不吾知

用前韻詠碁

洞仙初遇對碁時靜坐明牕下子遲一境清噓人籟
遠千塵淨掃天風吹輸贏有術揣排置變化無窮兼
正奇局上可云如世上廢興翻覆比看知

上元雲亭逢林芝隱作

白首相逢新歲初舊情倍覺自如々雲亭緩歇仍人
局芝洞應留長者車偶值上元堪樂矣盡傾下若可
歸歟請君須復憐吾老詩不能吟又廢書

復以前韻詠博

楚漢爭雄對局初兩家氣勢騰々如超或邊行常戒
馬衝而直八難當車窺觀善越惶包也防備多功徹
士歟象呼連將宮連逐敗卒降兵伏納書

次雲岡示韻

都將塵事拋笆籬一段心如清水池鶴觀仙緣方對
局鳳樓高手又傳詩人生本自有分合時物無非與
轉移些子箇中安著在百年可得數襟期

樵隱集卷二・八八

晩秋歷路私情終念々爲壽女婿宿瀛洲

共諸少年翌日登斗升山

登臨爽覺出于塵四望遙通眼界新地是靈山參佛
子天應秘境藩仙人掃苔題石光添旭燒葉煖鑄醺
作春暫合名區知不偶多情挽我解衣巾

仍宿遊仙庵 庵卽斗升山

強留一夜仙閒仙天近星河落枕前夢醒檀香清法
界氣通茗飮灌靈泉高過盤掌可承露量見斗升難
記年無限烟霞盡收拾半分袖去半分禪

次東湄叔完府示韻

幕府諸公韻致長處處䟽地辨淸凉閒戲日就庭松
翠高會時當嶺菊香累枕片歡皆屬夢稱堂別業可
忘鄕爲吾且報蘭汀老一上斗山期引觴

附原韻

暖燭紅氍漏箭長沛城樹色曉蒼凉衣巾受月通身
冷柿橘經霜滿案香一笑浮生逢此夜二年微祿
在他鄕依然步入臨皐下不見坡仙更把觴

東湄

次東湄叔送林遯軒歸山韻

新豐客舍惜分飛浮世紛忙遇合稀應識松篁幽遯

樵隱集卷二・八九

在難孤猿鶴碧山歸鄕關漠々雲生路驛樹沉々雪
撲衣吾賀遯軒多隱趣官情必悟昔年非

次東湄再叔完府吟韻

喜看回札坐深應移近短檠桃玉缸慚若法門皆不
二㲉如寶帀盡無雙白頭尚覺騰雲路一病誰憐卧
瘴江餞使詩筒替作郵猶忘衰力圖能扛

五更寂々響疎鍾詩欲其成興欲濃客裏嘘應醒遠
夢燈前笑自摩衰容至今老好安居息比昔健無臨
事慵問道雙梅方綻蕚較看何似歲寒松

次東湄示韻

滿幅詩來滿喜情知玆欽仰大方名瓊琚瑲璨全光
氣金石鏗鏘盡響聲南國相思梅欲老東風遠望柳
新晴殷勤又寄蘭汀叟何日牙琴膝上橫

次黃使君興學韻 名觀秀號華峯

休運如逢亭午天獲瞻文化越明年萊州修學奚專
美蜀郡興規更紹傳政識謹醇先變俗將期忠孝必
多賢鄕人他日題侯績亘筆豐碑字々圓

又次邊山韻

一脉仙山縈絡回洞天六六蓬壺開彩石蒼江明月
在妙蓮古堞暮雲堆不須廬岳飛流瀑猶勝牛岑落

夕陽絕唱千秋江冷曲和題奇觀入奚囊

九日林亭詩稧

搖落空城楓葉秋鄉人遵舊會詩樓此有登臨甚自適只宜酩酊更無求霜黃稻壠叫寒鴈雪白蘆洲飛晩鷗名亭人事相隨變昔日繁華今寂幽

共金龜史（洛爲）作楚山行

纔出塵埃意便明蕭然行橐半擔輕午過湖店愁風雨暮宿倉村計道程久矣丹楓曾擬見居然白髮已多生遙思二友有何事未得聯笻追子平（二友林濘錫金洛驥）

古內藏賞楓

霜辰壯觀此山岡樹樹酣楓生紫光七分摸彩畫圖見九月開花時序忘赤岸鏖兵明夜火東山携妓艷春粧玩賞來人幾千萬古今料度詩懷長

宿圓寂庵用前韻

清晨磬落響山岡靜裏諸天白月光八室維摩如頓悟離家靈運已全忘庭前栢樹心心念塔上蓮花面面粧人世不知何處是疑仙疑佛夢魂長

踰嶺到龜巖寺

名山到處喜相隨恍覺金沙路不迷峯上崔嵬重出峀源頭屈曲又過溪林間有石神羊化峽裏無人雉

鳥啼行到禪門寺絕處華藏臺現上頭題

雙溪樓次板上韻

揭詠先賢非爲僧箇中意豈詞章能地由人顯名尤重詩得紗籠色倍增檻對仁山心自靜溪流智水源惟澄如余後學只貪景玩作楓行今日登

白蓮庵

滿山盡日小人逢落葉空村路幾重白石蒼苔邊靈境淡雲濃霧多奇峯溪樓紗篆留賢蹟蓮社塵煤老佛容遙憶世間如夢裏名區此好與君從

藥師庵

山之高者等難隨千丈石撐天破時痕留上古巨靈手光現中間菩薩眉神羊何日儼隔道巢鶴千年松老枝稱小金剛多勝景大金剛自不觀知

宿雲門庵

空門高處講玄微恍若離塵已忘非旅夢夜雲依檻宿詩情秋葉撲樽飛歲年老我難重到山水留人未遽歸不爲賞游都爲世齊公貴亦歎斜暉

宿瀛州婿家

計程一舍近吾州遙望風塵湖海頭塵臼多年煩惱客名山幾日清閒遊丹楓盡落還佳節黃菊猶存見

薆覆畬耕信步黃昏到楸舍只因石路慣低平

雙簫

天生妙質玉雙童早學清簫音得工千仞鳳鳴徵瑞
靄一聲鶴戛杳蒼空楚兵散去雞山月秦女飄臨紩
嶺風嘹亮適超歌皷外帆疑仙樂聞瑤宮

次老人堂壓芙蕖韻

小堂東畔一方池無数藕花皆入詩不以婢娟爲媚
態自能淨植似堅持壽常同物貴乎遇零落非今感
亦時著說濂翁奚獨美從人見爱萃於茲

歲暮蘇庵共東農芝隱作

廢閣別來音信遙蘇庵今日始相招浮生暫覺金沙
路世事真驚桑海潮巷雪初殘寒序盡山梅欲放詩
情饒對君倍憶東湄切其奈雲林遠市朝
一片蘇山歷衆岡登臨自覺渺茫茫古木寒烟迷野
屋輕帆暮汐漲魚梁病餘止酒興全減老去作詩思
易忘黃昏禮佛聽禪偈撲盡胷塵閒意長

次吳琴山 頤益號 立春韻

即見春筍出屋墻青陽此日萠羣芳短簑耕犂俗風
古細菜供盤淡味長雪巷覓花梅吐萼風楹題帖墨
生香痴心復有新年祝適意詩邊與酒傍

次琴山元朝韻 己亥

已見乾文移斗杓春風又射凍雲消一時鄕里來新
賀此日天門開早朝和氣渾生梅下屋晴光浮動柳
邊橋商量萬事老宜飲促進巨觥隣客招

輓再從叔春村 東谿

當時標格衆爲欽磊落其論氣又斂一座詩稱匡老
至百篇醉見謫仙吟選登樞院宦情薄歸臥鄕廬衰
病濩人世六旬安享了誰云餘憾碍於心

輓田東農

蔘耶嗟惜此何聞一瞬蜉蝣似散分琴絶知音難奏
曲匠無試處不論斤空山秋草濕凉露古洞仙扉鎖
暮雲公與春村後先去也應地下共修文 春七晦農八初一故

仲秋小晦共碧城趙大隱咸羅趙研農作山行

垂老逢遊碧甚佳名山到處是吾家仙源幽闃閒溪
水法界通明覺路沙杉翠蔽雲如入室柿紅間葉勝
看花清晨磬落聽禪偈現悟爽然塵意遐

窩開巖寺

邊山賞楓

天公眞彩用寒霜濡染山楓盡境長濃似臙脂倍有
色勝於花朶但無香凋零莫使經風雨爛熳偏宜燃

共前伴登寺一宿

登亡午日寺門寒老木風聲逗古壇羣巒成山屛更列萬流爲海鏡如圜雙眼通明眞本畫一身倚着別層欄聊向碧城三老語何如今遇蓬仙看

抵到宵深共不眠偶然神契似曾年俄聞有得底歡意造次無違終樂天霜雪凝寒侵座內星何動彩亘樓邊聯吟幸覩詞源大晝夜奔瀾倒百川

輓金竹史 弼祚

與君相識自童年半百光陰今遽然鳳山同硯還如昨鷹閣論文倍憶前仁而未壽歎斯舊窮且安貧欽爲堅永隔邦無一辭訣以詩陳意寄重泉

歲初與東農往鷹山齋閣慰弄叔東湄憐景一宿而返 戊戌

洞們初遇喜神清聯到松齋由慰情處世悲憂忍更道逢逆劒氣餞宜鳴名山不及茲邱勝好月無如今夜明有酒飲須長進酒莫敎酒盡舉盃輕

上元前日同東農東湄遊鷹山齋閣信宿而返

野老相尋不待晴滑泥審愼小橋橫正當此日立春節又聽明朝賣暑聲詩出性靈宗雅潔酒過聖樂效和平餘生祇願如今樂恐被要津勝令名

誰爲其窄我爲寬共宿山房夜雨寒凹地開塘驗水聚閒庭栽卉待花看小燈違曙懸松屋新帖題春耀閣欄老去異常佳節過自知心事感無端

懸燈夜話舊情存寂寞數家湖上村拜客山童知古禮羞人野婦經新婚夜深松壑寒風逗雨過田溝流水渾可惜良辰減淸景一天雲翳月光昏

信宿山房客未歸松籬疎擁不關扉健丁舂米料輸稅老媼繅絲謀製衣共話今宵宜曙達相分明日又尋稀此吾鄉下地兼勝去毋遲亡來若飛

宿萊蘇寺

霏亡春雨滿春山借得禪房一宿閒上人眞若情相近遠客還無世與關雪白棠梨明屋後燃紅躑躅暎林間曉磬聲穿白雲逗此身渾是出塵寰

次重陽日林亭詩契韻

病中無路登亭西獨卧田廬寂莫悽前輩風流時已遠今人詞賦格還低丹楓稍早讓車駐黃菊未開難榼携非以賞秋專以稧兼酬重九一爲題 守宰多楓行

山行得輕字

入山漸覺疲還輕爲是離塵能爽情蒼藤古寺依雲壁 靈隱寺 紅葉數家通澗程丁壯擔柴循脊下婦姑種

江風拍袖晩暉陰渡口橋横春水濱芳草萋々迷野
路桃花灼々暎園林半生塵海空多累此日雲山始
喜心老不相游執何益迺回一路芝翁尋 芝隱也

中溪途中次地主閔 光輔 摩天臺韻

曲々清溪復向東桃花爭發夾途中冷々流水心如
洗矗々高山意更雄仙境暫遊源有記人間緣出路
無窮孤烟落日青林舍峽裏行人何太怱

宿青林次李上舍 于華 摩天臺韻

八山幾日作清閒客意渾然忘世間冉々流光春似
矢蒼蒼曉色月如環元來名利何邊物不是神仙別
有班遙望白雲西嶺屹屋孫拜巃故遲還

東湄叔自南郡還詩伴皆來訪不期而成巨集

莫說多時離合緣有君有酒醉長年常思三折潟流
上却怕一分歧路前刈麥登秋高粱圃掃秧饁午翠
生烟詩家鉅匠當誰許我識東湄是諭侶

共東農泛雲登寺

炎風吹雨暗江城一杖登高步輒輕分手幾時多阻
濶開胸今日始通明忽看紫燕簾間語更有黃鸝樹
裏鳴醉卧涉門如頓悟詩心幻作佛心淸

新秋共趙芝泉 康夏 氏沈泛雲 錄 田東農游眞

洞林齋

芝山南畔共尋期閣似甄亭名揭思泉歃靈源爽愈
酒松垂倒幹粧宜詩空傷往跡夏工日又値今游秋
到蒔曲檻淸風人醉臥野程十里忘歸遲

共前伴又入開慶寺

寺門高出碧山濱五碼斜陽一逕尋淨界留神圓佛
夢淸泉濯足爽塵心層雲半壁塔欹影積翠庭空檜
覆陰天籟微凉林雨濕不知世外暑威侵

共泛雲東農登寺又下林亭

碧樹溪陰人自還不須高境更躋攀冷々絶澗心神
醒寂々空亭歲月閒一疋綠鋪經兩野半邊紅襯照
暉山對君却笑朱門客萬事無如任所安

東湄堂共田東農趙曉峯 碧樓人名東湄工壹 作

摸書看畫瀞懷長粉墨暎於苔蘚蒼非與塵人居僻
熱恰同仙境受淸凉菊英浥露集秋色稻穗照陽明
野光何日共君攜手去蓬山樽得一茅廬

西亭九日詩契

小亭寂寞小邱西樹裏泉鳴石路低芝老已歸依檻
望菊花未發傍籬齊一天霜氣沉虛郭十里湖光暎
曲堤却粧詩情異去歲停盃悵不成題

斜陽不盡攄詩心纔了新題強復吟宿漲江橋青草
沒晩晴驛樹綠陰濃枯釋與爾若相忘塵事於吾無
所侵更好知音鍾子遇高山流水奏清琴

淸心軒夜坐 丙申

淸心軒坐覺心淸幼作詩仙無俗情盃菊背燈欹瘦
影砌梧八夜動寒聲沈吟繞月纔難就大酌臨風掃
不平人世難逢如此樂團圓要與度餘生

共金東雲 在昊 金衆齊 烱寬 林亭作

少焉月色曲欄東留醉更宜題葉紅今夕淸遊邂逅
地幾年勝境寂寥中籬邊寒菊浥香露溪上殘楓搖
晩風抑想名亭客去後無窮景自隨時同

共東湄訪田東農

山暉半戾野禽飛來剩仙扉潛忘歸政好行吟隨意
適莫言世事與心違秋濃短砌菊花老霜落疎籬橙
葉疎一飮端宜醉無已如空虎饑與吾衣 虎一作君

共菊史登寺

纔登數仞生橫城境與胷通眼更明野寺荒凉孤釋
任秋山搖落詩人行晴雲籠日潛生色疎葉鳴風冷
作聲堪欲謫仙詩益健晩逢湖海仰高名

人日夜東湄堂共諸伴作

八夜相招小郭隈遙看燈射認堂開聞君經歲今初
至豈我冒寒寧不來映帳臥宜聽雪墜凍橋去欲挨
梅回痴翁漫墨傳神畫疎竹屛間數點苔

上元夜共華城滄泛雲登寺

半山殘雪冒宵風纔到沙門月上東詩有奇緣今始
遇人將令節此相同街童雜還來庵裏燈市迷離連
郭中閒看枯禪爾是好邦吾塵累較分公

上巳林亭詩契

重三佳節陟西林側々春寒晩日陰鄕士登欄修契
事使君題帖感詩心藉來芳草因猶穩種得奇花園
復濃却向巖公碑畔路蒼苔蝕篆舊痕尋

上巳夜共林芝隱 子一作

詩燈寂々五更初倂客不來情似疎重把華牋欣共
寫爲酬佳節興猶餘山樓夜雨飛江燕湖水春風登
石魚借問讀書眞洞舍烟霞倘似舊居時

寒食日共泛雲東農作

江南寒食午天淸物色東風滿眼生一路橋邊楊柳
嫩數家籬落杏花明芳樽酬節聊同座短策游春欲
上城古俗至今烟火冷綿山不墜介公名

入山途中 三月念二共辛東湄林芝隱田東農入山遊念七日始還

出塵守歲強登城來坐禪房百感生不記舊朋曾共樂差宜飲酒即忘情高低萬落遍燈影清冷諸天遠磬聲公道人間髮漸白商量已事有何成

東湄堂作 癸巳

楠陰綦窗坐生寒暑日此宜留客歡數頃稻田通還野半邊山郭繞長官秋風悲老誰成賦畫境凝神客上欄欲挽詞人長進酒一吟一酌笑談香

金瀛北堂詩會

籬梲引蔓蔫成林野意君家塵不侵平生所悌少陵句一世高尚安道琴濇水初清潦雨盡霽天如掃火雲沈此是童年讀書室伊今多感舊吾心

逢咸羅趙研農 東觀 登山 甲午

蓬壺八月繫仙舟倚上西風山上樓亂後相逢眞可喜別來多老共興愁汀葭露白方遷節野稻雲黃已熟秋病客強登成暢意非君此地復聯疇

月明庵

蓬山最擅此庵名恍若仙居接上清牕外羣巒皆下止天邊大海遠臨平暫爲過賞塵心斷久似通靈道氣生搜閱玄門眞妙處視之無色聽無聲

土亂初平　綸綍又下民生庶可奠安適逢金

晚峯 春植 敍情

兵戈初息淨烟塵劫後羣生復見春動則皆爲失業者晏如確是有知人輯安　聖德洽黎庶殲釋　皇威加海濱白雪南齋逢晚峯以端取友可相親

元朝 乙未

元朝日出海天晴草舍新開春氣迎禮拜高年看俗古掃除邪道喜符清王謝諸兒皆穎異漢唐法服盡鮮明外乏應門溪有憾親年望八只欣情

共金潤文八寶相洞

山疊巒兮水又溪緣流路轉抵庵西乘春氣木皆萌動經歲寒松更翠齊風樹百年歎不在隴岡何日表叐題省行信宿探幽勝賴有金君伴君行

青林別庄

村容窈窕絶塵紛精舍之居意儘欣山連邱壠思親地案積典經摸聖文一竿閒釣溪邊月數畝時耕嶺上雲久有擬營今始得儉而要不分過云

與完山朴肯農 準蜀 登寺

朝霏斂盡午風和山徑夾林劈送歌詩見大家頗韻古人如出世特緣多虛中生聽風吹塊禀裏分區游西被向晚客彩還怕冷禪牕煮酒醉無何

月餚序如催飛雪霜邇間縱酒還爲崇造次題詩難
就章冷薄書牕透夜氣龍團暎煎歃薰香

贈金豊南

羈旅江鄉有夙緣看今不是舊青年南漢文章爲世
仰倉山句法教人傳（二十年前以隨園詩話傳播）重逢他日邦期
否相識晩來非偶然贈君無語存微意明月吳州照
一天

小寒夜若川堂詠雪 辛卯

浤浤浩浩潔光均一氣之成四海隣熱士受寒多醒
夢静時觀白小凝神千門霽景渾如畫萬樹開花摠
是春我愛青松特立巷卯君志節期斯人

贈金桂坡 信欽 壬辰

桂坡不見已多春白首今來似厭貧滿架琴書是隱
者繞堂松竹即高人語及先師還感舊契從晩歲可
圖新一曲峨洋君記否蓬山明月夢仍頻

贈李漢檏 泰儀

高人淪落已三年散跡寓耕湖上田却看畫圖能濟
泊不妨尊酒此留連山樓秋氣渾如水野屋晴光半
雜烟一見吾知子之意名心早付笆籬邊

東湄堂逢李香農 漢容

市塵咫尺小堂明秋士相看意更清憶昔聲名一世
仰歎今衰髮千莖生叢畔青楓受霜艶簾間霽岳羅
烟輕人事半多詩上感大家曾道五言城

共李香農

文章易老髮垂垂落拓人間秋又悲盤谷新書懷隱
士襄陽佳句歎明時三盃酒氣青霞起一局棊聲白
日遲聯袂欲爲遊五嶽妻留子挽就粗其

共吳性齋 奎熙

夜向城南毎欵扉課詩爲事事還稀幻而學志青雲
在隱不求名碧草歸月白山村犬吠吠霜寒江國雁
飛飛笑吾四十琴書客虛擲年光老布衣

與金詩隱 河述

詩能名世隱爲名衰鬢已看霜鬓生草野捿身何有
得江湖游志尚無成枕愛初醒聽漏滴床書屢閲引
燈明遙望琶山秋又盡西風怨別葉飛程

次東湄紅白梅屛韻（壼是許小痴詩是車五山）

一屛濃淡兩梅粧造化眞摸紅白香暎閤燈明横瘦
影晴牕雪照静孤芳畫云許老爭看妙詩著車公倍
有光我屋庭前一種樹花開叒朶潔林塘

蘇寺守歲

設詩會 乙酉

招朋酌酒破愁城今日始吾心思清天上光陰流水去人間榮辱一毛輕黃花晩節陶家色落葉秋生歐老聲回憶曾年詩社盛名山幾處共遊行

碧落沉陰霜氣寒夜深人倚曲欄干連綿山水秋光暮淡泊庭軒詩境寬徃劫滄桑還似夢浮生泡芥強爲歡昔時梅老君知否去向東門却掛冠

東湄堂雪宵

一醉無妨而已歌未全埋沒氣稜峨朱門先達親知少白髮相看晩契多雪片撲牕催歲去梅香透逕引

人過世緣會使詩緣淺携到離亭可奈何

次東湄寄示韻 丙戌

聞道名亭在完山也應仙境非人間輞川庄合同年語綠野堂宜休暇還簾角蒼巖呈淑氣檻前淸澗洗塵顔主人誰否意先獲我欲登臨共占閒 右金氏山亭

藥圃春深藥草香詩愁漠漠離懷長柳花亂落迷孤店萍水蒼茫渡遠鄉洞舘應多三宿夢林亭虛負一春光今年寒食好時節不見東農堪斷腸 右藥圃別東農

次碧池倅趙石樵豐城夜吟

鍾落城樓問夜何淸游又得詩緣多紛忙世事黃粱

夢磊落高懷白雪歌江上青山迷曉色碧池明月醮春波佳篇膾炙人爭看詩擲金聲字玉磨

春日城寺 戊子

客從塵界到諸天勝日風光極望邊野渡春潮晩帶雨江南芳草綠生烟詩隨眞境心還靜禪說前生夢復圓自笑疎慵來倚㢓名山共得做仙緣

家君初度長兒加冠 己丑

吾家疊慶際時淸初度今朝瑞日明兒能獻壽彩衣舞孫又加冠賀酒傾從此成人期望大而今衰老憂心生更把華箋庸記實滿堂喜氣自和平

錦城路中共殷蘭汀 松說 作 庚寅

客路多愁雨濕衣強因信宿似忘歸郵亭花發人南去江國春來鴈北飛偶著詩緣欣共話暫拋塵累事還稀萍逢易致陽關別欲永今宵無小違

逢南漢金豐南 英肇 吟

偶着如緣惜倏分歎君才氣出於羣一榻論懷開霽月廿年憶舊杳浮雲菊英移盎秋猶在木葉飛牕雨忽聞詩情攪我仍爲飮不覺傾樽成大醺

若川堂逢梁石癡 鍾麟

良辰會話卯君堂千載蘇仙一夢長江山不改餘風

五更鍾落卽春天錦北青山立蔚然齊士當年歌是
鈫越娘何日載於船客中啇髮渾如改夢裏鄉音曾
未傳悵望湖南驛路遠也應今夜不成眠

共明梧亭金東山 郁炯 登高 癸未

髣聲忽報上樓初其友相求欣可書日晚滄江雰瘴
濕風生塔院槐薰踈雲山望極金陵地歲月閒多蓬
島居詩意奚須較工拙漁人取適不徒魚

九日登高

登臨爲是作重陽一種秋懷謾復長南國黃花持晩
節西風白髮感年光秋溪林樹堪題句酒熟江村可
泛觴北雁一聲何處至滿天霜意杳蒼〻

秋盡登高

扶醉登〻山更高西風拂袂意全豪龕燈明滅當孤
寺浦屋蒼茫接暮濤籬菊團〻宜作酒江風落〻可
題毫浮生遊樂無如此塵世何人謾自勞

十月之望朴獨蓮齋詩契

秋盡江南夢未成郵亭相見雪初晴百年離合詩緣
重半日留連酒政平木落孤村靑嶂出鴻飛遠渚暮
雲生蘇仙往跡冊江冷明月今宵奈客情

與諸伴蘇庵守歲

浮生謾自惜今宵來坐上方塵世遙塔院燈明詩境
大天風磬落客心寥三餘殘雪寒留寺一樹新梅春
入檻又過今年添白髮笑予公道不曾饒

若川堂詩會 甲申

却看節序似流波一笑相逢不醉何射鵠寧爲學武
早雕出奚益工詩多西風冊葉題邊落九日黃花夢
裏過半世心襟從子得不須聒耳聽笙歌

秋日逢金錦霞 永彬 田東農

小樓夜靜市塵空園木時過獵〻風世情日見爭趍
下友契年來樂在中菊過重陽花不老楓因晩雨葉
逾紅漠北陣雲長海暗謾將匣劒氣全雄

共白靑田李艮齋 鶴緖

艮齋別後二過春此夜相看白髮新只可談詩無俗
事何堪對酒作醒人梅花格冷偏宜雪竹樹風淸不
起塵浮世今遊誠未易百年托契寫吾眞

蘇寺守歲

大地蒼〻耀夜燈俯看快我躡雲登百千萬刼如斯
去三十七年何所能壽富康寧禪說轉是非憂樂客
心澄凝然不寐時逾靜紺院溪〻搭影層

遭亂下殤後杜門養病者久秋來川弟爲慰我

三月初吉逢田東農

春山處々可登游上巳明朝客共留便欲聽鸎携酒榼若將待燕揭書樓至今風俗承和世愛此勝區良賈州聞說花辰將渡錦邦堪送別刺輕舟

詩能窮巳反工撚髭就新篇若捷與駟馬歸來吾有望鶩鷗留約子何孫楊柳數株倜洞屋杏花三月洛陽途客散堂空府夜靜小燈檠下夢樵夫

田東農下第而來訪

一春寂寞掩書堂忽護逢君故意長濩落終多由隱士功名肯數作倜郎正當芳草清和節懸說殘花爛漫香會晤喜茲閒靜際賴君可得攄詩心

重陽翌日與諸伴登高

山行一日脫塵驅過了重陽病強扶黃葉空林留客榻蒼崖古井近禪廚潭稜詩意無人解寥落秋懷與子俱聞說龍門新得捷賀君進酒傾金壺

與田東農族侄鶴圃 鍾斗 壬午

夕陽漠々燕飛々客趂晩晴輕拂衣漫浪塵間惟我在才名宇內似君稀紅罇白酒頻沽至綠柳青門莫易歸枳棘濱巷茅舍靜頭游靈境意中微

與金陵明詞人 楷平 登高

興廢名樓誰識先靈泉嘉木似曾年碧紗烏篆翻成古紅酒燕毛堪賀前漠々湖山滁郡界駸々歲月端陽天金陵詞伯新詩健漫浪我懷牟復連

端午書事

柳陰枳翠水如盈畫簟微凉覺體輕樓賜漢盤紅有子竹沉楚水綠無情偶當佳節客相過細數塵寰誰復清小屋濱々午巷靜管絃一派到西城

與鶴圃登寺

勝地尋常歲月流千年留在此名樓水雲孤釋猶青眼蕊竹游朋巳白頭桑海曾聞三變改人生何數一沉浮奇緣今夜寺中宿雨濕空林客意幽

暇日雲亭

沉吟不覺到斜陽隔樹隨陰移小床酒濕淺樽酥作氣詩題華帖墨生香濱蒼木葉受霜寒寥廓秋天共水長可見昇平今在此門前野壠稻秔黃

歲暮敘懷

樂事相逢醉共扶浮生一笑出塵途韻高客有評梅句境僻堂開繪雪圖歲色駸々何處去世情擾々此間無請君莫道月朝品達觀人同賢與愚

湖中旅舍除夕次東湄

瑟醒世堪彈楚士冠蜷蹲空堂儘歲暮腐鴻長猪叫
宵寒雪花增月光如玉潔合心兮皎合看

東湄堂夜會

出門小路橫城邊樂處行吟夜〻連竹樹淸風數畝
地梅花消月五更天雅音自發詩成後歡意難如酒
到前欲辨忘言仍坐久孤村雞唱也無眠

雪月中與詩伴

放眸大界即平沈剩破宵昏地不陰冷薄還爲憐歲
色逼明直是照氷心仍携談柄交揮玉復送詩筒頻
擲金好酒慇懃成一醉賴君起我此同臨

逢田東農

靜室閒談頓悟圓博山香爇細分烟依〻遠夢月明
夜落〻孤懷歲暮天凍墨數升題帖面嘆醪一斗醉
樽前中原時事休相問山水中間豊樂年

歲除隔數鍾田東農委訪叙懷

朱門一念已灰殘歲暵高松肯受官買得靑山修舊
屋長留明月照層欄詩題鵝帖墨初涓客醉鸚鵡酒
不乾幸得芳隣仙洞近晤言頻暇喜相看 盃
世人笑我號東樵欲小吾心遠更遙短耒耕於數頃
郭扁舟泛彼五湖潮梅村雪霽詩情動板屋寒生酒

氣銷古洞仙歸挽不得更愁泥滑路迢〻
送君寂寞掩松關落〻參商仰欲攀半世無人和白
雪一生作友對靑山隱居幸得長隣近游泳何妨空
暇還昨夜新詩多絶唱題成牛靭堆床間

除夕東湄堂

一村風雪聯笻回不寐那堪此夜催添齒同庚憐去
夫迎春稱子喜來來半生閱歷醒眾枕千古情懷把
酒盃遙望 宸居高北極鳳龍騰翥幾人才

新正逢人 辛巳

淸談留客已多時倏忽還同一局碁苦海爲生依泛
芥子山欲往覓笻枝賓窓映雪宵光淨短燭點花春
色拈得句更呼田舍酒斯間淸味少人知

上元夜蘇庵

微吟劇醉卧諸天出世眞如不食烟市游竟夜誇燈
設巷俗占豊看月圓緣業今多三宿地光陰忽送二
毛年何處來僧桂子句拭眸重對與無邊

東湄堂更會

江雪初消水漲濱倚欄晴景入眸新苦吟轉到三竿
日和氣先回萬木春憶昨名山遊夢界伊今佳節挽
詩人貪看詞格仍投轄信宿重爲托契神

次子陵釣臺韻 本詩曰生涯千頃水雲寬舒卷乾坤一釣竿夢裏偶然伸隻脚
渠知天子是何官
九州何似片磯寬高蹋明時隱釣竿臣佑隆興君許
去風雲豈是在爲官

田家

一樹梧桐曉窓下老夫喜聽雨聲多霪灑肉露苦心
望所時復見晴虹何
濃雲連日作陰翳爭道秧時雨意多午後西風一掃
盡旱天氣候奈晴何
田家麥出未能飽斗米升租恳者多曾齊仁恩莫如
雨蒼天旱甚食天何
休論兵病與他事旱是爲凶憂最多不後不先當節
序差而至晚奈之何

別權使君 益相

兩年作宰今西行琴鶴蕭然歸槖輕教掃花園耘雜
草可知不二去留情

太宗雨 今年久旱逾朔有雨或有誦御製日年年五月旬去作人間雨果未詳其的
爲御製而姑錄之而且成一絕
年年此日雨爲驗亡則其豐否則歉今歲蒼生追感
頌神功一夜即收歛

次東渭

仁人必壽余深知又値秋風蘇病時莫自悲傷云永
訣更須身健共吟詩 右慰其意
淚有字字感相知多病猶吟意到時今古浮生都是
夢亡中還說夢中詩 右兼逢喩
如云缺也有推知任亦人間衰老時畢竟其歸應未
免相逢他日可無詩 右悲自己

附原韻

短扎壽年初不知人生終有竭來時北邨路急西
河淚未暇雲亭更說詩

輓東渭

惟公訣意巳先知病席丁寧指我時今日雲亭諸老
會愴吟自輓寄來詩
世間不復有吾知獨向秋風灑淚時從此楠堂月明
夜何人更誦東樵詩
人生寄世了難知五十八年如暫時一片佳城何處
是秋雲秋雨不堪詩

詩 七律

雪月夜邀詩伴 庚辰

田舍風流酒戶寬逢君今夜不勝歡求名皆說齊門

樵隱遺稿卷之二

詩 七絶

乾坂淫秋 乙巳

亘坪乾曝播乾秧野說猶云歲可穰吾亦爲之待之
是不須預斷今時量

下種過時亦惜乾非無三雨作油然霏亡濁得立苗
止一勺難爲橰引川

蒼生大命係于天雨露惟如長養焉豈是陰陽無變
易資舟資轍理昭然

月明庵拈韻

名山信宿喜于心不省人間都陸沈五夜雙仙峯上
月帆疑笙鶴來相尋

佛香鎖盡淨心香靜聞沙門卧夕陽寥亮笙音黃鳥
囀滿山松樹作垂楊

客裏端陽把酒盃西風醉上雙仙臺滿山藥草異香
動惟見仙翁多採來

豕蛇

豕蛇薦食甚泰求盡用切鉤誅即休竟把山東六侯
土一時分作嘉平州

次朴德齋 載澤 示韻

休言富貴與封侯萬事而今雪滿頭願向名山溟處
去不聞世事與君遊

梅窓墓

古墓荒凉有短碑香今二字半陵夷荷花荷葉滿前
沼盡是當年餘粉脂

天才誰許曹娥碑余曰過之非等夷記得刊編膾炙
句文章骨髓去胭脂

布文

布文以示春秋義倡討能扶萬古常縱不成焉言則
壯其人也一見東方

春詞 一柳色 一秧待

純色黃金塗抹了嫩明溪側與山根一時受氣春偏
重不用陳郎四萬斤

杏花紅勒柳黃垂物色東風弄晩曦春水哇鳴石魚
出農人徵驗淫秧時

次白樂天詩寫意 本詩曰宴遊寢食漸無味盃酒管絃徒繞身賓客歡娛僮僕飽妬知官職爲他人○有評者曰予謂豈唯官爵几多積而不昔爲我用者徒爲他人適尊于己惟招怨報此亦警語

不論榮利與滋味只欲安閒適此身老去細思終末
事多般勞覺爲他人

昨日青年君不見今朝白髮我如斯東園春色休相問桃李花開亦片時

高堂明鏡李青蓮江上琵琶白樂天及到人間憔悴老腸雖鐵石皆悽然

悻懷

恨徹西河忘已難貪同北阮慶奚歎猶爲草率田家供只有餅羹排一盤

親年八耋最爲難不肖於斯已足歎嗣子成人餘一事更教周誥與殷盤

見睡隱 兼有感

丹忱一片忠於國夷賊奸情備細錄莫歎當時無見褒至今公議勝恩渥

樵隱遺稿卷之一

風塵南北此分離斜日江橋馬去遲白首爲郎還可
累莫將歲月老於斯

寒食作

去年此日泛滄洲今歲玆辰蕭寺遊節序相催人易
老因循都惱世間愁

次秋夕詩

衰草墳前一路沙素娥哭似恨悲歌農誰謂作棄吾
去縱獲邦堪飯黍禾

附原韻

十里平原岸上沙白衣青女哭如歌可憐寂寞墳
前酒釀得阿郞手種禾　無名

重陽

九秋佳節重陽回園裏黃花爛熳開寂莫田廬閒自
遣無人起我更登臺

大風

大風之發自何機聲出于虛其始微及到熾焉無不
動氣能衝盪又奔飛

歎府差時雖長當盛名於伯李公客僅參列郡酒鄉約使彼見之欲其化時○甲辰

云衆約長是何名思義顧名還不輕府際紛紜徒薦
望邦能化俗底文明

食畫

鳳翔土利腴而秀前種生薑天下名聖者宣師猶不
撤爲能去惡通神明

沛上行

二十年前沛上過重來今日意如何蓬山無用一樵
者護被招公行役多

㑹見華山西一阿良墻雕築當前逢伊川已有百年
驗不道其由言更拖

黑拂繽紛滿路過恰如一陣動兵戈文明化域半千
禩其奈民心靡定何

繁華減盡寂寥多亂後名都奈變何八夜青樓月初
上猶聞長壬娼娥歌

棠軒譁約果云何半是教他半撫他自識大人申重
意欽惟體　聖爲民多

公干草草勘焉過歸路蕭匸驢背馱顧念匪材邦可
得慚之不已笑呵匸

後唐絶句

祝天一語已堪嘉雖在漢唐難以加觀主當論賢不
肖何須胡越與中華五代尊後唐明宗

樂府

字記得當年月榭書
詔庭幾度奏章成庶績咸熙頌太平重到湖鄉訪詩
老新詞唱和天機鳴
江南絕唱竹枝詞夢得千年今復誰他日校讎新樂
府正音盡是去來詩
雲亭時到款荆扉飄若仙姿塵累稀竹羃荷香松羃
裏憑欄凉透六銖衣
勝區依舊好亭臺人事年光俱變催往蹟杳然多寫
感時將瓊帖送詩來
毋說名途一夢悠不嫌甘混漁樵儔文章又是古誰
比長笛聲中趙倚樓
餘生齒髮已驚殘幾十光陰更暑寒欲和瓊琚把貝
礫滿腔難寫徒情闌

次黃使君華庵 觀秀 八景韻

千尋聳亘萬圍延下半坼開雙孔懸一自將軍游去
後不知來者幾愚賢 禹金巖
絕壁千尋飛莫超碧湫長接破山條蟄龍恰受天河
水噴送滄濱盡作潮 黃相龍湫
源頭落下九天高掛作長川春作濤絕唱廬山謫仙
句超人氣格是詩豪 靈隱瀑布

落照峯前壯觀多愚宜下淚達且歌消長生沒理如
此帖古齊公意獨行 月樹落照
如卵如拳品極嘉玲瓏五色映洞沙當時太白醉吟
月夜向江天片影斜 彩石江
大海西南鵲峽傍迷然暮色極蒼凉黃昏漁火一時
起的歷松明照峭檣 鵲堂漁火
矗峯削嶺危乎驚勢又開翔飄若輕靈鷲元來天竺
在禪家比謂世仍名 鷲嶺峰
山盡湖開一麓青江干列屋似江亭名雖熊沼龍爲
宅祈雨他時多驗靈 熊淵

次三從兄亘川 豊溉 雲亭雜詠

秋池日午澹風烟立立紅粧照苑然腸斷何人歌採
曲吾將愛說贈爲傳 芙蓉
三間葡架接松關馬乳新嘗客解顏移憶唐家貢荔
日應愁偏寵在妃鬟 葡萄
微根初種小階西養得何時一丈齊他日高莖多雨
露主人不可說今低 芭蕉
乍開乍落飄輕塵桃李爭華盡小人及到歲寒君見
否青青獨得雪中春 盤松

送東渭旅官 癸卯

七書細抄卷爲九日賓之工不自休支枕卧看精捷
好西洋鏡又明昏眸

漁火 壬寅

天邊日沒暗江村浩淼滄波萬里奔遙望帆檣針似
細一時漁火報黃昏

仙巖 巖上物形不一二數而仙鬼爲特肖故作

典型突凡酷相同傾塹滄波杳不窮肇闢神工狀物
妙宛然一幅畫圖中

雨中

營營役役欲何求旅夢三旬隨白鷗搖落瘴江風雨
裏自憐白髮卧孤舟

送郭安城 基瑞 還鄉

烟波千里送君歸指點鄉山帆未微此世紅塵滄海
甚從今莫復著蓑衣

宿海上

文星夜夜動江湖光氣連天潮吸呼自笑蓬山舊詩
老小舠漂泊作漁徒

過鎭舍

朱門高閣出江濆園木森陰夏始春沿革隨時民就
業至今鎭卒盡舟人

還家

滄浪昨日謝鷗盟歸卧蘇陽意更清四月出濱屋廬
靜門前綠樹黃鸝鳴

研匣書床次第陳又將舊稿校讎新而今自作一寒
士不是桐江垂釣人

何處微風送棹歌杳然聲少似人多習於耳目致如
此不記門庭與碧波

舟行

夜色蒼茫月欲傾梢工不寐待潮生三更載網五更
發水鳥驚飛格格鳴

書感

較量天地物之居最大中間惟海於儘覺古人先獲
意浮生一粟杳然如

舟中夜拈

厲嶺岹嶢月下遲江村寂寞夜何其東船西舫人皆
睡水到岸邊帆自移

次趙尙書 晋蓀 桂應 雲亭韻

鶴髮伶人顏不凋一逢如昨卅年遙優容蟠木情相
近認是擒文内閣寮

某水某山從某墟重來見似昔來初碧紗籠裏分明

重陽

重陽佳節雨霏霏與客無由上翠微黃菊茱萸捲却了静中獨卧掩柴扉

輓金都事 中基 辛丑

操行清愼度平生切不踰規驚外營經籍先爲子孫計捻他時俗謀金籯

者堂昔日對紋枰一着幾番輸與贏花木亭臺渾如舊來聞落子聲丁丁

春風春雨踏環瀛嘆我靡遑仍阻迎況是耆玆問訊斷來書今憶最關情

宅居羽

壓短頂高毛雪明曉昏相應作弁行門庭宛似江湖境拍水群鴻動叫聲

畫蘭

紙紅墨淡引毫長披玩玲瓏高掛堂花葉根光皆馥似臭之只欠乏清香

搜勝

聖芝祠高闕海門湘南不盡蒼梧冤滿山苦竹愁寒雨猶見當年灑淚痕 水雲堂

江中彩石不須奇江上惟同明月期李白當時何似

者我今一斗百篇詩 彩石江

欲尋古事此江頭笑矣乾坤邦可愁一世之雄復安在但看江水滔滔流 赤壁江

千籍萬帙疊堆墩歷代諸家賢聖言吾今老矣未能讀欲換籯金教子孫 冊庫

雞峯一點精神抽天作高標鎭海頭何日宮家復毀堰欲令堂水汪洋流 雞峯

高臺廣廨化爲田桝革從知俄忽焉請看海上蜃噓氣起樓作市亦如然 鎭址

烽臺山屹無烽烟守望良規五百年始設邦家非不

羨至今廢閣胡其然 烽臺

輓金瀛北 邦善

金蘭之契昔同隣磨杵聯床秋復春窈嫺平生尙氣節可能路刃忘其身

自瀛歸寓瘴江濱豈意微痾遽返眞寂寞無人問生死至今一憶百懷新

擕蒱

猶賢乎已猶之禁一擲況爲千百金雜戲固非人所習投江可見陶公心

七書

以我之心知子眞此時懷憶政如新分明天上半輪
月應照兩邊贈埜人

艷濃姿態玉生烟心目娟娟常在前願伏春風就舊
枕得成一體與齊肩

餞春日逢舊

黃鸝求友燕雙回客趂芳陰更上臺此日不知春盡
去西風醉倒故人盃

過湖岸

曈曈紅日曉光開烟水渺然湖上臺憶昔滄濱如夢
裏漁歌數曲耳邊來

宿靑林舍

月影林陰覆石臺屋廬隱約畫中開朦朧曉睡曙窓
畔無數禽聲聒耳來

省行路中

溪山慣面如相迎此地行過十稔更嗟我而今衰老
至還愁莫及晨昏情

次時事蔑報烏有生韻

云是先生出世姿知非碌碌丈夫兒胸中抱負無經
濟筆舌徒然論說時

山行後作

一笻踏盡萬山雲歸卧蓬廬靜掩門好是江南寒食
節杏花欲發雨紛紛

餞春日作

雲亭獨上小徘徊晝靜風簾捲不開誰道春光今日
盡勝花時節詰朝回

題鵑花

軟紅花朶兩三柯特地添奇題品多寂寞溪山籬畔
裏自開自落無人何

雨後景

冠劍大臣廷立議（秋箭挺立）半茸處女簾間窺（芳棠方綻）水融
珠顆絲氈泛（荷葉浮水）雨脫粉衣靑卵垂（桃實脫粉）

草堂

堂陰松覃映荷塘精灑三間一草堂四達軒窓盡開
闢薰風恰受自成凉

草鄕傳

四十年前讀此書不知文義卽何如而今一筆草成
覽其奈桑榆已老余

松簷

三栓作簷遮赫陽一軒陰覆自生凉有時風度松香
聞留得仙翁午夢長

了豈日名山恠意行

山行

擺脫塵埃方外行頻携短策步還輕食衣酬用常無暇揀得今閒幾日營

青蓮庵

崎嶇嶺路接青天一綫信尋蓮刹前寂寂禪房門盡閉紅桃花發小牆邊

雲亭閑春

雲亭獨上寂無人霽日風欄倍爽神墻畔一株珍果樹晩花初發殿餘春

物色斯新老是人江山草木揔精神流光誰道朱陽近別有東風作閏春

蜀葵花

葵花初發媚斜陽無數娇態高出墻軟弱風剛摇不定恰如婀娜舞紅粧

霖雨

甘雨仍成霖雨來從知旱澇極還灾天如造化借人用惠澤均分豈屢回

秋夕前夜

一天洗澈碧琉璃月彩加如鏡照之連屋山村砧杵

亂青紅染擣餙衣資

晩菊

重陽過後一旬來園裏黃花始盛開正對寒香有眞趣不辭頹倒淵明盃

登林亭

偶然信步到西城萬樹霜楓錦繡明勝地名亭咫尺在不須勞力楚山行

過季弟墓

宿草空山夕日明今來寂寞自傷情胡然天理逆人事吾墓爾行吾反行

盆蕉

紅蕉根採栽盆中移得香光藏屋東莖葉青青不受雪玄冥難奪勤培工

贈滄洲君

却憐寂莫海濱居夙有心靈通悟如也到此生終了盡非君從我復誰歟

宿獅洞楸舍 己亥

峯峯雲覆夜沉沉踈雨三更響滿林久旱霈然人固喜只料歸路更關心

懷人

題楸廬

壁上舊題非記游省行何日海江洲愧吾久闕掃塋
攏卧病東崖經幾秋

敗寺

數間敗寺山之陽佛卓連藤繞壁蒼滿塋松風吹雨
急五更客夢極淸凉

親塋立石

竪立貞珉具墓儀碧山斜日祭澆危誰知一哭無窮
恨已去今來又後時

初寒

今年冬日雪初寒又作風威若撼山久暖猝然人受
冷思將廣厦庇千間

雨中懷人 丁酉

江草青青江柳黃東風吹雨水雲長遙思遠客留何
處應嘆平生勞未遑

月庵夜坐次青林寺禪坦韻

萬山踏盡渡千溪歸卧孤庵夜更凄塔院西邊溪樹
裏有時靜聽異禽啼

附田東農

看了青山又聽溪東風吹斷雨凄凄杜鵑不識行

人困偏向禪窓盡夜啼

記憶

浮生一樂遽無由事事塵寰多絆習記憶去年風雪
夜開巖寺裏作仙游

夢仙 夜入沈香閣見玉屛數十疊環繞替開屛面江自梅花玲瓏列仙會集而中有一仙卧在戶下以銀柄對余含口余甚異之而覺賦此

疊疊屛開會列仙沈香閣上夜如烟對含銀柄慇情
極定是前生有夙緣

春晝入後園觴覽偶成

梅發蘭香菊葉繁日暄墻角午風和淸禽我屋本無
有此得春光最所多

梅花

梅花爾敬野人家我是野人嫌過奢宜合公侯卿相
宅排金置帳品香誇

更恩花喜在貧家素儉天其故我奢骨格幻如樵隱
子孤貞可對衆芳誇

人不知花在我家著名理必奪豪奢平生所以吾爲
隱物亦同然恐世誇

放婚

而論平生此婚放幸勤白首笑經營雖然玆事刻歲

狎桓郎莫晚奈之何

雲亭感題

怊悵無聊獨上臺老翁一去不重來人亡池館渾依舊惟有荷花冒雨開

過龍湫至來蘇

絶壁攀登路險犾行人莫向龍湫回到得上方淸淨坐宛然金粟現如來

省熊淵

楸下徊徨感舊心省來凡閱幾光陰欽惟先澤綿長在虎島磋峨熊沼深

冬至曉作

暖帳微開透曉寒小婢明燈進粥盤披衾飽喫臥仍念齒漸添衰臧少歡

刪葉

詩文隨著集成秩閒輒有時披閱看舊作間多不穪意謾因隨憐復刪刊

家親晬辰

西山追日漸愁新略進盃盤穪慶辰小子慚違孝養職不如烏鳥啟有人

附舍弟 㕣川

獻壽高堂喜俱新世間難得屢回辰顧今不肖㞢㞢恨彩服趨庭少一人

立春

風暖雪消天氣新羣生自始受陽春強因傍囑試題帖筆拙還爲取笑人

初度

自念今生百恨新四窮苐末此何人把樽邀客宜昏醉終日不知過晬辰

雲亭口占 丙申

竹老松青荷出水風欄曲曲敞高臺橘枺俏客携揺

伴爲是追遊冒雨來

贈秋娘

相分杳若幾忘名邂逅春壚說舊情憐爾花容今已老萍鄉零落度餘生

燈辰

良辰八日與誰歡獨酌臨風差意寬亂後閭閻蕭索盡而今無處一燈看

芍藥

花開芍藥朶垂傾亭老教施人巧攀朝日紅光渾滿砌入門先看一堂明

定知不幸遭中年髯白傷心空鎖烟莊叟有歌歌底
意忘情觀達順其天

實相洞省行十則 庚寅

雪水和泥步不輕冒寒終日峽中行移筇經歲始來
省自愧等閒追慕情

開張峯巒鳳飛輕聯翩瞻望祥光久駐行着使此山眞有
蔭我心只願子孫情

他山不可比重輕其上白雲如太行人固懷親無少
異此時我亦秋公情

光頭揖我舉衫輕直到如來殿上行不是空門偏有
憐山深隔遠世間情

夜宿禪房萬念輕夢魂時逐佛仙行淸晨冷月圓初
覺銅磬聲々爽客情

山名實相意非輕花雨門庭所次行萬刼無生身有
得謾因幻悟易迷情

萬山疊疊一筇輕渡水穿雲行復行境到幽奇欲移
去千思謾惜愚公情

靈境深尋步輒輕玲瓏幽邃晚忘行廬山今日識眞
面築室斯間終老情

三間野色籠烟輕薄暮歸人杖步行回首蓬山雲半

出箇中實相更關情

滿汀鳧鴈泛輕輕相喚相呼掐水行近岸驚人忽飛
去多因矰繳謫人情

南塾與李舜中觀碁 癸巳

板門通敞置胡床隨坐簷陰避爀陽對局觀碁消永
日潛然趣味箇中長

過林亭古墟

物之興廢若相尋亭已頹荒餘舊林但見小碑城畔
路行人讀字倍傷心

修文房

圖書濬泊一區房拙窄猶勝列室堂惟適之安頗有
喜爰居復得養生方

病中寒食 乙未

寒食淸明好節時詩樽花柳欲追隨而今老病徒思
想寂寞田廬起我誰

雲亭初夏

招荷出水竹圍籬雲半高欄倚著碁數局了如人換
世不知歲月靜中移

定湖曲

定湖絲水細生波荷葉動搖風乍過苑在中流庶可

壓寰此外隔西民日復從

寄山行 己亥

廢寺佛多飢供殘何所爲彩江好風月倚詠謫仙詩
鍾磬淸人意叉峯天上鬟烟霞遍拾賞所得有何奇
不見蜀道難錦城早還宜

夕陽 辛丑

老如夕陽景少如朝昇旭夕氣易寒陰朝日方烜爀
老兮寧不悲少兮亦頃刻靑天有公道輪遷無相錯
妄者發其想長生惟所慾露莖亘丈尋仙根斲五百
雖然庶幾希無成徒費力沙丘暮雲愁武陵秋草宿
今人奈復何帝王免不得且進酒一盃生前聊自足
人間千萬事隨意而自適又勝地名山曰蓮花極樂
皆爲已所有四時常捿息今而不爲之死後預思度
一身都㝠了萬事皆碌碌傍人且姑置吾爲吾自咄
千叢滿黃金遺之加滋殖無乃禍之招徒累還何益
何似達觀人淸享自均節惟意樂餘生平地仙不易

楸行 壬寅

十月作楸行飄然出街閭久蹐何論轍行囊付一伻
塵逈纔數堠海山入眼橫伊余今何晩晨昏曠闕情
度郊漸看峭雲岑拱復攣難攄憂意盡展拜吾親塋

復路恣幽尋塵襟爽更淸閒處吾所適欲以永餘生

山行得麻字

俗愁亂如麻余意頓無佳維摩幾示病靈運欲忘家
遂爲西出閭石逕一筇斜更無小岑挐名山不我遐
爽心莫以加山鳥弄淸篘亘峯或參差秀巖復谽谺
澗苔走嘈㗑谷風起暮鴉木葉蒸紫霧叢石堆靑磋
近家逐炤廬來年已播畬嵯歔漢谷呀小鵲飛楂楂
落葉滿乾窪雜以斤劚杈汲澗路通沙峽婦笄垂珈
空門訪釋迦出迎著袈裟淸晨誦法華大道言何誇
歛下路不賒情喜如着爬俗累無點些佛耶又仙耶
不須御蹄車何庸佩緌緺忘歡復誰嗟懷玉空爾哦
但將意所嘉詩效作琵琶

詩 七絶

次東湄盆菊 辛巳

主人愛爾便凌霜盆畔栽來帶晩陽若使詩家無意
看尋常花木一般香

新豐旅舍逢酒仙 甲申

行橐空空水用錢市人却謂蓬萊仙高吟大醉君休
笑旅館孤懷當曠年

次東湄叩盆韻 戊子

詞匠頻經歷農 憑案坐移時談經想自昔芝 隴岡暫
省瞻恨淚誠惶蹙渭 雨洗碣適光風吹樹恐弱樵 撫
松長十圍看瀑流千尺農 絕磵潛蛟吟層巒駿馬躍
芝 尋谿歸鹿蹄近海八漁舶渭 熱地誰謏客疎蹤俱
發魄樵 放狂聊自娛愁病休相迫農 尚莊論浮屠觀
空現相色芝 斯焉共喜歡逝者堪嗟惜渭 笠敎邦工
成雷音似怒赫樵 鍾殘初報昏花老巳開昨農 異卉
雖難知慣禽總易識芝 衣穿帳冷暄飯等供朝夕渭
伴宿遠公廬行攀宗雙跡樵 玆庵本匪凡吾輩還殊
俗農 爲語念珠尼莫媸平地客芝 墊巾着倒顚孤衲
居牢落渭 敗冊蠹魚侵遺文史傳作樵 穩成終夜眠
好踐良辰約農 升脊稍寬背挹流俱濯足芝 懷忠屈
獨醒論史買宜哭渭 濇以澗滄瀎峰由塊壤積樵 樽
盈勿遽歸路險將安適農 偶爾淸兼寒玆然寵與辱
芝 始憐守鬼株能化驅羊石渭 岳出鳥嶺高路分牛
峙臨樵 李翁攜筍興蘇將鑲油幕農 八室旋憑眸捫
參仰捫臆芝 喉來疏粹醎念到豆黃黑渭 索盡重玄
玄悟餘圓寂寂樵 戲題挑短燦晏卧鋪團席農 衰藥
癃蜂窺壩泉冷懶射芝 親朋能斷金新句竟磨玉渭
搭畔九蓮馨庭前雙樹直樵 身巾歃紙窓鬱榼掛書

壁農 七寶大慈恩六根渾忘域芝 肯言夢蟻封却笑
爭蝸角渭 妙調聽遷鸎動機看屈蠖樵 烟横鷲嶺邊
月印梅堂北農 奚必嘆勞勞須爲任役役芝 惟欣道
結交幸免身縻職渭 竹院在其間桃源藏彼壑樵 巳
投麻姑籌謾採徐郎藥農 是夜弁裯衾明朝乘暇隙
芝 相逢閱再宵信宿同旬朔渭 寧乏棟樑材堪慙壅
腫木樵 愛渠絮著紅待我紗籠碧農 回首向西寮庭
陰聽報鶴芝

愛花吟 戊戌

有花隔一墻花發正芳香愛之始不釋蓓蕾自向陽
東風乍搖蕩花香入書床瞻之花影射紅玥滿雙眶
南岳降眞君西子靚新粧天姿受脈氣灼灼弄春光
遠看何濃艶近就復徊徨莫辭蝶先醉會見蜂又狂
迨此春正好愛玩歡傾觴非久陰綠葉花衰意空傷
東君且休猜移塲春色藏

實相早發

千年實相寺巖壑自穹窿楓葉嫣嫣好溪流汩汩通
松間扶杖出朝日上巒東絕勝金光沼精神露積峯
村居甚明美淑氣攸爲鍾步上禹金窟嵌空廓有容
仰之奇莊壯仰佛光相濃頹堞猶存址妙王是舊封

謾被七情惱未能攝養眞

禹金巖聯句得魚字 丙申

洞闢巨巖出嵌空可作廬 族兄在謙梧圃 谽谺天勢近磅礴
雲容舒 東湄 捫歷山枷嶽湯烹蕣合蔬 樵 拜奇評甲
乙貢恡接青徐 田表農 氣欲亘霄壤光能倂珮琚 舍弟若川
匪徒五丈建奚止幾擔儲 梧 釋子刱新寺將軍遺舊
墟 湄 誰鞭秦萬里謾抱楚三閭 樵 羅濟以來者禹金
实在歟 農 干城宜拯光鎖鑰卽垂魚 川 後世傳追跡
幽人上拂裾 梧 品題堪與友無臭亦招余 湄 攢削蹲
豺豹潛藏伏䶂狙 樵 機絲支織女棧道起望諸 農 此

物胡斯大其名固不虛 川 練宜媧補漏闕又漢稱渠
梧 造化誠難測典型思未攄 湄 凌高眞睨視破醜須
銘書 樵 荒變千年後頑根一片餘 農 侵寒紺雪積覺
奕靈飈嘘 川 臨陟手攀木曠平躬墾畬 梧 色生彩江
底族聚太湖渚 湄 有若神扶護何由力拔除 樵 功豈
記羊祜威重擒龍且 農 星隕曾成否圖摸莫勝於 川
樹愁庚猿狖月喜近蟾蜍 梧 崚骨立遼柱列峯環縣
渗 湄 過賓情甚好呼丈禮寧疎 樵 豈肯消磨盡元從
剖判初 農 孱僧常看看老佛悟如如 川 觀奕爛樵斧
種薯揮野鋤 梧 松鱗經日炙苔髮長風梳 湄 妙法製

慈航壓塵閱戴車 樵 迄今蹟仍考懷古恨猶茹 農 迈
客時同坐借翁夜傍漁 川 醒歸栗里趣載得鬱林譽
梧 排陣嘆忠武鎭方欽赫胥 湄 劍戈壘邊没介胄帳
中居 樵 肆硯綴過鶴崎嶇易墮驢 農 那將斗勞去衛
爾長躊躇 川

閱實相古蹟得月坡崔勁古詩用其韻作聯句

得宅字 丁酉

闔道蓬萊山仙人有窟宅 林澤鎬號芝隱 詩騰天下名形擅
海東國 湄 往輒願游神致之根未力 樵 芽香奚足奇
楓嶽亦非特 農 遠觀鵬圖溟窮搜亥步極 芝 因緣遇

物胡斯大其名固不虛 川 練宜媧補漏闕又漢稱渠
梧 造化誠難測典型思未攄 湄 凌高眞睨視破醜須
銘書 樵 荒變千年後頑根一片餘 農 侵寒紺雪積覺
奕靈飈嘘 川 臨陟手攀木曠平躬墾畬 梧 色生彩江
底族聚太湖渚 湄 有若神扶護何由力拔除 樵 功豈
記羊祜威重擒龍且 農 星隕曾成否圖摸莫勝於 川
樹愁庚猿狖月喜近蟾蜍 梧 崚骨立遼柱列峯環縣
渗 湄 過賓情甚好呼丈禮寧疎 樵 豈肯消磨盡元從
剖判初 農 孱僧常看看老佛悟如如 川 觀奕爛樵斧
種薯揮野鋤 梧 松鱗經日炙苔髮長風梳 湄 妙法製

靑木枝盤屈春蔬葉展新北望叢祠近寒錚響禱神

登寺次板韻

三客貪淸秋出門尋境幽樵歌來樹裏野色臨隍頭
殘寺僧居寂空山佛氣浮經年阻尺地今日始登游

靑蓮庵次東溟韻 甲辰

落日靑蓮寺幽尋遍梵林礎灘羣峯屹窓通碧海溟
飄〻遺世意寂〻悟禪心天風一派下倘儻度笙音

更次月庵原韻

高臨月明寺大白酌溟觥封疆跬步列滄海指端橫
星河通座冷峯聳羃雲平認是神仙境塵襟爽氣盈

詩 五古

古意 癸未

東方有一士不知何許人出脚踏徧道惱他馬車塵
倘來非固有嗒然自娛神鳥喙歎又顧山林獨善身
華烟望外超渭月夢中眞忘羊渾不省幾盃酒國春
天地何廣大有時放長歌古意其誰識滔〻苦海波

春日山房

簷日正當午寂〻掩松扉憑几神氣倦朦朧雙眼迷
一鳥鳴不下庭畔花自飛心香一炷細悟若參禪時
湖山開明鏡天地滿游絲沈吟題詩句此意有誰知

春來不出戶山房自棲遲

登壯巖嶺下釜沼 甲子

步上壯巖嶺朝日直射紅何處非人間斗屋在岩東
耽看猶未已前進更踰峯龍角天塹立龜沼地圻開
桃源此中在漁舟幾度來出洞更有村居人耕白雲
勝地皆奪無由半邊分朱翁眞道流世亂若無聞
臨溪忽分手戒行意甚懃

靑林楸舍作

八山凡幾日來此逢卯君數月不見餘相對欣歡殷
共行省邱墓陟彼山之陽紛紛憂世衷繼護憶後昌

楸大石已具荷蒙先蔭長當今可爲事非隱卽是倡
倡可有鞴略胷中萬甲藏至愚不可言臂斧似螳螂
隱欲求壺岩世人寔皆忙遍看幽邃處歸卧枕同床

齒痛

咀嚼爲不易八吻含輪囷所欲悅於口方丈思八珍
窮家況有此葷菜素淸貪菁根最可畏一歎又一嚬
今朝老白髮昨日少靑春少時嚼強勁刀鉅弁可倫
如何老將至年猶未五旬始豁復掀痛漸衰向落辰
盖見天質厚至衰壯氣神髮黑復生齒或謂神仙人
顧余所賦薄蒲柳秋先臻幾年涉苦海半世沒紅塵

蓬壺千古寺寮舍半欹傾石塔愁雲逗秋田荒草生
素擅眞仙境今留實相名此地瀧岡在伊余倍喜情

月庵次白上舍青田 壽采 韻 乙未

蓬萊第一景坐看不須行羣峯脚下止大海眼前生
蒼茫人世遠寂滅道場淸此地眞仙境千年有月明

哭升烈弟

今行永訣乎割半淚沾襦邦堪離父母忍復棄妻孥
悲風黃壤路殘日碧山隅幸有中兒在爾後勝於吾

題靑蓮庵

蓮庵天上在法雨逗空林泰山如垤小滄海可盃深
只合佛仙境初無塵俗心愴感看題壁卯君留雅音

三峴洞題碑 丙申

山深夕氣冷松翠濕人衣曲浦通橋遠斗屋八烟微
月明孤犬吠霜落數鴻飛拙筆貞珉瀉應爲具眼非

上月明次金僕射 宇 靈隱寺韻

渡水披雲霧登登訪寺僧谷口森高檜龕中掛靜燈
眞仙開窟宅杳却變邱陵萬山看不厭鎭日危欄憑

次姜睡隱沆元曉菴韻

千年蟠淑氣釋子建斯基渺渺通南極蒼蒼壓震維
與君須一飮捨此更何之逈絶非塵境仙耶佛亦屈

登雙仙峯次錦溪君朴梧窓 東亮 元曉庵韻

無山可與屹有水不知深浮生元易老仙子亦難尋
遍身雲氣濕拂袂花香侵去欲追西日遺笻恐鄧林

次兪市南 棨 題實相寺韻

我意看實相皆是有中相佛意看實相皆是無中相
有無纔一變差以千萬相今人欲看相須辨有無相

鷹山齋閣共再叔東渭 東泳 田東農 在豊 作

醉客山房宿松間月在西身衰興漸減詩疊格還低
北鴈春歸塞隣雞曉唱棲蓬山留後約他日更相攜

雪花 庚子

冷氣似鋒鋩雪花亂八簷不琢輝崑玉非醎撒海塩
連天細密密墜地厚纖纖終由厥陰威會待太陽添

宿實相寺

行休自占閒來宿白雲間地寒多邃谷天近見高山
空壁鼠奔突平蕪螢繞環破寺空凄冷塵垂古佛顔

次挽河樓韻 辛丑○樓在格浦名取欲挽銀河也

樓閣今何在嘉名取洗氛人雖殊代遠意固一般勻
山海重關地陰晴變壘雲陽春聞續舊寡和不須羣

食島鄭良信家

其人信又眞要我島西隣村深有靜趣地淨無腥塵

喬岳分如垤巨溟渼不流蒼茫落日下天地共悠悠

禹金巖

巖勢撑天立嵌空仰益崢將軍遊去後尚有禹金名

龍湫

絕壁溪湫碧望之若眩神有龍當宅此興雨利生民

實相寺 戊戌

實相非僧舍瀧岡是表阡來茲情不厭風樹送餘年

獅子庵

孤庵此荒落寂寞久無僧古木淡園裏鴟蹲又叫鷹

智藏庵

楣間扁隱寂字體龍蛇飛前代何人筆空庵賴有輝

熊淵

孱孫楸下拜爲是慕先恍比擬看遺蔭熊淵百尺深

黔毛浦

田疇足民食鹽井潤貲財華麗蓮峯下人家繞面開

臥龍治

天外石門闢衆流瀨此間蒼然臥龍在變化故藏山

龍角臺

龍角何崔嵬危乎且壯哉浮生如小芥長嘯一徘徊

冬至

雷聲夜半動一氣微陽生婦孺徒遵俗供來豆粥嘗

裁衣

窮家臘節近雷々夜砧聲剪出裁新服妻言付婚情

長太萊

臘盈長太萊取菑置朝陽水溜疎通濶纖莖潔玉光

過西林亭

靈泉流石竇古木滿園庭舊蹟思先後各宜趙氏亭

憶名山 己亥

憶昨名山遊卅楓九月秋所經皆歷歷勝處必斷留

贈雲水上人

青年與相識白首老於今行住無牽累眞知得佛心

眼鏡 辛丑

老來眞寶物試着能明目細字夜燈看人工造化奪

衣湖夜坐 癸卯

山暗夜禽鳴江空遠火明舟中星露滿無寐心神淸

詩 五律

月明庵次魚一齋韻 壬辰

半日登登寺淸泉飮以觥星斗如相接山川杳彼橫

千年仙境古一切塵心平寥々孤釋在好月自觴盈

題實相寺壁 甲午

食泉說 癸卯

策文

遠菴論心理說

書祭器几

樵隱遺稿卷之六目錄終

樵隱遺稿卷之一

詩五絶

夜坐口占得味字 壬辰 二首

靜看盧沙文無窮有至味弁時未及門晩悔情難慰

細抄尤翁書看々似忘味華陽古蹟存百世情堪慰

題伯氏墓碑面 甲午

阿咸有誠力伐石樹墳前要我書碑字孔懷倍愴然

悼族兄雙峯 在明

海邑賢人逝秋風動哭聲嗟吾病未弔有負慟幽明

山行

柿赤明山谷綿開淨石田峽中耕麥急處處起畬烟

宿張乃元舍 乙未

行看非俗境投宿似仙家夜半山風作驟雨八窓斜

留青林墓舍 三首

山明境漸邃舊業有茅家一雨仍留客罷々到日斜

松楸成拱木石碣生苔文後大當何望孫支願億分

夜宿青林舍更漠靜四山松風忽送雨亂灑竹窓間

來蘇香閣

柿熟簇紅卵檜高凌翠雲并楓間暎色恰是盡三分

月精臺次李相國 慶億 韻 丁酉

卷之六

傳

箴

表

雜著

畫題

卷之五

文

狀

銘

論

書

序

跋

卷之三

詩

宿青林次李上舍 子華 摩天臺韵

東湄叔自南郡還詩伴皆來訪不期而成亘集

共東農泛雲登寺

新秋共趙芝泉 鼎夏 氏兆泛雲鎟田東農遊眞

洞林齋

共前伴又入開巖寺

共泛雲東農登寺又下林亭

東湄堂共田東農趙曉峯作

西亭九日詩契

共前伴登寺一宿 二首

輓金竹史 弼相

歲初與東農往鷹山齋閣慰再叔東湄條景一宿而返 戊戌

上元前日同東湄東農遊鷹山齋閣信宿而返

宿萊蘇寺

次重陽日林亭詩契韻

山行得輕字

雙簷

次老人堂壓芙蕖韻

歲暮蘇庵共東芝隱作 二首

次吳琹山 顯益 立春韵

次琴山元朝韻 己亥

輓再從叔春村 東皓

輓田東農

仲秋小晦共碧城趙大隱咸羅趙研農作山行

宿開巖寺

邊山賞楓

九日林亭詩契

共金龜史 秉弼 作楚山行

古內藏賞楓

宿圓寂庵用前韻

踰嶺到龜巖寺

雙溪樓次板上韻

白蓮菴

藥師庵

宿雲門庵

宿瀛州婿家

共諸少年翌日登斗升山

仍宿遊仙菴

次東湄叔完府示韻

遺亂下殤後杜門養病者久秋乘川弟爲慰我

設詩會 乙酉

東湄堂雪宵

次東湄寄示韻 丙戌

次碧池倅趙石樵豊城夜吟

春日城寺 戊子

家君初度良兒加冠 己丑

錦城路中共殷蘭汀 松說 作 庚寅

逢南漢金豐南 永肇 吟

若川堂逢梁石癡 鍾晬

贈金豐南

小寒夜若川堂詠雪 辛卯

贈金桂坡 信秋 壬辰

贈李漢樵 秉錫

東湄堂逢李香農 漢容

共李香農

共吳惺齋 奎熙

與金詩隱 河述

次東湄紅白梅屏韻

蘇寺守歲

東湄堂作 癸巳

金瀛北堂詩會

逢咸羅趙研農 秉徹 登山 甲午

月湖庵

土亂初平 綸綍又下民生庶可奠安適逢金晩

尋 秉權 叙情

元朝 乙未

共金潤文八實柤洞

青林別庄

與完山朴肯農 準弼 登寺 二首

淸心軒夜坐 丙申

共金東雲 在昊 金栗齋 炯寬 林亭作

共東湄訪田東農

共菊史登寺

人日夜東湄堂共諸伴作

上元夜共華城波泛雲登寺

上巳夜林芝隱 守一 作

寒食日共泛雲東晨作

八山途中

中溪途中次地主閔 光炳 摩天臺韻

樵隱集卷一·一三

詩 七律

樵隱集卷一·一四

次挽河樓韻 辛丑○僕在格齋名取欲挽河樓也

食鄭良信家

登寺次板韻

青蓮菴次東湄韻 甲辰

更次月庵泉韻

詩 五古

古意 癸未

春日山房

登壯巖嶺下釜沼 甲午

青林楸舍作

齒痛

禹金巖聯句得魚字 丙申

聞實相古蹟得月坡崔勁古詩用其韻作聯句

得宅字 丁酉

愛花吹 戊戌

實相早發

寄山行 己亥

夕陽 辛丑

樵行 壬寅

山行得麻字

詩 七絶

次東湄盆菊 辛巳

新豐旅舍逢酒伴 甲申

次東湄叩金韻 戊子

實相洞省行十則 庚寅

南塾與李舜中觀㯃 癸巳

過林亭古墟

修文房

病中寒食 乙未

雲亭初夏

定湖曲

雲亭感題

過龍湫至來蘇

省熊淵

冬至曉作

刪藁

家親晬辰

附舍弟 宥川

立春

初度

樵隱集卷一·五

樵隱遺稿卷之一目錄

詩 五絶

夜坐口占得味字 壬辰 二首

題伯氏墓碑面 甲午

悼族兄雙峯 在明

山行

宿張乃元舍 乙未

留青林墓舍 三首

來蘇香閣

月精臺次李相國 慶億 韻 丁酉

禹金巖

龍湫

寶相寺 戊戌

獅子庵

熊淵

黔毛浦

臥龍沼

龍角臺

冬至

裁衣

樵隱集卷一·六

長太菜

過西林亭

憶名山 己亥

贈雲水上人

眼鏡 辛丑

衣湖夜坐 癸卯

詩 五律

月明庵次魚一齋韻 壬辰

題寶相寺壁 甲午

月庵次白上舍青田 樂來 韻 乙未

哭升烈弟

題青蓮菴

三峴洞題碑 丙申

上月明次金僕射 冕 靈隱寺韻

次姜睡隱沆元曉庵韻

登雙仙峯次錦溪君朴梧憁 東彪 元曉庵韻

次俞市南 棨 題寶相寺韻

鷹山齋閣共再叔東湄 東淑 田東農 在豐 作

雪花 庚子

宿寶相寺

樵隱遺稿序

蓋古人文集之傳世不泯者後之人得有所考據掇付剞劂而傳之也吾仲氏樵隱公以卓犖之姿頴悟之性早自服勤於伯父霞石先生家庭而孝友之篤根於天植追先之義激勵頹俗文辭發越筆翰精妙鄕黨以爲模範又與再從叔東湄同庚齊名以鳴於世世皆稱以韋氏花樹謝公山墅復見於今日也公初從公車而不如遂退林樊而自適生平所著惟詩與文連卷成帙自手抄梓白首靡懈及其臨沒之時撫稿而囑我曰吾一生精力可謂盡在此書勿以覆

瓿善爲校正以遺後昆則幸矣嗚呼惜哉以公之德之才未得大展機筵一命至於中身何氣之豊而數之嗇耶易簀之語宛如昨日而居然四閱星霜矣每披遺稿手澤尙新撫念疇昔一倍孔懷顧余無似蒲柳殘質年踰知命二豎頻侵儳生幾何惟此受托因循未就一朝溘然則將以何辭仰對於泉臺奉拜之日乎謹將元稿不揆僭踰略加編次非敢曰刪正寔緣刊役浩蔓亦有待他日續稿之成矣其詩格之渾然雄偉其文勢之傑然爲登覽者自有諒會而旣有自叙之撝謙余何敢贅爲然不可無記實故略序一

語爰命嗣子基良付諸活印以壽其傳嗚呼悲夫

是歲己酉大臨之月上浣舍弟通訓大夫濟用監主簿濟烈謹識

樵隱稿序

上古之眞風掃矣閱近世名人文集皆取山林領袖及仕宦極高之人語而序之乃爲光焉是叔季之所尙也一爲其榮貴已而耀光於一世之上也一爲其趨賢已而遺德於百世之後也是安得不爲之爾爾也然而識者必甚不韙而陋之抑何也彼所云序也固必過其實而用虛辭至曰可黼黻乎文可笙簧乎音可寶之如弘璧可信之如符節而又可以登絃歌而侔雅頌著盤盂而作訓誥遂將其人之處行要作後世之憑信此不待後世而奈今日之不能蔑人口何不能掩人指何尤爲一可笑者也苟以文而取其序焉則雖草野必其人則可矣請看古大家文章必數唐宋八家爲首而亦皆始草野而大放厥聲于世矣孰謂賢而宦而以後亟稱其序之爲得也耶文苟文也則非草野而雖負販皷屠吾不之捨焉而其宇宙亘虹之文氣亟凌公侯而傾千古矣較彼賢達二者之爲相去不啻天壤也且文章是大塊之所假我鳴者而鳴一世有聲如物之假鳴四序而其中正和不平各自爲聲也借人之有聲不如悟自家之無聲其玄妙眞境在於不借不叩而動天機之自然千載

龍門於是乎老桐自鳴矣彼子長之名山一部乃爲之自序其列傳今予自嫌於海東一樵漢而不爲之自序其稿則世間識者安得不譏予之反趨乎二者之爲也耶顧草野而不文則雖不敢文於人而亦不敢文於己也耶老白首窮經猶能發若干鏗鏘可以道世之不能道者而又不極人之知與不知也聘將餘年無幾而恐遂泯沒自己也即自信筆叙其意如此㦖後與今誰能解龍門之桐耶覽者惟以古意求之可也歲丙午秋海東老樵書

樵隱集

卷之一三